Elementary Jurisprudence

（第二版）
法理学基础

主　编　孙春增
副主编　都玉霞
撰稿人（以拼音为序）
　　　　白岱恩　窦衍瑞　都玉霞　李克杰　李兴祝
　　　　孙春增　王德玲　谢秀珍　徐永涛　周郁昌

北京大学出版社

图书在版编目(CIP)数据

法理学基础/孙春增主编.—2版.—北京:北京大学出版社,2014.7

ISBN 978-7-301-24313-8

Ⅰ.①法… Ⅱ.①孙… Ⅲ.①法理学-高等学校-教材 Ⅳ.①D90

中国版本图书馆CIP数据核字(2014)第118526号

书　　　名:	法理学基础(第二版)
著作责任者:	孙春增　主编
责 任 编 辑:	白丽丽
标 准 书 号:	ISBN 978-7-301-24313-8/D·3587
出 版 发 行:	北京大学出版社
地　　　址:	北京市海淀区成府路205号　100871
网　　　址:	http://www.pup.cn　新浪官方微博:@北京大学出版社
电 子 信 箱:	law@pup.pku.edu.cn
电　　　话:	邮购部 62752015　发行部 62750672　编辑部 62752027 出版部 62754962
印 刷 者:	北京大学印刷厂
经 销 者:	新华书店
	890毫米×1240毫米　A5　12印张　311千字 2007年8月第1版 2014年7月第2版　2019年2月第4次印刷
定　　　价:	28.00元

未经许可,不得以任何方式复制或抄袭本书之部分或全部内容。
版权所有,侵权必究
举报电话:010-62752024　电子信箱:fd@pup.pku.edu.cn

第二版说明

自2003年开始,我们组织部分教师进行了法理学教学内容改革及教材建设的研究,并先后于2005年、2009年被列为山东政法学院教学改革研究项目和山东省高等学校教学改革研究项目。

《法理学基础》作为研究成果之一,在山东政法学院法学和监狱学等专业使用已有六年多,任课教师和学生总体上给予了肯定,但随着法学研究、法律实践的不断发展,其中尚有需要完善之处。况且,作为学科的法理学与作为一门课程的法理学,研究范围是不一样的。作为学科的法理学,其研究的领域相当宽泛,而法理学作为一门课程,其范围根据授课对象的需要,应有比较明确的范围。本教材设定的对象是法学专业一年级的学生,课程对他们来说具有"入门"的性质,也有为他们今后学习和研究各门法学课程,奠定正确的、比较扎实的理论基础的使命。

基于上述考虑,结合几年来的教学实践,我们在坚持着重传授和辨析"基本理论、基本概念和基本知识"原则的基础上,为了在内容上更加突出知识性和基础性,将原书21章调整为18章,将原法学研究方法、法的历史类型和法律行为3章的主要内容与其他相关章节进行归并;并结合近年来司法考试的内容充实了课后思考题;对教材中的错漏或重大理论纷争之处作了必要的修订,以使内容更为妥帖。修改后的《法理学基础》第二版具体分工如下:

孙春增:第1章、第2章、第3章、第7章、第12章、第17章;

都玉霞:第4章、第5章、第6章;

白岱恩:第8章;

李克杰:第9章;

李兴祝:第10章;

徐永涛:第 11 章;

窦衍瑞:第 13 章、第 14 章;

王德玲:第 16 章;

谢秀珍:第 15 章;

周郁昌:第 18 章。

不当之处,恳望学界同仁和同学们指正,以再行改进。

孙春增

2014 年 2 月于济南

第一版前言

自1978年改革开放始,中国在重新进入世界结构的同时,启动了认识和实践中国法治之全面建设的历史进程。经由二十多年的努力,中国不仅在法治建设方面取得了很大的进步,而且在法学研究方面也取得了诸多重大的成就。但是,值得注意的是:近二十年来,有关法理学教学、教材问题的研究一直是比较沉闷、薄弱的。无论是所谓"规范教材系列"、"核心教材系列"、"主干教材系列"还是高校的"自编教材",从内容、体系的科学性以及教学效果等方面均程度不同地存在值得商榷的地方。"20世纪90年代中期以来,法理学教材教学上的主要变化趋势则是一分为二。……应该看到,我国法理学这种一分为二式的改革自有自己的合理之处:因为传统法理学教学教材体系中的确包含了许多非法理学的内容。这部分内容多属于法律制度的知识,比较适宜于一年级学生。而法理学本身的内容,对一年级学生来说,却过于深奥难懂。一分为二有助于合理区分两者的界限。否则,前一个部分的内容无法安置,因此,这类改革的前提和归宿最终会归结为对法理学自身问题的理性把握,向有利于法理学学科的完整性、合理性、科学性的方向发展。"[①]

我国目前的法理学课程,从内容和功能来看实际上是由两大部分组成:法学入门和法的一般原理。如张文显教授认为:法理学"是法学的一般理论、基础理论和方法论"[②]。闫国智教授认为:法理学"是部门法学的入门导向和总体概括。……有利于训

[①] 葛洪义:《论法理学教学与教材的改革——从"一分为二"谈起》,载葛洪义:《探索与对话:法理学导论》,山东人民出版社2000年版,第335—353页。
[②] 张文显:《法理学》(第二版),高等教育出版社2003年版,第23页。

练法律思维方式和提高法律思维能力"①。在我国以往的法学教育体制中,这两个部分统一在一门课程(《法理学》或称《法学基础理论》)中并安排在大学一年级第一学期讲授。根据法理学学科的特点以及编者多年的教学经验,结合我国法学教育的实际情况,参考有关高校在此方面的做法,为帮助学生更好地理解和掌握法学的基本知识和法理学的一般原理,根据教育部高等教育司"全国高等学校法学专业核心课程教学基本要求",结合部分学生参加国家司法考试和研究生考试的需求,对传统的法理学体系作了较大调整,将教学的相关内容分别安排在两门课程中讲授,即《法理学基础》和《法理学要义》,分别设在第一学期和第五学期。由于此项改革主要是针对法学本科的教学,故在我国目前存在的相当比例的法学专科层次中,则本着"够用"的原则只开设《法理学基础》,此部分学生待"专升本"后再开设《法理学要义》。

诚然,《法理学基础》和《法理学要义》在体系上是一个整体,之所以"一分为二",主要是基于方便教学、优化教学效果的考虑。

《法理学基础》主要介绍法学、法律的一般知识和我国法治建设的基本情况。该部分的教学内容设置完全是知识性的,即以法律常识或国家法律规定为依据,将相关法律和法学的基础知识介绍给学生,目的是帮助学生系统、概括地了解和掌握有关法学和法律,特别是我国法学教育和法治建设的基本情况,帮助学生了解和掌握"法律是什么"的问题(即"know what"),侧重于学生法学知识的"入门",为学生今后分门别类地学习法学其他学科奠定基础;《法理学要义》的教学目的是使学生掌握法的一般理论和方法论,训练学生的法律思维能力,使学生能够结合我国社会主义法治建设的实践经验,以马克思主义的基本立场、基本方法以及吸收、借鉴其他法学理论中的积极因素去分析、解决当前我国法治建设中的各种法学论题和法律问题(即"know why"),侧重于学生法学知识的"升华"。法理学"一分为二"的改革致力于解决目

---

① 闫国智:《法理学》,山东大学出版社2003年版,第10—11页。

前法理学教学中,因学生刚刚从中学进入大学即学习此类抽象理论知识而不能很好接受的问题。该项改革的开展,希望对我国法理学的教学产生积极的意义,在法理学的内容体系更加规范化、科学化方面作出我们的努力,提高法理学的教学质量,实现法科学生由"法律工匠"到真正的法律职业者的培养目标。

《法理学基础》共分为四编,内容上特别强调对基础理论的介绍,其体系构成为:第一编,法学基础理论。包括法学概说,法学体系,法律职业与法学教育,法学的研究方法。第二编,法的本体基础理论。包括法的本质,法的特征与分类,法的渊源、形式与效力,法的要素,法律体系,法的作用。第三编,法的历史基础理论。包括法的起源,法的历史类型,法律发展,法系。第四编,法的运行基础理论。包括法的制定,法律行为,法律关系,法的实施,法律责任,法律程序,法制监督。

《法理学基础》为山东政法学院教学改革项目"法理学课程体系改革"的成果之一。

本书由孙春增任主编、都玉霞任副主编并负责统稿、定稿,参加编写的人员及分工如下:

孙春增:第1章、第2章、第3章、第4章、第8章、第14章、第20章;

都玉霞:第5章、第6章、第7章;

白岱恩:第9章;

李克杰:第10章;

李兴祝:第11章、第12章;

徐永涛:第13章;

窦衍瑞:第15章、第17章;

周郁昌:第16章、第21章;

谢秀珍:第18章;

王德玲:第19章。

从《法理学基础》作为法学的基础理论、法的基础理论这一学科定位出发,在坚持学科的完整性、系统性和科学性的前提下,着力于法理学研究的新成果和博采现行法理学教材之优长,以期在学科内容上达到传统与创新的统一、理论与实践的结合,力求提高学习者思考与解决法律问题的能力。当然,由于本套教学用书属于在教学内容和课程体系方面的改革尝试,加之受我们水平所限,不当之处在所难免,恳望学界同仁赐教。

  本套教学用书在编写过程中,内容上尽可能采用"通说",参考了大量国内外的同类教科书及法理学论著,作者及其著作不完全地列于书后,谨向他们致以诚挚的谢意。

编 者
2007年5月于济南

目　录

第一编　法学基础理论

第一章　法学概说 ………………………………………（1）
　第一节　法学的研究对象和性质 ………………………（1）
　第二节　法学方法 ………………………………………（4）
　第三节　法学与相邻学科 ………………………………（9）
第二章　法学体系 ………………………………………（17）
　第一节　法学的体系与分科 ……………………………（17）
　第二节　法学与法理学 …………………………………（26）
第三章　法律职业与法学教育 …………………………（32）
　第一节　法律职业 ………………………………………（32）
　第二节　法学教育 ………………………………………（43）
　第三节　中国法学教育的改革与发展 …………………（49）

第二编　法的本体基础理论

第四章　法的本质 ………………………………………（55）
　第一节　法与法律 ………………………………………（55）
　第二节　马克思主义关于法的本质的阐述 ……………（63）
　第三节　法的本质属性 …………………………………（71）
第五章　法的特征与分类 ………………………………（78）
　第一节　法的特征 ………………………………………（78）
　第二节　法的分类 ………………………………………（85）
第六章　法的渊源与效力 ………………………………（92）
　第一节　法的渊源 ………………………………………（92）
　第二节　当代中国法的渊源 ……………………………（99）
　第三节　法的效力 ………………………………………（105）

第四节　规范性法律文件的规范化和系统化 ………（113）
第七章　法的要素 ……………………………………（122）
　　第一节　法的要素概述 ……………………………（122）
　　第二节　法律规则 …………………………………（124）
　　第三节　法律原则 …………………………………（134）
　　第四节　法律概念 …………………………………（141）
第八章　法律体系 ……………………………………（150）
　　第一节　法律体系与部门法 ………………………（150）
　　第二节　当代中国法律体系的基本框架 …………（158）
第九章　法的作用 ……………………………………（165）
　　第一节　法的作用概述 ……………………………（165）
　　第二节　法的规范作用 ……………………………（169）
　　第三节　法的社会作用 ……………………………（171）
　　第四节　法律的局限性 ……………………………（174）

第三编　法的历史基础理论

第十章　法的起源 ……………………………………（177）
　　第一节　原始社会概况 ……………………………（177）
　　第二节　法的产生 …………………………………（182）
　　第三节　法的起源的形式和规律 …………………（187）
第十一章　法律发展 …………………………………（195）
　　第一节　法律发展概述 ……………………………（195）
　　第二节　法律继承 …………………………………（199）
　　第三节　法律移植 …………………………………（204）
　　第四节　法的历史类型 ……………………………（207）
第十二章　法系 ………………………………………（217）
　　第一节　法系概述 …………………………………（217）
　　第二节　民法法系 …………………………………（220）
　　第三节　普通法法系 ………………………………（225）
　　第四节　其他法系 …………………………………（233）

第四编　法的运行基础理论

第十三章　法的制定 (239)
　第一节　法的制定概述 (239)
　第二节　法的制定的基本原则 (245)
　第三节　法的制定程序 (250)

第十四章　法律关系 (259)
　第一节　法律关系概述 (259)
　第二节　法律关系的主体与客体 (264)
　第三节　权利与义务 (270)
　第四节　法律关系的产生、变更和消灭 (277)

第十五章　法的实施 (283)
　第一节　法的实施概述 (283)
　第二节　执法 (286)
　第三节　司法 (293)
　第四节　守法 (300)

第十六章　法律责任 (309)
　第一节　法律责任概述 (309)
　第二节　法律责任的分类与竞合 (314)
　第三节　法律责任的归结 (319)
　第四节　法律制裁 (323)

第十七章　法律程序 (328)
　第一节　法律程序概述 (328)
　第二节　法律程序的效用和意义 (333)
　第三节　诉讼程序 (338)

第十八章　法律监督 (347)
　第一节　法律监督概述 (347)
　第二节　法律监督的功能 (354)
　第三节　法律监督的原则 (358)
　第四节　我国法律监督的体系 (362)

主要参考文献 (372)

第一编
法学基础理论

第一章 法学概说

☞ **本章提示**
- 法学的概念
- 法学的研究对象
- 法学的研究方法
- 法学与相关学科的关系

第一节 法学的研究对象和性质

一、法学的研究对象

在中国,关于法律的学问,先秦时期就有所谓"刑名法术之学"、"刑名之学"等称谓,自汉代开始又有"律学"的名称,但严格地讲,它们并不是纯粹的法学理论知识体系。在西方,现代"法学"一词,来源于拉丁文 jurisprudentia,由词根 jus(法)的形容词形式 juris 和另一词根 providere(知识)构成。随着 11 世纪开始的罗马法的复兴和近代民族国家—法律的建立,jurisprudentia 在西方衍生出一组均表示"法学"或"法律科学"的概念群,如德文 Jurisprudenz,Rechtswissenschaft,法文 science du droit,science juridique,

英文 legal science, science of law 等等。西方"法学"一词经由日本引入中国,日本古代并无"法学"一词,日文汉字"法学"一词由日本法学家津田真道于 1868 年首次用来对应翻译英文 jurisprudence, science of law 以及德文 Rechtswissenschaft 等词汇并对其作了详细说明。该词于戊戌变法运动前后传入中国。到清末法制改革时"法学"一词已广为流传。

一般认为,法学就是以法律现象为研究对象的各种科学活动及其认识成果的总称。恩格斯在《论住宅问题》中指出:"随着立法进一步发展为复杂和广泛的整体,出现了新的社会分工的必要性:一个职业法学者阶层形成起来了,同时也就产生了法学。"[1]据此,法学的生成具有以下标志:(1)立法的发达,要求对法律问题进行专门的探究,法学家职业阶层因此而形成;(2)一整套法律概念、原则(原理)和规则的构成,法学方法的运用和自成体系的法律理论的创造;(3)传授法律知识和探讨法律理论的机构(法律学校)的存在;(4)学科分化的程度和满足法律学问独立的知识传统的建立。[2]

由于社会文化的不同,人们的社会背景和价值观点的差异,思想家、法学家往往基于其自身对法律现象的认知范围和理解深度,确定法学研究的具体对象,从而形成了不同的法学流派。自然法学派和哲理法学派主要研究法学的价值和最高目的,特别是法与道德、正义或哲理的关系,亦即研究先验的、永恒不变的理想法、正义法或自然法,以此作为评价现行法律、创制或修改法律的依据;规范主义法学派注重研究实在法,即国家制定或认可的法律规范、法律体系及法律的结构和要素,特别是对法的概念进行分析,而尽量避免涉及法的价值问题;社会法学派注重研究法的社会功能和实效,把法学的任务定位于调查研究法与社会的相互关系,在他们当中某些人看来,真有实效的法才是真正的法,而真正法不限于国家制定和认可的法律,对社会调整有效的习惯、风

---

[1] 《马克思恩格斯选集》第 3 卷,人民出版社 1995 年版,第 211 页。
[2] 葛洪义:《法理学》,中国政法大学出版社 2002 年修订版,第 1 页。

俗、团体的章程和内部规则都是法。

不同的法学流派以某种法律现象为自己的主要研究对象,本身并无过错,而且对于形成全方位的深入研究是大有裨益的;但是如果走向极端,仅把自己的研究当成唯一有价值的研究,排斥以其他法律现象为对象的研究,则必然将法学研究限于极其狭窄的领域,导致法学研究的片面性和狭隘性。

法学作为一门独立的科学,内在地要求着自身的系统化。因此法学必须对其研究对象进行全方位的研究:既要对法进行历时性研究,即考察法的产生、发展及其规律;又要对法进行共时性研究,即比较研究各种不同的法律制度,揭示它们的性质、特点及它们的相互关系。既要研究法的内在方面,即法的内部联系和调整机制等因素;又要研究法的外部方面,即法与其他社会现象的联系、区别及其相互作用。既要研究法律规范、法律关系和法律体系的内容和结构以及法律关系的要素,又要研究法的实际效力、效果、作用和价值。当然,法学是一项群体的事业,任何个人或个别流派的研究都不可能穷尽全部法律现象和法律问题,重要的是要有一种全方位研究的意识或态度,使侧重不同具体对象的研究能够相互补充、相互协调、相互促进,共同发展,在其互动关系中达致对法律现象的全方位研究,使法学走向繁荣,接近真理。

二、法学的性质

(1) 法学的研究总是指向法律现象或法律问题的。故此,法学的兴衰注定是与一个国家法律制度的发展相关联的:法制兴则法学繁荣,法制衰则法学不振。其他的学问的发展,并不一定以法制和秩序的存在为条件。例如,在一个没有法制和秩序的国度里,却可能会生成有创造力的文学或哲学。

(2) 法学是实践性较强的学科,具有务实性。法学必须关注和面向社会的世俗生活,为人们社会生活中的困惑、矛盾和冲突寻找到切实的法律解决方案,确立基本的原则,或为法律的决定作出合理而有说服力的论证。

(3) 法学是反映人的经验理性的学问,是人的法律经验、知识、智慧和理性的综合体现。自然,法学也可能会渗透研究者个人的感性的观察和领悟,但它绝不是个人感情的任意宣泄。就其本性而言,法学是与一切展现浪漫趣味和别出心裁的思想方式相抵牾的。

(4) 法学是职业性知识体系,它所使用的语言是冷静的、刚硬的、简洁的、合逻辑的,是经过法学家们提炼、加工和创造出来的行业语言,与人们的"日常语言"存在较大差别。在许多场合,法学的语言对外行人来讲是非常陌生的,如"无因管理"、"假释"等。

(5) 法学是反映研究者的一定的价值立场或价值取向的学问,在法学中很难做到"价值无涉"或进行无立场的研究。马克思主义认为,一切法学总是与一定的意识形态相联系,体现着一定的阶级、阶层、集团或群体的世界观和价值观,因而均具有阶级性、政治性。

第二节 法学方法

方法(method)一词源于希腊语,其本意是沿着某一道路或按照某种途径,后来意指达到某种目标或做某事的程序或过程。人们运用各种各样的方法去研究法学,并形成了各种法学流派,比如自然法学、注释法学和后注释法学等。我们认为,法学方法就是法学的研究方法,是通过某种立场、原则、手段、程序和工具,获得关于"法律是什么"的理解。

值得注意的是,近年来国内翻译出版的一些国外法学家的著作虽然命名为"法学方法",但其实论述的却是法律方法,如拉伦茨的《法学方法论》实际上就是关于法律方法的著作。这引起了一些人的误解,认为法律方法和法学方法是一回事。其实不然,法律方法和法学方法是有很大区别的。法律方法指的是法律人在法律适用过程中用以解决法律问题的、具有独特性的方法和技巧的总称。国内学者一般认为,法学方法和法学方法论是从外在视角出发的"关于法律的思考";而法律方法和法律方法论则是从内在视角出发的"根据法律的思考"。①

一、价值分析方法

一般认为,价值分析方法是指根据一定的价值标准对特定的研究对象(事物或活动)进行分析的方法。其追问的基本问题是"法律应当是怎样的",也就是说,这种分析方法以超越现行制定法的姿态,用哲人的眼光和终极关怀的理念,分析法律为何存在以及应当如何存在的问题。

从具体研究方法上说,价值分析一般包括以下几个步骤:

第一,肯定法律具有价值属性而不是"价值无涉"和"价值中立"的。

第二,确立法律所蕴涵的各种价值,如正义、自由、平等、人权等。

第三,根据这些价值对现实中的法律实践进行分析和评价。

二、实证分析方法

实证分析方法的主要特点就是通过对经验事实的观察和分析来建立和检验各种理论命题。法律实证主义反对形而上学的思辨方式和寻求法律终极价值的价值分析方法,"它把法律视为一个独立的、自治的系统,致力于维护法律体系内部的逻辑一致性。由于这种研究方法不追究法律规则本身的基础,而径自研究规则与规则之间的关系,所以又被称作法律教条学或教条论法学"②。

在法律实证主义者看来,基于国家权力以明文的方式制定的

---

① 关于二者的区别参见孙春增主编:《法理学要义》,北京大学出版社 2008 年版,第 247—249 页。
② 郑戈:《韦伯论西方法律的独特性》,载李猛编:《韦伯:法律与价值》(《思想与社会》第 1 辑),上海人民出版社 2001 年版,第 51 页。

法律,才是正当的法律,并且具有法律上的约束力。这种法律是实证的,因为它将自然法、习惯等逐出了法律的渊源之外。学者认为,所谓"实证",包括三个基本含义:第一,对于抽象而言,它是具体实在的;第二,对于绝对客体而言,它是相对主观的;第三,对于保守性而言,它是积极建设性的。因而该种学说所谓的法律"系求之于经验、意志及人为的制定"①。

19世纪中叶,英国法理学家约翰·奥斯丁的《法理学范围之限定》的发表,标志着分析实证主义法学的产生,也使得实证分析方法成为主要的法学研究方法:并不试图像自然法那样从某种永恒不变的关于人性的形而上学假设出发推演出整个法律体系,而是努力从实证的角度对某个已经存在的法律体系,尤其是该法律体系中的法律制度、法律规则和法律概念进行分析。

三、社会学分析方法

19世纪后半叶,随着工业化在主要资本主义国家的实现,社会分工的专业化导致了社会变得越来越复杂。传统的生活方式解体了,面对现代社会转型带来的各种问题,传统的哲学和政治哲学已经难以在已有的理论框架内对已经日益变得陌生和复杂的社会作出恰当的解释。这种状况使得敏锐的思想家开始探讨新的解释社会的方法,这一探讨的结果就是一门伟大的社会科学——社会学的产生。一般认为,法国思想家奥古斯特·孔德是社会学的创始人,而马克思、迪尔凯姆和韦伯是社会学的三大奠基人,他们三个人确立了对现代社会分析的基本框架和分析思路,使社会学成为了一门独立的社会科学。② 社会法学派就是把法学的传统方法与社会学的概念、观念、理论和方法结合起来研究法律现象,注重法律的社会目的、作用和效果,强调社会中不同

---

① 〔日〕尾朝高雄等:《法哲学讲座》(第4卷),转引自戴东雄:《从法实证主义之观点论中国法家思想》,台湾自印本1989年版,第10页。
② 在《社会学主要思潮》一书中,著名社会学家雷蒙·阿隆把社会学的产生追溯到了孟德斯鸠,并且还讨论了托克维尔对社会学的贡献。参见付子堂:《法理学初阶》,法律出版社2005年版,第86页。

利益的整合。

社会学法学以"研究法律制度、法律律令和法律准则所具有的实际的社会效果"为最根本的共同点。换句话说,社会学法学尤其注重研究法的实效,通过对法律实效的研究来推进法律制度的改革和变迁。

社会学分析方法大致可以区分为两个层面:一个是基本的理论框架层面:主要的研究方法有功能主义、结构主义、结构功能主义、现象学、冲突论、系统论、进化论、行为主义,等等。另一个是具体的操作层面:主要的研究方法有角色分析方法、组织分析方法、制度分析方法、统计方法、文献分析方法、社会调查方法,等等。

四、历史分析方法

在18世纪以前,伦理、政治和法律都没有严格的区分,历史学家也对法律思想作出了重要的贡献。因此,将历史作为一种分析的方法,是从古代就有的。但是,在19世纪初,却兴起了一个新的法学学派,即历史法学派。历史法学派的代表人物德国法学家萨维尼认为,法律并非某种由立法者刻意制定的东西,而是那些内在的、默默地起作用的力量的产物。它深深地根植于一个民族的历史之中,其真正的源泉乃是该民族普遍的信念、习惯和共同意识。就像一个民族的语言一样,法律是由"民族精神"决定的。

但是,在历史法学派之后,历史的方法就只在两个层面上使用了。一个层面是历史哲学的层面,历史哲学层面的历史分析在于证明没有普世的真理和正义,任何的法律制度都是语境化的、本土化的。而另一个层面的历史研究则不具有历史哲学的背景,而仅仅是采用各种具体的历史方法,比如考据、训诂、文献编纂方法去研究过去的制度。庞德也认为,历史分析的方法就是考察某一法律体系及其制度、准则和法律律令的历史起源和沿革;追溯法律的往昔以昭示当今法律的原理;力图在那些历史发展起来的材料的基础上组合起司法的权威性资料。它假定那种最终成为特定时空之权威性法律材料的发展具有一种连续性。

五、比较的方法

对法律制度进行比较研究,可以追溯到古希腊时期。古希腊的哲学家们对政体问题非常热心,而当时的希腊也是城邦林立,而且不同城邦的政体和法律制度也存在极大的差异,因此,"什么是最好的城邦"或"什么是最佳政体"这一问题就成了哲学家们思考的核心。柏拉图对不同城邦的政体和法律制度进行比较,在比较中研究了"什么是最好的政体以及法律制度"。其后,柏拉图的学生亚里士多德发展了这一比较的方法。

亚里士多德收集了当时153个城邦的宪法,在对这些宪法进行比较的基础上写出了不朽的《政治学》和《雅典政制》。其后,一直不断有各种思想家运用比较的方法进行政治、法律的研究,比如说孟德斯鸠的《论法的精神》,就是运用比较研究方法的一部杰作。比较方法作为法学研究的一种基本方法而得到广泛使用,是19世纪中叶以后的事情。由于西方各国的法典化运动和自然科学中广泛应用比较方法取得巨大成功等因素的影响,比较方法的重要性日益得到公认,对比较方法也开始进行系统的研究,使比较方法和比较法研究获得了空前的发展。

随着多元文化论的出现,民族国家的形成,人类交往范围的扩大,已经没有哪种法律制度能够宣称自己是普世性的,不同的民族有不同的法律制度和法律精神。这样,对不同国家、不同民族、不同时代尤其是不同法系的法律进行比较,就成为一件重要的工作。有学者也看到,通过比较,丰富和发展了法学理论、了解和改进了本国立法、统一和协调了国际法以及推动和拓展了法学教育。在全球化的今天,比较的方法更是深入地渗透到法学研究的各个方面,从而成为法学研究的一种基本方法。

要使用比较的方法,当然得有比较的一般程序和步骤。沈宗灵教授认为:"对法律的比较研究一般可以分为三个过程:第一,掌握所要比较的不同国家的有关法律材料;第二,对这些不同法律进行比较,也即发现其异同;最后,分析异同的原因并作出适当的评价。"① 也有的教科书把比较的一般程序分为三个阶段即准备、比较分析和评价。②

第三节　法学与相邻学科

　　法学与其他学科有着特殊联系。这是因为:第一,在认识论上,科学是人类认识世界的成果,又是改造世界的思想武器。根据研究对象的不同,科学可以分为若干大类,每一类都包括一系列科学部门。在不同的科学部门之间还有若干边缘科学。各门科学都以具有矛盾特殊性的特定客体作为研究对象。各门科学以其研究对象的个性而互相区别开来,各自成为一门独立的学科,同时也由于它们研究的对象的共性而互相联系,并一起构成科学体系或学科群。法学吸收其他学科的认识成果来说明法的现象,从而使它能够深入到法的本质和价值基础中,并且能够解答法的外在方面(如法的政治方面、经济方面、社会方面)和客观倾向,同时也以自己的认识成果推动其他学科的发展和新学科的产生。第二,在现代社会,法律渗透到社会的方方面面,有关法律现象的许多问题不单是法学的问题,而是属于法学与其他学科的双边问题或多边问题。第三,在法治时代,越来越多的社会问题都可能转化为法律问题并提交给法律机关处理,这就要求法律工作者具有比较广博的知识,以致要求法律人才是知识复合型人才。由于这些原因,法学与其他学科密不可分。

　　在法学与其他学科的关系中,法学与哲学、政治学、经济学、社会学、历史学的联系尤为突出。把握法学与这些学科的关系,对于有效地学习法律知识,掌握法律思想,从事法学研究和法律实践是十分必要的。正如美国法学家博登海默所说:"如果对其

---

① 沈宗灵:《比较法总论》,北京大学出版社1987年版,第5页。
② 卓泽渊:《法学导论》,法律出版社2003年版,第271页。

本国历史都很陌生,那么他就不可能理解该国法律制度的演变以及该国法律制度对其周围的历史条件的依赖关系。如果他对世界历史和文明的文化贡献不是很了解,那么他在理解可能对法律产生影响的重大国际事件时便会处于不利地位。如果他不太精通一般政治理论、不能洞察政府机构与作用,那么他在领悟和处理宪法与公法等问题时就会遇到障碍。如果他未接受经济学方面的训练,那么他就无法认识到法律问题同经济问题之间的紧密关系,而这种关系在许多法律领域中都存在着。如果他没有受过哲学方面的基础训练,那么他在解决法理学和法学理论一般问题时就会感到棘手,而这些问题往往会对司法和其他法律程序产生决定性影响。"[1]

一、法学与哲学

哲学是关于自然、社会和思维知识的总结和概括。哲学所要探求的不是某一具体领域的具体规律,而是自然界、社会和人类思维发展的一般规律。哲学始终居于知识阶梯的最高层次,属于社会意识的最高形式。因此,任何阶级或学派的法学理论,总是以某种哲学作为自己的理论基础。法学同哲学的关系十分密切。在思想史上,哲学曾经作为"科学的科学"而出现,企图站在科学之上,独立地创立一个包罗万象的知识体系,将包括法学在内的一切学科都当作这一体系的一个环节。德国古典哲学大师黑格尔曾明确宣布"法学是哲学的一个部门"[2]。19世纪中期以后,法学从哲学中分化出来,成为一门独立的学科。但是这并不意味着法学与哲学的脱节。事实上,法学始终受着哲学的巨大影响。这突出地表现为哲学上的每一次更新,每一种新的较有影响的哲学流派的出现,都会引起法学方法论的更新或法学价值取向的改变,并推动着新的法学流派的出现或既有法学流派的分化、转变

---

[1] 〔美〕博登海默:《法理学——法哲学及其方法》,邓正来等译,华夏出版社1987年版,第490页。
[2] 〔德〕黑格尔:《法哲学原理》,范扬、张企泰译,商务印书馆1982年版,导论第2页。

或消灭。例如,实证主义法学是随着哲学实证主义和功利主义的出现而出现的,又是随着哲学实证主义内部语义分析哲学的出现而由"分析法学"形态转变为"新分析法学"形态的。至于新康德主义法学、新黑格尔主义法学、存在主义法学等,则更是由于相应的哲学思想的出现和发展而产生和发展的。法学与哲学的关系在法理学(法哲学)中表现得最为明显。法理学(法哲学)是对法的一般基础的哲学反思,或者说是根据哲学的观点和方法进行的法律分析。它好像一门中间学科,一头与哲学相连,另一头与具体法学部门接壤,是把部门法学与哲学结合起来的一座桥梁。

马克思主义法学是在马克思主义哲学的理论基础上形成和发展起来的。它以马克思主义哲学为指导,从中汲取"时代精神的精华",同时又对马克思主义哲学提供丰富的材料和思想。但是,这并不意味着可以用马克思主义哲学的一般理论和方法论代替法学的具体原理和方法。

二、法学与政治学

政治学是以政治现象及其发展规律为研究对象的一门科学。它所研究的范围相当广泛,包括政治本质、政治结构、政治权力、政治权利、政治决策、政治规范、政治运行、政治组织、政治文化、政治理论、政治动力、政治秩序、国际政治等。由于法是政治活动和实现政治目标的一种常规形式,特别是在现代社会,民主政治就是法治政治,政治必须采取合法的形式,有规则、有秩序地运行,因而政治和法具有内在的统一性,法学和政治学有着内在的联系,特别是宪法学、立法学、行政法学,本身就兼有法学和政治学两重性质。所以,有人形象地说法学和政治学是一枚硬币的两面。

在历史上,政治学和法学曾经长期不分彼此。例如,在古希腊,柏拉图的《理想国》和亚里士多德的《政治学》,是把政治和法放在一起论述的,也就是把政治学和法学融为一体了。在欧洲中世纪,天主教会居于统治地位,哲学、政治学和法学都成了神学的附庸。17、18世纪资产阶级革命时期,这些学科才逐步摆脱神学的桎梏。但是,政治学和法学还是结合在一起的。曾经为资产阶级革命摇旗呐喊的自然法学家都既是政治学家,又是法学家。他们的著作,例如,洛克的《政府论》、卢梭的《社会契约论》、孟德斯鸠的《论法的精神》,可以说都是兼具政治学和法学两种内容的著作。19世纪以后,法学和政治学才各自成为一门独立的学科。但是,由于许多问题,诸如民主与法制、立法政策、权力制约、国家、政党、政府、公民与国家的关系、政治程序等,是法学和政治学的双边问题,所以,法学和政治学两者之间保持着紧密的联系。当然,这并不意味着法学要把政治问题与法律问题并列研究甚至用对政治的研究代替对法律现象的研究,像20世纪80年代以前我国法学所做的那样。

三、法学与经济学

经济学是研究各种经济关系和经济活动规律的科学。法学与经济学有着十分密切的联系,这主要因为:

第一,法所反映的社会意志以及法所定型化的权利和义务及其界限,归根结底是由一定的物质生活条件决定的。只有正确而深刻地认识特定的物质生活条件,才能认清法的本质,说明特定社会、特定历史时期法定权利和义务的界限,并为合理地设计权利和义务及其界限提供科学根据。

第二,法律对经济起着能动的反作用,它能推动社会生产力的发展,也会阻碍社会生产力的发展。这取决于法律制度是否符合经济规律。要为按照经济运行和经济发展的规律管理经济提供法律保障和服务,法学就需要吸收经济学的研究成果。

第三,民主和法制的进程取决于社会经济模式和经济发展水平。民主和法制是市场经济发达的产物。市场经济的等价交换原则从根本上否定了血缘、门第、权力、地域、民族、宗教之间的差别,推动了与这种经济关系相适应的平等的政治关系和法律关系的建立,资产阶级民主和法制就是在这个基础上发展起来的。在社会主义社会,民主和法制的经济基础仍然是市场经济,民主和法制的发展程度依然取决于经济发展的水平。这就使法与经济的关系成为法学、特别是法理学的重要课题。在这方面,经济学的理论,尤其是经济学关于经济体制改革和社会主义市场经济的理论,对法学是极为有益的。

第四,经济学的许多理论模式和研究方法引入法学领域,可以加深和丰富人们对法律的认识,特别是政治经济学的理论和方法,更有助于说明法律制度,促进法律制度的改革。

四、法学与社会学

社会学是一门重要的具有综合意义的社会科学。一百多年前,当社会学创立之时,它是把整个社会作为研究对象的。但是,随着政治学、法学、经济学、教育学等专门学科的形成,社会学主要研究社会结构和社会进程的宏观问题,其中包括社会关系、社会组织、社会文化、社会规范、社会制度、社会和谐与社会冲突、社会运动和社会变迁、社会越轨与社会控制等。

法学与社会学存在着相当密切的、相互交错的关系。一方面,法学要研究社会中的法(把法作为社会现象的一部分来研究);另一方面,社会学要通过法律研究社会(把法律作为社会内容的形式)。因而,法学和社会学有很广泛的共同论题,例如,法律的社会根源,法律的社会功能,法律规范的效力的社会标准,法律实效的社会条件,法律的社会化,人在法律方面的社会化,法律行为的社会基础、心理基础和道德基础,社会变迁中的法律变迁,通过法律的社会变迁,法律与社会冲突,法律与社会秩序,法律与社会意识形态,法律观念的社会史,社会利益、需要、愿望与立法,越轨与社会控制,社会舆论与法律的实施,法律职业的社会化及其社会影响,各种法律制度的改革。正是由于这些广泛的共同论题的存在,产生了法学与社会学互相结合的需要,并推动了横跨法学和社会学两个领域的新学科——法律社会学的产生和发展。法律社会学的诞生和发展是 20 世纪法学领域最伟大的成就之一，它以注重研究法律—社会活动、法律角色、法律文化、法律运作、法律实效为其理论视角，以理论模型的设计与经验考察和实证分析的融汇为其方法论指向，以参与法治进程，推动法治和法律文化现代化为其价值目标。

五、法学与历史学

历史学是研究和阐述人类社会发展的具体过程及其规律性的科学，亦即描述、解释、反思人类在过去的所作所为，以帮助人类温故知新的科学。法学与历史学有着密切的关系。其缘由和表现是：

第一，法律是凝结的历史，或者说是历史过程的产物。在人类社会的转折点，都可以看到法律的旗帜或标志。美国麦克劳·希尔出版公司出版的《世界伟大文献汇编》一书收集了30份世界重要文献，其中法律文献占了1/3，包括《汉谟拉比法典》（公元前18世纪）、《梭伦法典》（公元前590年）、《英国大宪章》（1215年）、《论国际秩序》（1625年）、《美国独立宣言》（1776年）、《美国宪法》（1787年）、《法国人权宣言》（1789年）、《拿破仑法典》（1804年）、《联合国宪章》（1945年）等。这些文献被称作"人类历史的里程碑"。要是不认真研究这些文献，就不可能理解和编写历史，特别是人类社会制度的历史和思想的历史。从另一方面来说，阐释社会进程中的法律因素的历史学有助于法学对法律进行历时性研究。

第二，法律的生命不仅是逻辑，更重要的是经验。经验总是历史上的东西。历史学在研究古今之变、盛衰之道的过程中，也以时代的顺序和具体历史事实，再现历代统治阶级及其统治集团是怎样和基于什么根据分配社会的权利（利益）和义务（负担）的，历代法定权利和义务产生了什么社会效果——建立和维护了良好的社会秩序，还是引发了社会动乱，推动或是阻碍了社会生产力的发展，以及怎样产生了这些社会效果，历代法定权利和义务体系的变化过程及其特点，历代政治家和思想家如何对待法律遗产,等等。马克思主义历史学在这方面的研究成果相当丰富,经过处理可以转化为法学的理论观点。因此,法学大师们无不重视吸收和借鉴历史学的研究成果。

第三,历史学的实证研究方法是法学可以借鉴的重要方法。实证研究,即从实在的事实中获取确切的知识的方法,是历史学研究的重要特征。历史学不能想当然,只能以遗迹和文献为基础。实证方法在社会科学方法群中有明显的优势,把它引入法学,有助于克服法学研究中容易出现的唯心主义和形而上学,把法学的每个结论都建立在可靠的证据基础上,并经受实践的检验。

第四,法学中的概念、范畴、理论观点、学说、学派都是历史的产物,有其产生和演变的过程。要想准确而深刻地把握它们,并在此基础上丰富和发展它们,就必须运用历史学的理论和方法,考察它们是怎样提出来的,先前的学者有过哪些重要的、关键性论述,它们在演变过程中经历了哪些主要阶段,曾经有过哪些表现形态。恩格斯明确指出:"每一个时代的理论思维,从而我们时代的理论思维,都是一种历史的产物,它在不同的时代具有完全不同的形式,同时具有完全不同的内容"。"理论思维无非是才能方面的一种生来就有的素质。这种才能需要发展和培养,而为了进行这种培养,除了学习以往的哲学,直到现在还没有别的办法"。①

六、法学与逻辑学

逻辑学是关于思维及其规律和规则的科学。由于逻辑问题贯穿于法律运行的各个环节,所以逻辑学与法学有着密切的联系。法学与逻辑学共同关注的焦点是法律推理问题。法律推理是从一个或几个已知的前提(法律事实或法律规则、法律原则、判例等法律资料)得出某种法律结论的思维过程。如何理解法律推理?法律推理的作用?法律推理的标准?如何处理法律推理中真理与价值的矛盾?法律推理的类型?法律推理的方法?如何

---

① 《马克思恩格斯选集》第4卷,人民出版社1995年版,第284页。

处理形式推理与实质推理的关系?如何正确运用演绎推理、归纳推理、类比推理等逻辑方法?如何正确运用辩证推理、因果关系推理或实践推理?这些是保障正确、及时、合法、合理地适用法律所不能不认真研究和解决的问题,又是法学研究和法律实践中颇有争议的问题。为了解决这些问题,法学家必须借助于逻辑学的知识(当然,逻辑学家也常常到最具辩证逻辑意义的法律生活中汲取营养),于是法学就同逻辑学联起手来。在当代国内外法学著作中,有关语义分析、实践理性和法律逻辑的论著大量涌现,就是法学与逻辑学联手的标志。

【课后阅读文献】

一、何勤华:《汉语"法学"一词的起源及其流变》,载《中国社会科学》1996 年第 6 期。

二、邓正来:《中国法学向何处去》,载《政法论坛》2005 年第 1 期。

【思考题】

一、名词解释

法学

二、简答题

1. 法学的研究对象是什么?
2. 法学生成的标志有哪些?
3. 如何理解法学的性质?
4. 如何理解法学与哲学的关系?
5. 如何理解法学与经济学的关系?

第二章 法学体系

☞ **本章提示**
- 法学体系的概念
- 法学学科的划分
- 法理学在法学体系中的地位

第一节 法学的体系与分科

法学体系就是由法学各分支学科构成的有机联系的统一整体。法学形成体系或法学有内部分支学科的划分是近代以后的事情。近代资产阶级革命以前,法学从未成为一门完全独立的学科,它或者被包括在神学、哲学、政治学、伦理学之中,或者依附于国家的立法和司法活动。既然没有形成一门独立的学科,当然也就不存在体系或分科的问题。

随着法学从其他学科中分化出来,特别是随着立法发展成为广泛而复杂的整体和随之而来的法律部门的出现,也就出现了法学的分科。然而,如何分科或依据什么标准分科,这在国内外法学著作中还没有一致的观点。各国学者提出的分科相当宽泛,名称也不尽相同。例如,英国《牛津法律指南》中提出,法学可分为理论法学与应用法学两大部类,并可进一步具体分为7个部门:(1)法律理论和哲学;(2)法律史和各种法律制度史;(3)比较法研究;(4)国际法;(5)跨国家法;(6)国内法;(7)附属学科,如法医学、法律精神病学等。以上第(1)项至第(3)项属于理论法学,第(4)项至第(6)项属于应用法学,第(7)项本身并不研究法律问题,但同所发生的法律问题有联系。① 又如日本《万有百科大辞典》中将法学分为四大部类:(1) 公法,包括宪法、行政法和国际法;(2) 私法,包括民法、商法、民事诉讼法、劳动法和国际私法;(3) 刑事法,包括刑法、刑事诉讼法和刑事政策学;(4) 基础法学,包括法律哲学、法律社会学、法律史学和比较法学。②

法学体系的中心问题是关于法学内部各分支学科的划分。至于法学分支学科的具体划分问题,国内外尚没有统一的标准③,我们认为划分的主要标准应是在具体研究对象和对特定对象考察角度上的差异性。每个法学分支学科各有自己的研究对象和范围,有着自己考察对象的特殊视角,从原则上讲,只有在研究对象与考察角度两方面都取得一致,才能同属一个分支学科。国内学者一般倾向于将我国法学学科划分为五大门类:

一、理论法学

理论法学这是指研究法的基本原理、概念、思想和规律的学科类别,例如法理学(法哲学)。理论法学的特征是:

第一,高度抽象性。理论法学是对法律现象中各种具体问题的整体性把握和抽象。它从各种具体的法律问题中抽象出普遍性问题,从俯瞰全局的角度提供法学的最一般性知识。这种知识既体现法学中最基础性的问题,也探求法学中最深刻的奥妙。它不仅要总体上解答法律现象是什么的问题,也要探求法律现象为什么的问题。它从现象中抽象出本质,并使人深刻地认识和理解法律现象的普遍规律。所以,从理论法学的形成看,它来自其他法学分支学科的总体抽象,是对各种具体法律问题的一般化解答。这种抽象性使理论法学往往难以直接地运用于实践之中,而需要通过各种涉及具体法律现象的法学学科的转化才能直接运

---

① D. M. Walker, *The Oxford Companion to Law*, Oxford University Press, New York, 1980, p.754,转引自张文显:《法理学》,高等教育出版社 1999 年版,第 22 页。
② 《万有百科大辞典》第 11 卷,1973 年,第 530 页,转引自同上。
③ 参见葛洪义:《法理学》,中国政法大学出版社 2002 年修订版,第 3 页。

用于实践。

第二,高度概括性。理论法学超越各种具体法律问题之上的特点使其具备了高度的概括性。由于理论法学的视角和其他法学学科不同,它总是从全局的角度来看待问题,所以它的理论较之其他法学学科更具有概括性。具体的、特殊的法律问题在理论法学那里会被转化为一般的、普遍的法律问题来提出和解答,如其他法学分支学科倾向于回答各种各样的权利是什么以及如何实现的问题,而理论法学更倾向于解答权利是什么以及如何实现的问题。以具有高度涵盖性和抽象性的概念来统摄各种具体的法律概念,并以此概念为基础进行逻辑推理是理论法学的特点。

第三,理论的基础性。理论法学的一般性法学范畴和命题能够成为其他法学学科研究具体法律问题的基础。理论法学研究涉及的法学概念往往是一般性或普遍性的法学概念,这些概念往往是其他法学学科不需要研究却必须运用的概念,如关于法、权利与义务、法律效力、法律关系、法律责任、法律行为、法律程序、法律意识等法律基本概念是任何法学分支学科中随时可见的概念,但由于其他法学学科研究方向的特殊性,它们并不会对这些一般性概念进行研究。而理论法学的任务就是基于这些概念之上的研究,如对这些概念的含义进行分析甚至提出新的理解以及运用这些概念进行逻辑推理,形成新的法学中的一般性命题。所以,理论法学是其他法学分支学科的基础,这种基础就是指它构成了其他法学学科研究的出发点。

第四,普遍适用性和指导性。理论法学高度的抽象性和概括性决定了理论法学针对其他任何法学分支学科以及任何法律实践都具有普遍的适用性和指导意义。从其他各个法学分支学科的研究角度来说,由于它往往局限于具体法律问题的研究,这样就可能缺乏对基本的法律概念的深入研究,也容易在研究方面迷失宏观的方向。理论法学因为是把握法学和法律的一般规律的学科,任何法学分支学科都不能脱离了正确的理论的指导。从法律实践上看，理论法学的理论虽然不是针对某一个具体法律问题进行解答的学科，但并不意味着它对特殊的、具体的法律问题就没有指导意义。没有对法学理论的透彻把握，对具有应用性质的法学就不能有正确的运用，任何一个从事法律实务的人都不能没有理论法学的素养。

总之，理论法学和其他法学学科在法学体系中的地位并不能划归为同一层次，理论法学的地位更高。理论法学针对其他法学学科来说，具有基础的地位和有学科上的指导意义。但这并不意味着理论法学可以独立于其他法学学科而单独存在，理论法学也依赖于其他法学学科，后者可以从不同的角度为理论法学的研究提供营养，如应用法学可以提供法律实践中的现实素材，法律史学提供法律的历史材料和经验，比较法学提供不同国家和地区法律的对比事实，边缘法学提供从非法学学科知识而来的新鲜营养。所以理论法学和其他法学学科有互动的关系，理论法学可以指导和推动其他法学学科的发展，其他法学学科同时也赋予了理论法学生长的土壤和营养，并促使理论法学获得新的发展。

二、法律史学

法律史学是研究法律现象和法律思想的历史及其发展规律的法学分支学科。任何一门学科、知识或文化都是一种历史中的存在，它都有自己的起源、演变和发展的过程。认识这种历史，就是认识现在，也是认识未来。法律史学的意义就在于，法律的历史研究不仅可以使我们正确地认识过去的法律现象和法律思想，也能使我们对今天的法律制度及其思想的来源和根基有深刻的理解，从而也对未来的法律及其法学的发展道路产生一定的把握和预见。研究法律史学不仅是要揭示出历史上的法律现象和思想的真实面貌，更是要总结出历史的规律，以指导现实的法律实践。所以法律史学的研究不仅有学术意义，同样也有现实意义。

法律史学内含法律制度史学、法律思想史学、法学史学等分支学科，而这三个分支学科又可按地域的不同划分为中国法律制度史学和外国法律制度史学、中国法律思想史学和外国法律思想史学、中国法学史学和外国法学史学等分支学科。法律史学的基本特征是：

第一，历史真实性。历史真实性，一方面是指法律史的研究对象是法律现象和思想的历史状况，它的着眼点是过去而不是现在。其他法学分支学科的研究都可能会涉及该学科有关问题的历史，但它们的着眼点主要不是历史问题，而是涉及现实的理论和实践问题，如理论法学研究也会涉及历史上的法学家的法律思想，但不是以此为主要研究对象，它主要是以现实状况为出发点，进行理论研究。历史真实性，另一方面是指法律史学不仅要研究历史，而且还要揭示出历史的真实面貌。研究历史不是要美化历史，也不是要丑化历史，而是要以历史事实为依据，以实事求是的态度对待历史。

第二，历史规律性。在把握真实的历史的基础上，探求法律发展的历史规律是法律史研究的必然归途。任何历史研究如果不能告诉人们它的现实意义在何处，那么它就没有发展前途。揭示历史真实必须和探求历史规律相结合。探求历史规律的现实意义就在于，历史的规律可以作为现实的借鉴。从制度史研究角度看，探求成功的法律制度之所以成功，失败的法律制度之所以失败，可以使人们吸收人类制度文明的精华，总结失败的经验和教训，防止人们重蹈覆辙。从法律思想史学的角度看，人类法律文明中的法律思想，虽然有些思想有着历史的局限性，但也有不少内容依旧散发着不朽的光芒，研究这些思想以及思想的发展规律，可以使今天的法学研究从中获得新的启发。法律史学的历史规律性不是说法律史学的所有研究内容都具有历史规律性，从研究内容上看，有的研究更侧重历史真实性和文献资料性，而有的研究更侧重历史规律性。

第三，文献资料性。文献资料性作为法律史学的基本特征，一方面是指法律史的研究主要是依据历史上的文献资料而进行的研究。因为文明的传承主要靠文献资料保存。口头传播虽然也是传承文明的方法,但毕竟难以保证真实;实物的传承如无文献资料的佐证,也难以明白究竟。研究法律史学也就是研究法律文明的历史,要了解历史的真实,就只能是主要针对历史文献资料而进行研究。另一方面是指法律史学的研究成果和其他学科比较更具有资料性。由于法律史学的研究建立在历史真实的基础上,由此形成的研究成果可以作为事实材料供其他法学分支学科研究采用,如理论法学中常常会运用法律史学的研究成果作为论证的事实和根据,以此增强研究结论的说服力。

三、应用法学

应用法学是以直接服务于法律实践为目的,并具有较强的现实针对性的法学分支学科。应用法学不同于理论法学并不是说应用法学中没有理论的成分,而是指应用法学以现实应用为主,它虽有理论部分,但它的理论适用范围不具有法学领域内的普遍适用性,而只能在局部范围内适用。这主要是应用法学自身的功能和目的决定的,该领域内的一切学术研究成果直接为现实应用服务。

应用法学的特征是:

第一,较强的实用性。应用法学直接地为法律实践服务,从它的目的看,它以实用为目的。从研究的问题看,涉及各种法律制度的建构、具体法律规范的设定、现实法律制度的运作、各种法律纠纷的解决等具体法律问题。它总是从现实层面思考问题,从法律的现实运行状况中发现问题,并提出解决问题的方法,如应用法学中的刑法学,它需要研究刑法的原则、规范的具体拟订,也要研究刑法的具体适用,还要研究刑法规范的遵守等诸多现实问题。这种研究必然具有较强的实用性。

第二,较高的针对性。应用法学以局部的、具体的法律现象为自身的研究对象。它的视角不是全局性的,但却能以"具体问题具体分析"的方法,开辟法学领域中的各种特殊的局部的领域。由于这种较高的针对性,它的成果不会流于空泛,而总是能够解决具体问题。研究对象的针对性强并不是指研究视野的狭小,而恰恰是从广阔的视野,来研究具体问题,能够使问题获得更好的解决。比如,应用法学的研究不仅要开阔视野,了解理论法学等其他法学分支学科的成果,也要放眼全球,看到世界各国法律实践中的具体经验,还要从历史和现实的比较角度来吸收历史经验和教训。

第三,学科的广泛性。应用法学的学科和人们的法律实践紧密地联系在一起,只要有人类法律活动的领域,就一定有应用法学的存在。所以,应用法学的分支学科是十分广泛的,如根据法律关系的不同,可划分出各种部门法学,而各部门法学下面又可进一步划分其分支学科。这种划分并无限制。而且随着人类对法律现象认识的加深和法律应用研究领域的日益专门化,应用法学的学科门类还会不断增加。

四、比较法学

比较法学通常又称为比较法,用比较方法研究不同国家和地区的法律现象的一门法学分支学科。人们进行比较法学研究的最初目的是为了建立一种"人类的共同法"或世界法。1900年巴黎举行的比较法国际会议中,朗贝尔、萨利伊等学者主张通过对各个国家的法律制度的比较研究,找到一种文明社会的共同法。他们认为这是文明社会发展的总体趋势。虽然,这一目标并没有通过比较法的研究获得实现,但法的比较研究在各个国家都受到了重视,这主要是因为各个国家和地区的文化交流日益扩大和深入的原因。通过比较法研究,可以了解本国法律和他国法律之异同,有利于各国政治经济文化的深入交流。同时,了解他国的法律文明有利于改进本国法律制度的不足之处,通过学习借鉴,取长补短。

比较法学的基本特征是:

第一,研究方法的独特性。比较法学能够成为一门法学学科不是因为研究对象本身的性质和特点,而是因为研究方法的独特性。比较的研究方法是比较法学主要的研究方法。虽然其他法学学科也要采用比较的方法进行研究,但研究方法总体上是多样化的,并不构成研究方法上的独特性。而比较法学虽然也不排除其他研究方法,但以比较方法为主,这就构成了比较法学研究方法的独特性。

第二,学科领域的广泛性。比较法学由于只是因为比较方法的独特而形成的一门法学学科,所以该学科对所有法学学科领域都可能涉猎。比较法学涉足不同的法学学科领域,这就可能使比较法学的一些内容可归属于理论法学,而另一些内容可归属于应用法学或某一具体的部门法学,还有些内容可归属于法律史学。比如比较法总论可归属于理论法学,比较法各论可归属于应用法学,比较民法学、比较刑法学等可归属于部门法学,历史上某一时期不同法律制度的比较可归属于法律史学。

第三,研究内容的层次性。比较法学虽然是基于不同国家或地区的法律现象的比较研究,但由于法律现象本身多样性和层次性,使比较法学中的比较研究具有了层次性。比较只能是同一层次的法律现象之间的比较,如法系之间的比较、法律体系之间的比较、法律制度之间的比较、法律部门之间的比较、法律规范之间的比较。

第四,研究对象的跨国(区)性。比较法学的研究对象是两个以上的国家或地区的法律现象。如果研究对象不具备这个特征,则不能称为比较法学。仅仅具有比较的研究方法并不能构成比较法学,因为仅仅只有比较的研究方法并不能显示出比较法学的独特的价值和意义。比较法学的价值意义就在于,它适应了社会发展和法律演进的需要,带来了各国法律文明的交流和融合。

五、边缘法学(法学的交叉学科)

边缘法学是法学和其他学科因部分研究对象的交叉重合而形成的法学分支学科的总称。现代科学发展的趋势一方面是高度的专门化,即随着学科知识的不断增加,在学科领域内出现了越来越多的分支学科;另一方面是高度的综合化,即各种知识之间的相互渗透,交叉融合现象越来越多,所有的知识越来越显示出其密切的联系和一体性。这种趋势在法学学科的发展上也不断体现出来,如法学研究领域内出现的各分支学科,正是科学发展专门化的体现,即使是法学专家也不能达到通晓所有法学分支学科的水平,而往往只能是熟知某一领域内的法学知识,但这却使得法学知识在纵深方向有所发展。如果法学仅仅只向知识专门化的方向发展,不注意法学和其他科学之间的内在联系,这就会使法学学科成为自我封闭的僵化体系,不能获得真正的创新和发展。所以,法学和其他自然科学和社会科学知识相结合而形成的交叉学科(或称边缘法学)是法学学科发展的新趋势。

边缘法学并不是指该学科属法学知识的边缘化地带,它和核心地带的法学知识相比,是不受重视的法学学科。边缘法学的"边缘"二字是指从学科特性上,该学科因为和其他学科知识的交叉重合,使该学科领域的知识不再是完全纯粹的法学知识,而是掺杂了其他学科知识。正是因为这点特性,它同样也可以被认为是其他某一学科的边缘学科。所以边缘法学从它在法学学科中的地位来看,它不仅不边缘,甚至还起着相当重要的作用。

边缘法学既可能是因为和某一自然科学相结合而形成的,也可能是由于和某一社会科学相结合形成的,还可能是和某一人文科学相结合形成的。和自然科学相结合形成的边缘法学,如法医学、司法精神病学、司法鉴定学等。和社会科学相结合形成的边缘法学,如法律经济学、法律社会学、法律人类学、法律心理学、法律统计学、法律教育学等。和人文科学相结合的边缘法学,如法律语言学、法律文化学、法律伦理学、法律宗教学等。边缘法学的主要特征有:

第一,学科领域的交叉性。边缘法学最重要的特征就是它是一门交叉学科,是法学和其他学科因部分重合而形成的一门新学科。该学科既可以从属于法学,也可以从属于其他某一门非法学学科。所以它既具有法学的学科属性,也具有其他某一非法学学科的学科属性。虽然法学学科和其他任何非法学学科在研究中都可能出现借用对方研究成果的现象,但并不一定会形成交叉学科或边缘学科,只有在两学科领域出现了较大范围的重叠研究现象,才可能构成边缘学科。

第二,学科属性的多样性。边缘法学的学科属性的多样性可以从两个层次来认识。在科学知识体系这一层次,由于法学可以和多种性质的学科结合,并形成边缘法学,所以边缘法学具有学科属性的多样性,如法学和某一自然科学学科结合,形成的边缘法学具有自然科学属性;法学和某一社会科学学科结合形成的边缘法学具备社会科学属性;法学和人文科学结合形成的边缘法学具备人文科学属性。在法学体系内部这一层次,边缘法学的学科属性既可能是理论法学,也可能是应用法学或可能是二者兼而有之,如法律经济学、法律文化学、法律伦理学、法律宗教学等属于理论法学,法医学、司法精神病学、犯罪心理学、司法鉴定学、法律统计学属于应用法学,而法律社会学、法律人类学、法律心理学、法律教育学、法律语言学等学科则兼有理论法学与应用法学的属性。

第三,研究内容的针对性。由于边缘法学是和其他非法学学科交叉重合而形成的,学科领域比较狭窄,它的研究对象也显得比较具体而富有针对性。它要么是针对某一局部的法学理论问题进行研究,要么是针对某一领域的现实的具体问题进行研究,如法律社会学、法律经济学、法律语言学、犯罪心理学等学科总是关注法学现象的某一方面,和其他法学分支学科相比,边缘法学因注重局部的具体的问题的研究,在研究内容上具有较高的针对性。

第二节 法学与法理学

"法理学"一词本为日文汉字,是由日本近代法律文化的奠基人穗积陈重(1855—1926年)创造的。一般认为穗积陈重为中国引入西方法理学开辟了道路,中国法理学最早的名称和内容,也来自于穗积陈重等日本学者的研究成果。①穗积陈重之子、东京大学教授穗积重远(1883—1951年)在其著作《法理学大纲》中指出:"法理学即关于法律现象之特殊哲学,介乎现实法学与一般哲学之间。法理学者之任务,在根据一般哲学之原理,以说明现实法学之结果,故踞蹐于现实法学之范围,或深入于一般哲学之范围,皆非法理学之所有事也。"②台湾学者洪逊欣先生指出:"法理学之名辞,系指示社会哲学中,以研究关于法及与法有关事项之根本问题,尤其以研究法之全体的存在原理及法学方法,为其任务之特殊学问。"③美国当代著名法官、法学家波斯纳(Richard A. Posner)在其《法理学问题》一书的序言中开宗明义地指出:"所谓法理学,我指的是对所谓法律的社会现象进行的最基本、最一般、最理论化层面的分析。就其总体而言,法理学所涉及的问题,其运用的视角,都与法律实务者日常关心的事相距甚远。……传统上将法理学界定为法律哲学或界定为哲学在法律中的运用,这显然很恰当。"④

我们认为,法理学是以作为整体的法律的共同性问题和一般性问题为研究对象的一门理论法学,着重揭示法律的基本原理。在中国法学界,其研究方向涉及有关法哲学、法律社会学、法律经济学、立法学、比较法学、法律解释学和行为法学等基本理论或总论性的问题。

法理学在法学体系中占有特殊地位:它是法学的一般理论、基础理论和方法论。这一特殊地位首先是由法理学的研究对象的一般性和法理学论题的根本性所决定的。

---

① 何勤华主编:《外国法律史研究》,中国政法大学出版社2004年版,第288页。
② 〔日〕穗积重远、Roland R. Foulke:《〈法理学大纲〉与〈法律哲学 ABC〉》,李鹤鸣、施宪民译,中国政法大学出版社2005年版,第21页。
③ 洪逊欣:《法理学》,台湾三民书局1998年版,第39页。
④ 〔美〕波斯纳:《法理学问题》,苏力译,中国政法大学出版社2002年版,原文序第1页。

一、法理学是法学的一般理论

法理学以"一般法"即整体法律现象为研究对象。所谓"一般法",首先指法的整个领域或者说整个法律现实,即包括宪法、行政法、民法、经济法、刑法、诉讼法、国际法等在内的整个法律领域,以及现行法从制定到实施的全部过程。法理学要概括出各个部门法及其运行的共同规律、共同特征、共同范畴,从而为部门法学提供指南,为法制建设提供理论服务。为此,法理学应当以各个部门法和部门法学为基础,应是对各个部门法的总体研究,对各个部门法学研究成果的高度概括。如果不是这样,而仅仅从一些或个别部门法和部门法学中找例子为自己的观点作注解,或仅仅是对部门法学的某些理论的简单升格,法理学的结论就难免带有局限性,就不可能在部门法学中贯彻到底,也就谈不上对部门法学有指导意义。

"一般法"其次是指古今中外的一切法。法理学应是对古今中外一切类型的法律制度及其各个发展阶段的情况的综合研究,它的结论应能解释法的一切现象。如果它仅以一国或某些国家或某一种历史类型的国家为对象,它的结论就不可避免地带有时代的局限性或民族的褊狭性,就不可能是放之四海而皆准的真理。因此,我们的法理学要立足中国,放眼世界,通观历史,全面地考察法律现象,要吸收比较法学和法史学的研究成果,尽可能了解和批判地借鉴国外法学的研究成果。正因为法理学研究的是一般法,所以,被法学家们称作"法的一般理论"。

当然,必须指出,虽然作为一门学科,法理学是以古今中外一切法为研究对象的,但是如同任何国家的法理学都是以本国的现行法律为主要研究对象一样,我国的法理学也应当以研究自己的法律问题和法制建设为主,即以我国社会主义初级阶段的法制建设和现行法律为主,其起点、重心和归宿都必须是建设有中国特色的社会主义法制。

二、法理学是法学的基础理论

法理学的对象是一般法,但它的内容不是一般法的全部,而仅仅是包含在一般法中的普遍问题和根本问题。法理学属于法学知识体系的最高层次,担负着探讨法的普遍原理或最高原理,为各个部门法学提供理论根据和思想指导的任务。它以其对法的概念、法的理论和法的理念的系统阐述,帮助人们正确理解法的性质、作用、内在和外在的变化因素。它所处理的主要是法律的一般思想,而不是法律的具体知识。因而,法理学的论题是法学和法律实践中带有根本性的问题。例如,法是什么?法是怎样产生、发展的?法有什么作用和价值?法是如何运行和操作的?法是如何受制于其他社会现象又如何影响其他社会现象的?这些问题的解决是法学各科解决其具体问题的前提,也是解决法律实践问题的前提。同时,在解决这些问题的过程中,法理学还要概括和阐述法学的基本范畴,例如,法、权利、义务、法律规范、法律原则、法律行为、法律关系、法律责任、法律文化、法律价值、法治等。这些范畴横贯所有法的部门,是各部门法学共同适用的。从法理学的这些论题,可以明显看出法理学是法学的基础理论或法学体系的基础。

三、法理学是法学的方法论

所谓方法论是指关于方法的理论和学说。法学的历史反复表明,用于研究工作的方法是否正确和有效,对于科学研究是至关重要的。因为研究方法在很大程度上影响着主体的认知兴趣,课题设计,资料的识别与取舍,逻辑推理的方法以及评价的标准,以至于决定着人们能否完成或顺利地完成其研究任务。在一定意义上,科学的方法是把主体与客体联系起来的桥梁。在没有科学的方法就没有科学的认识这种意义上,也可以说方法是科学的生命。在法学领域,马克思主义法学之所以能够在众多的法学流派中独树一帜,表现出明显的理论优势,正是得力于其研究方法的科学性。法学的历史也表明,法学领域的变革或革命往往是由方法的更新或革命引起的。大凡一种新的法学理论或学说的兴起,都是从研究方法的突破开始的,至少是与方法的更新分不开的。所以,方法本身就成为法理学的研究对象。改革开放以来,我国法理学越来越重视对法学方法的研究,正在建立起科学的方法论体系。在这个过程中,法理学特别注重研究如何把马克思主义认识世界的一般方法即哲学方法论具体化为认识法律现象的具体方法;注重总结我国法学工作者在法学研究中积累起来的有效的方法,并通过理性化的升华,使之成为普遍有效的认识方法;注重移植其他学科(包括人文、社会科学和自然科学在内)的方法;注重批判地借鉴国外法学研究中的科学方法。

总之,与哲学以及其他基础理论学科一样,法理学具有的是任何部门法学都需要而又都替代不了的功能与价值。这种功能与价值不是技术性的,而是理论性的、思维性的以及观念性的。按照美国法学家戈尔丁的概括,法律思维或者法律认识可以划分为两种:一种是根据法律的思考,一种是关于法律的思考。部门法学的学术形态主要是注释法学,因而主要是"根据法律的思考",即便有前瞻性、探索性的研究,这种研究最终也是以实在法及其现实运作为指向和归依的。而法理学则不同,法理学整体上讲属于"关于法律的思考"。也就是说,法理学必然要超越实在法,而探讨古往今来一切法律现象当中的一般性问题、根本性问题。这样一来,法理学就必然是抽象的,是总体性的,唯其如此,它才能够超越具体法律现象与实践经验的局限或片面,承担起作为法学"元理论"的功能与价值,从理论上驾驭和把握实在法。

鉴于上述法理学在整个法学体系中的特殊地位和作用,认真学习法理学,切实掌握法理学的理论和方法,对于树立科学的法律观、民主的法治观,学会运用辩证唯物主义和历史唯物主义的立场、观点和方法观察和思考法律问题,特别是当代中国社会主义法治建设的基本问题,培养法律思维方法和强化法学理论素质,是十分重要的。

第二章 法学体系 ★

【课后阅读文献】

宋海彬:《意义与功用的纠葛——简论作为法学"元理论"的法理学》,载《法律科学(西北政法大学学报)》2009 年第 4 期。

【思考题】

一、选择题

公元前 399 年,在古雅典城内,来自社会各阶层的 501 人组成的法庭审理了一起特别案件。被告人是著名哲学家苏格拉底,因为他喜欢在公共场所与人辩论、传授哲学而被以"不敬神"和"败坏青年"的罪名判处死刑。在监禁期间,探视友人欲帮其逃亡,但被拒绝。苏格拉底说,虽然判决不公正,但逃亡是毁坏法律,不能以错还错。最后,他服从判决,喝下毒药而亡。对此,下列哪些说法是正确的?

A. 人的良知、道德感与法律之间有时可能发生抵牾

B. 苏格拉底服从判决的决定表明,一个人可以被不公正地处罚,但不应放弃探究真理的权利

C. 就本案的事实看,苏格拉底承认判决是不公正的,但并未从哲学上明确得出"恶法非法"这一结论

D. 从本案的法官、苏格拉底和他的朋友各自的行为看,不同的人对于"正义"概念可能会有不同的理解

二、名词解释

1. 法学体系
2. 理论法学
3. 法理学

三、简答题

1. 简述法学学科的划分。
2. 简述法理学在法学体系中的特殊地位。

第三章 法律职业与法学教育

☞ **本章提示**
- 法律职业的概念、生成、特征
- 法律思维
- 法学教育的特点
- 大陆法系、英美法系及中国法学教育的状况

第一节 法 律 职 业

一、法律职业的概念

法律职业(legal profession)泛指以从事法律事务为主要生活来源的特殊性职业的总称。一般说来,法律职业者主要包括法官、检察官、律师和法学家。但不同的国家,对法律职业的范围界定各不相同。①

在大陆法系国家,法律职业主体主要包括法官、检察官、官方律师和私人开业律师、法律顾问、公证员以及法学家等。英国的法律职业则主要指律师,即出庭律师(barrister)和事务律师(solicitor)。在美国,法律职业一般包括法官、私人开业律师、公司法律顾问、政府部门法律官员和法学教师五类。在我国,主要有两种观点,一是广义说,即把从事法律工作的人员如法官、检察官、律师视为法律职业外,还把警察、公证员、法律顾问、立法工作者、法

---

① 在西方语境中,"职业"(profession)是一个相当神圣且带点神秘的词语,在传统上,社会只承认律师(法律人)、医生、牧师、教师和高级军官从事的事业是一门职业。而除此之外的工作岗位,如公务员、警察、新闻记者、商人、作家等通常都被排除在"职业"之外。孙笑侠、李学尧:《论法律职业共同体自治的条件》,载《法学》2004 年第 4 期。

学教师和研究人员等法律工作者也纳入法律职业范围之中。① 二是狭义说,即法律职业仅包括法官、检察官和律师。②

需要指出的是,法律职业与法律工作是有严格界分的,二者之区别的关键在于对法律素质及资格认定的要求是不同的,法律职业的特征要求与职业专业化和专门化相适应,法律对从事法律职业主体的法律知识结构、学历、任职资格、职业培训、晋职条件等都作了专门的规定,即法律职业的门槛不是针对所有人的,而是针对一部分人的;而对一般法律工作者无论在法律素质及任职资格上,法律均无严格、明确的规定。所以我们认为,法律职业是指受过专业法律教育、具有专门法律知识和理论与实践经验、具备职业伦理道德修养,其所属机构具有较强独立性而从事以法律工作为生涯的社会活动,其主体为法官、检察官、律师和法学家。

二、法律职业的起源和发展

法律职业的出现是人类社会发展到一定历史阶段的产物。在原始社会后期,随着社会生产力的发展和阶级的产生,出现了国家和法律。随着法律的出现和不断发展,以法律为职业的从业人员也越来越多,内部分工也越来越细。不但有法律实际工作者,而且有法学研究工作者,恩格斯曾指出:"在社会发展某个很早的阶段,产生了这样的一种需要:把每天重复着的产品生产、分配和交换用一个共同规则约束起来,借以使个人服从生产和交换的共同条件。这个规则首先表现为习惯,不久便成为法律。随着法律的产生,就必然产生出以维护法律为职责的机关——公共权力,即国家。随着社会的进一步发展,法律进一步发展为或多或少广泛的立法。……随着立法进一步发展为复杂和广泛的整体,出现了新的社会分工的必要性:一个职业法学家阶层形成起来了,同时也就产生了法学。"③

---

① 赵震江:《法律社会学》,北京大学出版社 1998 年版,第 408 页。
② 孙笑侠:《法理学》,中国政法大学出版社 1996 年版,第 221 页。
③ 《马克思恩格斯选集》第 3 卷,人民出版社 1995 年版,第 211 页。

(一) 西方法律职业的起源和发展

一般认为,法律职业最早起源于古罗马。爱尔兰学者凯利(J. M. Kelly)认为,罗马早在与希腊思想最初接触以前,就已经存在法律职业,而这种职业不曾存在于希腊。[①] 古罗马的征战和城市化运动推动了简单商品经济的发展,社会分工更加细化,这促进了古罗马法学的繁荣和法律职业的出现:存在一群专门解答法律问题、传授法律技巧、研究法律原则的人士,被称为法律顾问或法学家,即法学者集团。但是由于在当时司法权与立法权、行政权没有严格的区分,在帝政时期,罗马皇帝甚至完全控制了审判权,"国王的决定具有法律效力",因此,在这种状况下,不可能出现独立性和专门化程度都很高的法院和法官,也无法形成现代意义上的法律职业。中世纪的欧洲,宗教神学统治一切。在教权与皇权的斗争中,随着教权的胜利,教会为行使其广泛的司法权,建立了不同等级的教会法院,构成了独立的宗教法院体系。主教法庭是宗教法院的第一审级法院,由主教或主教代理人主持,统称为"寺院裁判官",有的在它之下还设有副主教法庭。此外,还在大修道院以及皇宫礼拜堂等处设有专门法庭。近代资产阶级革命的胜利使法律职业得以迅速发展。受洛克、孟德斯鸠等人的影响,美国、法国等资本主义国家政治制度基本上是按照分权理论模式建立起来的。

西方最早建立检察机关和确立检察制度的是法国和英国。12世纪末,法国国王在各地设立"国王代理人",为国王处理皇家私人事务。后来,这种代理人逐渐发展为代表国王向审判机关提起民事诉讼。13世纪中叶至15世纪初期,"国王代理人"除代理国王提起民事诉讼外,在特殊情况下还对少数严重危害国家利益的犯罪提起刑事诉讼。代理人参与刑事诉讼,多半是代理国家监

[①] 〔爱尔兰〕J. M. 凯利:《西方法律思想简史》,王笑红译,法律出版社2002年版,第47页。对于这一结论也许可以作这样的解释:古希腊的司法民主制度和国家与社会的重叠,决定了当时人人都可以参与法律事务,因此,在当时,没有组织一个专业法律职业集团的需要。

督赎金的缴纳是否合理,监督没收财产及其他判决的执行。后来,国王代理人被改称为检察官,设置于各级法院内。他们一方面代表国王对各封建主和地方当局实行监督;另一方面,则以国家公诉人的身份侦查犯罪。公元1670年,法王路易十四的敕令规定在最高审判机关中设总检察官,在各级审判机关中设一定数量的检察官和辅助检察官,对刑事案件行使侦查起诉权。至此,法国的检察官这一职业基本形成。在英国,则在建立大陪审团公诉制度的同时,检察制度也随之逐步形成。13世纪40年代至80年代,英国出现国王律师和国王法律顾问,他们有以下几种职能:对偿还土地案件支持起诉;对被宣布开除皇家官员的人起诉,保障王室任命教会牧师的权力;调查杀人案件,进行听审;确定属于王室的案件(所谓属于王室的案件,主要是指破坏王室安宁的案件。包括叛逆、谋杀、纵火、抢劫、强奸、严重的盗窃行为等)。1461年,国王律师改名为总检察长,国王法律顾问改名为国王辩护人。1515年,国王辩护人改名为副总检察长。至此,英国有了真正的检察制度和检察官。1827年,英国增设追究破坏皇室利益以外案件的检察官。1879年,颁布了《犯罪追诉法》,规定在地方设置公诉处。法、英两国在封建社会起源的检察制度,由于与资产主义生产关系的需要相适应,因而在资产阶级革命胜利并掌握国家政权后,得到了继承和发展,并对世界各国产生了极大的影响。

西方律师制度最早可以追溯到古希腊和古罗马时代。在古罗马的共和国时期,由于当时的诉讼形式为"辩论式诉讼",所以,法庭允许监护人、保护人代理他人进行诉讼。到公元3世纪,罗马皇帝以诏令形式规定了诉讼代理并规定大僧侣可以为平民提供法律咨询服务,同时还规定:平民常聘他人代理诉讼行为,应付相当费用为报酬。这种向他人提供法律服务的专门人员,就是最初意义上的"律师"。在中世纪,欧洲社会长期处于军事割据和自给自足的农庄经济条件下,商品经济的发展受到极大的限制。与封建的政治统治相适应,一些欧洲国家废除了辩论式诉讼,而代之以纠问式诉讼,使辩护、代理等制度失去了作用。在民事诉讼中,当事人的诉讼权利受到种种限制,失去了包括聘请诉讼代理人在内的许多保护正当权益的手段。在刑事诉讼中,采用专横、野蛮的审讯方法,被告人是被追究、被拷讯的对象,而不是有辩护权的当事人。这一时期,由于社会、政治等多方面的原因,律师制度实际上已不存在。近代律师制度是资产阶级革命取得胜利后建立起来的。17、18世纪,资产阶级取得政权后,在司法领域贯彻了许多资产阶级启蒙思想家所宣扬的"法律面前人人平等"、"无罪推定"以及"被告人有权辩护"等法律思想,并在一些国家具体化为制度。例如,1791年颁布的《美国宪法修正案》第6条规定,刑事被告人"享有法庭律师为其辩护的协助"。1791年颁布的《法国宪法》也规定,在整个刑事诉讼中"不得禁止被告人接受辩护人的帮助"。1793年雅各宾派上台后,在全国设"公设辩护人",以便公民充分实现辩护权。1808年,法国的《刑事诉讼法典》,又将辩论和辩护原则以及律师制度系统化,规定被告人应自己选择辩护之代言人,若不选择时,裁判官应代其选择代言人一名。与此同时,适应资本主义经济发展的要求,民事代理和其他法律服务活动也逐渐成为律师的主要业务之一,并逐步形成制度。①

按照德国著名社会学家韦伯(Weber,1864—1920年)的说法,现代法律职业的初步形成应当是在16世纪。"战争技术的发展呼唤着专家和专业化的官吏,司法程序的细密化,也要求有训练有素的法律专家。16世纪时,在较先进的国家,专业官吏在战争、财政和法律这三个领域取得了明确的胜利。就在君主专制主义凌驾于身份等级制度之上的同时,君主大权独揽的统治也逐步让位于专业官吏体制。"②法律人对法律事务的垄断掌握使得法律职业及其共同体最后发展成熟。

---

① 参见赵震江:《法律社会学》,北京大学出版社1998年版,第408—412页。
② 〔德〕马克斯·韦伯:《学术与政治:韦伯的两篇演说》,冯克利译,生活·读书·新知三联书店1998年版,第68页。

(二) 中国法律职业的起源和发展

在中国，法官职业的产生和发展，经历了四千多年的漫长岁月。自公元前21世纪夏禹建立统一的奴隶制王朝至西周灭亡的近两千年里，夏、商、周三个朝代，没有行政、军事、司法的严格划分，国王既是国家元首、军事首领，又是最高法官，操纵着最高审判权。各级奴隶主均有相对独立的审判权。统治者管理社会的主要手段，是借天行刑，用极端野蛮残酷的刑罚，镇压奴隶和平民的反抗，以维护其统治秩序。

公元前5世纪中叶，中国进入封建社会。在这一时期，实行司法与行政合一的制度，行政长官兼理司法审判权，从中央到地方，审判权不独立。历代封建王朝的皇帝是最高司法长官，严格控制审判大权。中央虽设置审判机关，但要绝对服从皇帝的旨意，并受制于丞相等中央行政机关。有的朝代，如两汉时期，在中央内皇帝、丞相、御史大夫和廷尉等共同掌握国家的司法审判权，而不是由专职的司法机关和司法官员执掌。有的朝代虽设有专职的司法机关和司法官员掌握国家的司法审判权，但是其他行政官员也参与审判活动。如清朝虽设有刑部等机关专门行使司法审判权，但六部尚书等官员有时也要会同司法官员共同行使司法审判权，这就是所谓的"九卿会审"；地方司法与行政混同，行政长官兼审各类案件。我国历代封建统治者，大多重视对审判人员的培养，严明审判人员的责任。如唐朝的高级审判人员，多为科举出身，唐太宗还特设律博士，以加强对司法官吏的培养。

鸦片战争以后，中国进入半封建半殖民地社会。帝国主义的入侵，使资本主义的司法原则和审判制度伴随着资本输入中国。

中国近代意义上的法官职业是清末司法改革的结果。1909年，清朝颁布《法院编制法》，根据该法的规定，全国法院共设四级，即大理院、高等审判厅、地方审判厅和初级审判厅。大理院为最高审判机关并负责解释法律，监督各级审判。至此，专门的审判机构和审判人员在中国产生。新中国的法官制度，是在新民主主义革命时期审判工作的传统和经验的基础上，逐步建立和发展起来的。

在我国古代,虽存在监察制度,但不是现代意义上的检察制度,它不具备现代检察制度的基本特征。现代检察机关除有法律监督职权外,在刑事诉讼中又是同审判截然分开的公诉机关,在审判权和公诉权不分的情况下,不可能有现代意义上的检察官和检察制度。但它包含有现代检察制度的某些因素。中国近代的检察官和检察制度,是清朝政府效仿西方国家建立起来的。清朝有关法律规定,凡是刑事案件,不论因被害者告诉、他人告发、警察官的移送或检察官自行发觉,都一律由检察官提起公诉。

中国古代,政治上实行集权统治,经济上"自给自足"的自然经济占统治地位,法律制度极不完备,没有也不可能有律师和律师制度。虽然中国封建社会一直有讼师代人诉讼的做法,但始终未出现律师并形成制度。中国近代律师制度起源于清末。1906年清王朝制定的《大清刑事民事诉讼法》中规定了律师制度,但由于爆发了辛亥革命,这个法律没有公布实行。1912年,北洋军阀政府制定了《律师暂行章程》和《律师登记暂行章程》等法规,这是中国最早关于律师和律师制度的成文立法。新中国成立后,随着我国法制建设的发展,律师制度开始建立起来。但1957年"反右"斗争开始后,律师制度受到严重摧残。党的十一届三中全会后,经过拨乱反正,我国恢复了律师制度。2001年10月最高人民法院、最高人民检察院、司法部联合下发《国家司法考试实施办法(试行)》以后,建立起了国家统一司法考试制度。

三、法律职业的特征

(一)法律的专业性和职业的专门性

法律职业本身是随着社会分工而发展起来的产物。在早期法律秩序社会中,由于社会结构与社会生活比较简单,人们发生的纷争往往能够在没有通过专门训练而获得法律知识的专家们的情况下依照惯常的习俗或习惯得以解决,社会上执法者主要凭其深厚的生活经验和人生阅历就能够胜任裁判是非的角色,所以,在许多社会中社会纠纷的裁判者多是年长者。在一切纷争都凭习俗即调整好了的社会,执法者不必经过专业化的职业训练。而当社会分工日益细化、社会生活日趋复杂化,法律规范也变得愈来愈具有抽象性和普遍性,法律的专业化和职业的专门化即成为社会生活的必需。社会分工的细化和专门化使得现代的人们在很多时候面对自己职业外的世界感到茫然和无知,感到被专业化、专门化的职业限定与隔离于自己的现实世界中而缺少沟通与了解,对职业外的事务与纠纷的处理愈来愈倚重专家和权威;即使在同一领域内由于事务的专门化也使得对本领域内的其他事务也缺乏深入透析的了解而求助于专家。这时,几乎在所有的社会都出现了一个界限明确并形成独立阶层的集团,即法律专家。因此法律的专业化和职业的专门化就成为现代社会发展的必然趋势。随着法律的专业化和职业的专门化,法律的运行日益与道德和政治性因素相疏离;法律越来越多地体现为一门技术,而与直接的社会生活的波动性变化联系较少。因而法律职业亦要求职业主体具有高度的法律专业理论素质与知识技能。

(二) 法律职业机构的独立性

法律的专业化和职业的专门化,必然导致法律机构在社会生活中的相对独立性和成员的自主性。这种独立性和自主性是与以下因素相联系的,如社会分工、职业专门化和由此带来的职业垄断化、法律的权威性等。法律职业机构的独立性主要体现在法律审判机构的独立性、检察机构的独立性和律协组织机构的自治管理上。

(三) 法律职业的分层性

从社会学角度上,分层(stratification)这一概念表明社会分为不同等级、阶级、阶层的人的社会现象,即意味着社会不平等。法律职业分层性的内涵包括两个方面:一个方面是职业内部的分层即法官和律师等的社会地位的高低。通常情况下,法官的社会地位越高在审判过程中其权威性越大;反之,法官的社会地位越低,其权威性越小。法律职业分层性的另一方面是职业服务对象的分层,即随着社会分层的发展,不同的社会阶层对法律职业有不同的社会需求,而这又主要与个人社会地位的高低和财富的多寡有直接的联系。

(四) 法律职业的伦理性

法律是以公正为最终的和永恒的价值追求目标的,因而法律职业也始终以追求公平、正义这一最高伦理价值为目的,凡以法律为职业的人莫不以追求法的公平价值实现为己任,这是法律职业与其他职业相区别的重要标志。所以,法律职业的伦理性主要是指法律职业的公正性,法官是公正的化身,律师是站在被代理者的一方寻求法律的公正,检察官则是站在国家利益的一方寻求法律的公正。职业主体的不同,其具体的职业伦理要求也不尽相同。

(五) 法律职业的一体化

法律职业的一体化,一是法律职业主体的知识结构的一体化;二是法律职业主体对法律的公正价值追求的一体化。一体化的要求体现在职业上就是法律职业应当是一个同质的价值集团,其培养的路径应当是一致的,接受大致一致的国家法律学历教育,接受大致相同的职业培训,这样就有利于形成具有共同语言、共同思维范式与价值观一致的职业法律家集团;而法律职业的人们如果语言相通、对法律的原则、精神、原理理解一致,就会对社会整体化以及法制观念的培养起到促进作用。所谓法治在很大程度上是那些受过严格法律训练的人们对社会生活的管理和调整,可以说,如果我们不能够造就一大批尊重规则、追求正义的法律家并且使他们来操作法律的程序,那么,制定再完备的法律规范,设置再合理的司法制度,最终的结果仍将是徒劳无益的。这有赖于共同语言和职业道德一体化意识的形成。①

---

① 参见范进学:《法律职业:概念、主体及其伦理》,载《山东大学学报(社会科学版)》2000年第5期。

四、法律职业与法律思维

每一个职业都有其独特的思维方式和思维特性。法律思维（亦称法学思维）是法律职业者在分析、研究法律现象时所持的立场、态度、观点、价值和方法，也就是按照法律的逻辑（包括法律的规范、原则和精神）来观察、分析和解决社会问题的思维方式。换言之，一个学习法律的人必须像法律职业人那样去思考问题。概括地说，法律思维具有以下特点：

（1）法律思维是实践思维。法学区别于自然科学，原因在于它不是"纯思"，它不追求"纯粹的知识"，而是"实践的知识"。亚里士多德把人类的思考方式（也是获取知识的方式）分为思辨（哲学）之思、理论（科学）之思和实践之思。在他看来，思考自身不能使任何事物运动，而只有"有所为的思考"才是实践性的。实践之思是针对行为选择或欲望的思考，"这样的思考是一种实践的真理，而思辨的、理论的思考则不是实践的，它只是真与假而不造成善与恶……实践思考的真理要和正确的欲望相一致"①。法学是"有所为的思考"，是针对特定的法律现象的思考，也是针对人们的行为选择或欲望的思考。

（2）法律思维是以实在法（法律）为起点的思维。法律职业者的思考始终不能完全游离于各个时代发生效力的实在法。他们不能像哲学家或伦理学家一样首先站在超实在法或实在法之外的立场（譬如自然法立场）来批判法律，不能完全用道德的评价代替法律的评价，不能简单地预先假设一切实在法都是"非正义的法"，是非法之法。对法律的批评首先应当是"体系内的"批评，实在法为法律职业者提供了思考的起点和工作的平台，但同时也限制了其提问的立场和思考问题的范围。法律职业者完全可以表达自己在法律上的个人价值判断，甚至像抒情诗人那样展现自己渴望无限接近天空的浪漫想象，但不能像诗人那样利用过度修

---

① 〔古希腊〕亚里士多德：《尼各马科伦理学》，苗力田译，中国人民大学出版社2003年版，第120页。

辞的语言张扬自己的情感。他们如果不想让自己的判断和想象变得无效，那么他们就必须用所谓理性、冷静、刚性的"法言法语"包裹起这种判断和想象，按照法律共同体专业技术的要求，来逻辑地表达为法律共同体甚或整个社会均予认可的意见和解决问题的办法。

（3）法律思维是问题思维。法律思维总是针对法律问题而进行的思维，当人们对法律制度或社会现实以及两者之间如何对应等方面的理解有一个以上的答案或者根本就没有答案时，在此处就存在着某个"法律问题"。这样的法律问题是无处不在的，它既可能是立法问题，也可能执法问题、司法问题、守法问题；既可能是法律解释问题，也可能是法律推理问题。

（4）法律思维是论证的思维、说理的思维，遵循着"理由优先于结论"的规则。也就是说，法律的结论必须是有论证理由的结论，是对法律职业者本人以及其他人均有说服力的结论。显然，这种结论的形成需要有众多的个人和集团参与交谈、论辩。只有在法律思维中坚持论证和说理，才能确保个人和集团在法律问题上做到自我理解以及其他个人和集团对此问题的相互理解，直至达成共同的法律意见或结论。例如主审法官认为"知假买假"者不属于"消费者"而判决其败诉，他就必须为这样的判决给出理由，否则判决本身就站不住脚，因而就不能说服当事人，也不能使公众信服。

（5）法律思维是评价性思维。法律职业者总是根据法律来评价人们的行为是合法的还是违法的。法律思维所追求的价值目标与其他学问是有所不同的，比较而言，如果说经济学思维追求"效益最大化"，伦理学思维追寻"道德之善"，政治学思维寻求"合目的性"、"权宜之计"，那么法律思维则以"正义"、"公正"的价值为主要取向。这正是为什么在立法和司法过程中必须设定严格甚至有些"繁琐"的程序，不惜牺牲"效率"，以保证法律的

"正义"、"公正"的价值得到实现的原因。①

第二节 法学教育

一、法学教育与法律职业的关系

法学教育是指以培养法律人才为目的而进行的系统化、理论化的专门教育,是社会教育体系的重要组成部分。以各种形式普及法律知识的教育是法律教育,不能等同于法学教育,法学教育是一种特殊形式的法律教育。

法学教育是法律职业的基础,既是一般的高等通识教育,又是一种特殊的职业教育,与法律职业有直接的密切的关系。法学教育必须与法律职业挂钩,大学法学课程的设置既要考虑一般的素质教育、通识教育的要求,又要考虑职业教育的要求。国外大学法学院课程的设置都有这个特点,即密切地与法律专业资格的授予结合在一起,而且往往掌管律师资格授予的律师协会本身就参加了当地大学法学院课程的设置。在有些国家和地区,受过大学正规的法学本科教育,获得法学学士学位,然后再跟从已执业多年的律师接受一段时间的法律职业训练和实习,即可自动取得律师牌照,而无需另外参加律师资格考试,因为这种法律职业教育已为当地律师协会所承认。反之,如果没有受过大学法学教育,则无论如何不能做律师,更不能做法官。接受大学法学本科教育是从事一切法律工作的前提,是任何其他教育都不能代替的。

按照各国一般的做法,要从事法律职业,不管是做私人执业律师还是法官、检察官,都必须首先取得律师资格。而要取得律

---

① 舒国滢主编:《法理学导论》,北京大学出版社2012年版,第7—10页。另外,郑成良教授主张,与政治思维方式、经济思维方式和道德思维方式相比,法律思维方式具有诸多特殊之处,其中至少有以下六个方面属于至为重要的区别,即以权利义务为线索、普遍性优于特殊性、合法性优于客观性、形式合理性优于实质合理性、程序问题优于实体问题和理由优于结论。参见郑成良:《论法治理念与法律思维》,载《吉林大学社会科学学报》2000年第4期。

师资格,就必须接受正规的大学法学本科教育,受过基本的法学训练,即获得一个法学本科学位,在英联邦国家叫做 LL.B(法学学士),在美国以前也叫 LL.B,现在叫做 J.D.(Juris Doctor)①,这是从事一般法律职业的前提。这样做的原因有二:一是法律职业是一门特殊职业,必须接受系统的法学理论和法律职业教育。就像医生职业一样,要求执业者必须受过医学专业教育才可以取得执照行医,如果没有受过大学医科教育就行医是绝对不允许的。法律职业也要求执行者必须受过基本的大学法学本科训练,否则做律师或法官就可能出"责任事故"。二是保证从事不同法律专业的群体(即私人执业律师、政府律师、法官等)有相同的教育背景,有统一的是非标准和价值取向,这样在执行法律时才不致由于标准不一和思维方式不同而产生不公正,损害法律的正义性。

二、法学教育的特点②

(一) 法学教育以传授法律知识和培养法律技能为主要内容

由于法律知识博大精深、极为复杂,一般民众在日常生活中很难对法律问题作出正确的判断,很难有效地运用法律来维护自己的合法权利,他们需要专业人士的帮助和指导,而法律人才必须具有全面的法律知识,这是从事法律工作的最起码要求。但是,一个法律职业者只有法律知识是不够的,更重要的是运用法律知识处理社会问题的能力。对这种能力的培养,应当成为高等法学教育的重要内容,把培养学生的法律技能置于极为重要的位置。如美国律师协会法学教育和律师资格处 1979 年的报告指出,美国法学院培养的法律家应当具备以下三个方面的能力:一定的基本技巧;关于法律和法律机构的知识;将这些知识和技巧合理有效地应用于实际工作的能力。出于这样的培养目标要求,

---

① Juris Doctor 直译为法学博士,而实际上只是美国法学教育的初级学位,不同于我国的"法学博士"。其法学硕士学位即 LL.M(Master of Laws)。
② 本章法学教育的特点定位于法学本科教育,不包括法学专科和研究生教育。

美国法学院十分强调开设培养学生能力的课程,"每所法学院每年都应为法律学生可设一门严格的法律写作课。它们应当为所有学生提供以下基本技巧的指导:口头表达、与当事人交谈、咨询及谈判"①。

(二)法学教育注重法律理念、法律意识和法律职业道德的培养

法律作用的实现与法律人才有密切的关联,法律人才运用法律解决实际问题,是法律产生实际效用必不可少的环节。法律人才是否有正确的法律理念和强烈的法律意识,是否有忠于法律的职业情操,对法律作用的实现关系重大。法官如何看待法律,是视法律为实现政治任务的工具还是视法律为公民权利的保障,将影响其对案件的判断和裁决,使法律对当事人产生完全不同的效果。法律是社会行为规则,法律意识中最重要的是规则意识,从事法律职业的人尤其应当有强烈的规则意识,养成尊崇法律的思想观念和行为方式。同时,法律职业主要是贯彻和执行法律,实现法律的价值和目的,在这一过程中维护当事人的合法权益,严格忠诚于法律,不屈服于权势的压制,不受利益的诱惑,不以个人情感为转移,是社会的期望,是法律的要求,也是法律人最起码的职业操守。不具有正确的法律理念,就有可能歪曲法律的价值;一个不尊崇法律的人,一个没有强烈的规则意识的人,不可能尊重和忠于法律。法律的根本在于公正,一个不严格遵守和忠于法律的人,又怎么可能通过自己的行为去实现法律的正义?法学教育应该是法律及相关知识教育、法律技能训练和法律职业道德的三位一体。以思想政治教育代替职业道德教育,不能体现社会对法律职业特殊的道德要求。

(三)法学教育是综合性教育

法律存在于社会,法律问题往往同时是社会问题,法律问题的解决,不能脱离时代和具体的环境,并对其他科学与技术存在

---

① 转引自付子堂:《法理学初阶》,法律出版社2005年版,第94页。

相当程度的依赖,正如美国法学家波斯纳所言:"法律是一个独立的学科,却不是一个自给自足的学科,为了满足社会发展的需要,它必须不断从其他学科中汲取知识来充实法律学科的发展。"①著名学者梁治平也认为:"在中国,法律问题一开始就明显不仅是法律问题,而同时是政治问题、社会问题、历史问题和文化问题,因此,要了解和解决中国的法律问题,必须先了解和解决法律以外的其他问题。"②合格的法律人才不应当只具备法律方面的知识,他必须熟悉法律运作其间的社会、政治、经济和商业环境等方面的知识以及当时被广泛应用的科学技术。我们虽然不能要求法律人才是通才,但具备其他方面的知识背景,尤其是对当时社会特点及其发展要求有相当程度的把握,将有利于正确认识和解决问题。大多数国家的法学教育都是以其他学位为前提或者实现与其他专业的联读或者先在大学一年级开设其他专业的课程。这都表明,法学教育不能脱离其他知识的教育,法学教育应当是综合性教育。

(四)法学教育注重培养学生的实践能力

法学教育是知识教育和职业训练的统一,教学实习在法学教育中占有极其重要的地位。法学是一门应用性学科,法律人才的大多数从事的是实践工作,这是任何国家的法学教育必须承认和面对的事实。法学教育的目的不只是知识的掌握,更在于知识的应用,接受法学教育的结果,不只是让学生取得相应的文凭或学位,更主要的是让其具备能够从事法律工作的实际能力。正因为如此,许多国家非常重视培养学生的实践能力。起源于美国的法律诊所教育(clinical legal education)更是以培养学生的实践能力

---

① 〔美〕波斯纳:《法理学问题》,苏力译,中国政法大学出版社1994年版,第532页。
② 梁治平:《法律的文化解释》,生活·读书·新知三联书店1995年版,第6页。

为主要目的。①

三、部分发达国家的法学教育与法律职业

（一）美国的 J. D. 教育

美国的法学教育是一种大学后的法律专业教育,学制 3 年（兼读 4 年）,要求学生在进法学院之前必须拥有一个非法律专业本科以上的学位。入学标准较高,培养目标是律师（取得 J. D. 学位的学生,基本上都参加律师资格考试,然后开始做律师或进入公司或其他机构担任法律顾问等）；其教育层次属于大学后研究生层次的范畴（从专业知识看也可认为属于本科范畴）；教育方法主要是苏格拉底式的问答式教学法（案例教学法）。

除第一法学学位（J. D.）外,不少美国法学院还制订了研究生教育计划,授予各种法学研究生学位。法学硕士（LL. M.）常实施课程论文（course work）与研究相结合的一年度研究生计划。法律科学博士（S. J. D 或 J. S. D）②与法理学博士（Ph. D.）相仿,基本上是一种学术研究学位,最终要求发表大量论文,只有打算成为法学教授者才攻读。

（二）日本的法律本科教育

属于大陆法系的日本法学教育的主体是高中后的法律本科

---

① 这是一种借鉴医院培养实习医生的方式,通过相关的法律活动来提高学生实践能力的法学教育方法。在教师的指导下,学生在法律诊所可以接待相关当事人,从事法律咨询,也可以实际办案,作为律师出庭,还为处于不利境地的委托人提供法律服务。20 世纪 60 年代,美国法律职业责任教育委员会（CLEPR）与福特基金会共同向法学院提供了大量捐助,以帮助他们建立法律诊所。英国、澳大利亚等国的诊所法律教育始于 20 世纪 70 年代,是以美国的诊所教育经验为基础发展起来的。传统法律教育是建立在已知案件或虚拟想象的基础之上,"法律诊所教育"则以真实案件和当事人为背景,学生通过办理真实案件和对案件全过程的实际参与,训练解决问题的方法和技巧,能培养法判断能力和职业责任心,深刻领会和理解法律、律师的社会作用。法律诊所不仅给学生技能方面的训练,而且培养了学生的职业道德,既促进了学生的综合素质,又促进了法学教育与社会发展的结合,已成为影响当今世界法学教育模式改革的一种趋势。
② 法律科学博士：S. J. D 或 J. S. D（Doctor of Jurisprudence, Doctor of Judicial Science）。

教育,学制4年。学生入学后先集中在教养学部学习1至2年的人文科学、社会科学、自然科学和外语等大学基础知识,然后转入法学部集中学习两年法律专业知识。法学部的课程主要分为法学和政治学两大类。进入法学部后强调学生掌握一般性基础知识,偏重基础理论,其培养目标是通才,不仅培养将来从事法律职业的法曹(指法官、检察官和律师),而且法科毕业生中的大多数人将成为政府官员或公司雇员。其办学层次属于高中后教育的本科教育,核心是让学生理解法律的基本原则,而较少涉及法律的实际应用。但是在本科毕业后的分流中,凡选择从事法律职业的还必须通过严格的司法考试后再接受为期两年的实践性法律职业培训(即司法研修)。不过值得关注的是,日本为了适应社会发展的需要,从1999年起改革现行的司法制度,建立美国式的学院教育机构和司法培养制度,大幅度增加法官、律师的人数。

(三) 澳大利亚的双学位教育

澳大利亚的法学教育的主体是5年制的双学位教育,其培养目标是职业律师。与美国、英国相似,澳大利亚的法官从优秀辩护律师中选拔(少量从法学教授中选拔),因此非常重视对律师的教育,重点培养学生的创新意识和独立处理法律事务的能力,其指导思想不是传授知识,而是教学生怎样去获取和运用知识。学生可以通过几种途径进入法学院,一是获得其他学科的学位后进入法学院学习法律学士课程(LLB),这与美国的情况相似;二是中学毕业后直接进入法学院学习法律课程,要求学生在学习法律的同时必须综合另外一个学位课程的学习。学生的双学位除一个法律学位外,另一个依学校的不同而有所侧重,如文学、商业会计学、工程学、商业金融学等。这样通过双学位的教育制度,把人文、自然和科学教育与法律专业教育有机结合起来,培养出具有复合型知识能力结构的法律人才。另外,法学院毕业生必须经过1年的律师职业培训才能执业,再加上律师执业后的继续教育,从而形成学科教育、职业培训和继续教育相结合的法律人才教育培养制度。

第三节 中国法学教育的改革与发展

一、中国法学教育的历史与现状

（一）中国法学教育的历史回顾

（1）古代：中国民间法学教育发轫于春秋时期，当时邓析就开设私塾传授法律知识；官方法学教育始于三国时期，设律学士与律博士；唐朝时法学教育形成专业雏形。

（2）近代：我国近代意义上的法学教育始于清末，1904年直隶法政学堂的成立，标志着我国第一所正规法学院校的诞生。法政学堂与综合性大学法律系的法学教育并存；法科学生的培养目标为培养文官而不是学历教育；法学教育仿日本模式且具有显著殖民半殖民地色彩。

（3）北洋政府时期：法学教育与法律职业直接结合，政法学堂的学生可以免试取得法官、律师资格；出现公办与私办法学教育的结合，如北京法学会1911年创办的朝阳大学，美国律师兰金1915年在苏州创立的东吴大学比较法学院[①]。法学教育循英美模式定位为职业教育，律师及高级官员为其培养目标。

（4）国民党政府时期：进一步把法学教育与法律职业联系在一起，强化法律职业的资格考试；强调和优化法学专业课程结构，初步形成以"六法全书"为核心的课程体系；兼模仿日本与英美模式；出现了较多、影响较大的学术成果。

（5）新中国的法学教育：新中国成立以后，随着以"六法全书"为核心的国民党政府法律的废除，旧的法学教育也因此而终结，以马克思主义法学理论为指导的法学教育在全国兴起。20世纪50年代全面引进苏联模式，教授苏维埃国家法，法学教育开始

[①] 学院教学突出"英美法"内容，专以讲授比较法为主，其科学的培养目标和鲜明的教学特色，使东吴大学的法学教育在当时饮誉海内外，时有"南东吴、北朝阳"之称。培养了一大批现当代著名的法学专家，如王宠惠、吴经熊、倪征燠、李浩培、潘汉典等。

萎缩,至"文革"时期除北京大学、吉林大学、湖北法律专科学校外,全国法学院系基本撤销或合并。1977年至1984年恢复政法院校和综合性大学法学系。①

(二)中国法学教育的现状

目前中国法学教育机构主要指的是具备法学教育职能的公办或民办高等院校的法律院、系,法学教育亦可因此而分为三类。第一类是以北京大学、中国人民大学、吉林大学、武汉大学等为代表的公办综合性高等教育机构的法学教育;第二类是公办非综合性高等教育机构的法学教育,包括中国政法大学、西南政法大学、华东政法大学、中南财经政法大学、西北政法大学等法律专业大学的法学教育以及其他公办高等教育机构的法学教育;第三类是民办高等院校的法学教育。2012年共计在校本科生516789人、硕士生106359人、博士生14858人。②

(1)公办综合性高等教育机构的法学教育。其一,综合性大学法学专业设置及法学教育主要由政法学院、法学院或人文社科等一些学院下设的法律(法学)系来承担;其二,法学教育师资力量雄厚,各项科研投入经费比较充足,科研总体实力雄厚,科研成果丰富;其三,法学教育层次比较丰富,包括本科、硕士、博士三个层次,学制一般本科为4年,硕士为3年,博士为3年(3—6年修业);其四,法学教育方式多样化,既有全日制专业教育,也有自学考试、成人教育、法律硕士教育等。也正因为如此,作为中国法学教育主力军的公办综合性大学,在法学教育教学水平、科研能力和教育投入及保障方面都显示了强大的实力。

(2)公办非综合性高等教育机构的法学教育。此类高校在专业设置等方面,虽然不像综合性大学那样优势明显,但由于其历史沿革等方面的特殊性,此类院校多在专业发展领域有其特殊

---

① 参见李龙:《依法治国方略实施问题研究》,武汉大学出版社2002年版,第436—471页。
② 参见教育部2012年教育统计数据。http://www.moe.gov.cn/publicfiles/business/htmlfiles/moe/s7567/index.htm,2014年3月10日访问。

优势,并在多年经验的基础上确立了重点建设学科和骨干专业,因此,凭借其优势学科,此类院校在中国法学教育领域也有着重要地位。在教育机制的调整及良性竞争体制下,这类院校还有很大发展空间和潜力,今后定会朝着积极、健康的方向发展,为中国法律人才的培养作出贡献。

(3)民办高等院校的法学教育。随着我国近年来对民办教育的扶持与其自身的不断发展,今后中国民办高等法学教育必定会在规模和数量上有所提高,在层次和水平上得到改善,将成为我国高等法学教育越来越重要的组成部分。

二、中国法学教育的目标设计

(一)培养目标

我国现行法学教育的结构具有多层次性。一方面,在法学教育的实施阶段和环节上,法学教育由本科教育、研究生教育、继续教育三个层次相衔接;另一方面,在法学教育的培养目标上,法学教育又由通识教育、精英教育、职业教育三元并存。从应然角度看,这两方面的六个层次又是能够相互对应的。法学本科教育主要是通识教育,法学研究生教育应该是精英教育,法学继续教育基本上是职业教育。

世界各国的法学教育培养目标和培养模式都不相同。我们应当立足于中国的实际,把通识教育、专业教育和职业教育有机地结合起来。法学本科学生应把品德素质放在首位,以综合素质为基础,专业素质为主干,强调创新意识与创新能力,素质教育应在法学教育中充分体现。

按照上述目标,一个法学本科毕业生应当具备下列知识与能力:具有尚法精神和正义观念以及刚正不阿的人品;掌握法学各学科的基本理论与基本知识;具有创新意识与创新能力;掌握法学的基本研究方法与技术;了解法学理论的前沿和发展动态;熟悉我国法律和相关政策;具有运用法学理论与法律知识认识和处理问题的能力;掌握现代化的文献检索和获取信息的方法。

（二）培养模式

面向 21 世纪,我们将进入知识社会和信息时代,与此相适应,全面素质教育和终身教育思想已成为各国政府和社会的共识,学习的终生化和社会化将成为不可逆转的趋势,人才的培养必须符合这一趋势。从法律人才的适用范围来看非常广泛:从法律职业部门到法律研究、教学单位,从执法部门、管理部门到各行各业,从政府部门到企业和公共事务部门,从社会到公民个人都在其列。

应当指出的是:人才的适用范围并不等于人才的培养目标,绝不能混淆。例如我国现行法学教育体制中的专科(高职、成人)层次的教育,从法律职业共同体的角度看应当是大众教育而不是法律职业教育,其培养目标应定位于学生的以法律专业素质为主的综合素质的培养。但法律本科毕业生,不论是进入法律职业部门,还是进入社会其他行业,在其培养目标的规定上都必须达到从事法律职业的基本条件和基本要求。从总体上讲,我国普通高等法学教育的培养目标有两个:一是培养学术型人才(少量规模),二是培养应用型人才(法学教育的主体)。

从培养目标和规格看,学术型人才分为两类:4+3,即法学本科 4 年、法学硕士 3 年;4+3+3,即法学本科 4 年、法学硕士 3 年、法学博士 3 年。应用型人才分为三类:4+x,即法学本科 4 年毕业后进入社会,再补充与其所从事的职业相关的职业岗位知识、技能;4+1,即法学本科 4 年、法律职业培训 1 年,从事法律职业;4+3,即非法学本科 4 年、法律硕士专业学位研究生教育 3 年,主要从事法律职业或与法律相关的工作。①

从培养过程看,无论是培养那一种规格的人才,都要以人为本,按照知识、能力和素质协调发展的要求,构建新人才培养模式。尤其是对于将来从事法律职业的,应当以终身教育思想为指

---

① 我国目前还有 4(非法律专业本科)+2(法律专业)的双学士教育、3 年制的法律专业专科教育。

导,根据法律职业对从业者提出的特殊要求,克服一次性学校教育的弊端,按法律人才培养和法律人才成长的规律,建立起法学教育、法律职业培训和终身化的法律继续教育相互衔接、一体化的改革培训制度,使建设高素质法律职业家队伍的要求,有切实的制度保障。适应司法改革的需要,建立、健全中央和省两级法官、检察官及律师的职业培训机构,建立与"同进必考"相配套的"同考同训"的法律职业培训体制。法律职业培训具有非学历教育和非国民教育的性质,世界各国均由司法行政部门组织,使律师、法官和检察官这三类主要的法律职业者接受统一培训,即不论从事那种法律职业,都要接受统一安排的职业培训,加上本科阶段统一设置的主干课程,共同构成有利于培养具有共同的法律知识、法律价值、法律思维、法律语言、法律文化背景、法律职业道德和法律精神的同质群体的培养机制。只有这样才能维护法律职业和法律教育的社会声誉,才能保证依法治国,建设社会主义法治国家和法制统一的宪法原则有可靠的制度保证和坚实的社会基础。①

三、法学教育与司法考试

国家司法考试是国家统一组织的(由司法部负责实施)从事特定法律职业的资格考试。初任法官、初任检察官和取得律师资格必须通过国家司法考试。考试的内容包括:理论法学、应用法学、现行法律规定、法律实务和法律职业道德。国家司法考试作为一种法律职业资格考试,以职业素养考核为中心,能够从职业准入制度上确立法律职业素养的标准,从思想到行动,从技能到伦理,使法律职业共同体成员达成一致性、专业性,消除目前法律职业存在的行政型、大众型、政治型和分散型的缺陷。

根据2008年《国家司法考试实施办法》规定,符合以下条件的人员,可以报名参加国家司法考试:(1)具有中华人民共和国

---

① 霍宪丹、刘亚:《法律职业与法学教育(三)》,载《中国律师》2001年第3期。

国籍;(2)拥护《中华人民共和国宪法》,享有选举权和被选举权;(3)具有完全民事行为能力;(4)高等院校法律专业本科毕业或者高等院校非法律专业本科毕业并具有法律专业知识;(5)品行良好。有下列情形之一的人员,不能报名参加考试,已经办理报名手续的,报名无效:(1)因故意犯罪受过刑事处罚的;(2)曾被国家机关开除公职或者曾被吊销律师执业证的、公证员执业证的;(3)被处以2年内不得报名参加国家司法考试期限未满或者被处以终身不得报名参加国家司法考试的。

从司法考试对法学教育的作用来看,国家统一司法考试制度,在一定意义上体现了国家对法律职业者的法律知识与实践能力的统一要求,这就对法学教育过程中理论素质教育与实践能力培养相结合提出了相应的要求,也对法学教育内容的确定产生了重要的影响,传统的法学教育内容应作出相应的调整。在法学教育内容的确定方面,法学教育的课程安排和法学教材的选用及编写无疑是很重要的环节。

【课后阅读文献】

霍宪丹:《法律职业与法律人才的培养》,载《法学研究》2003年第4期。

【思考题】

一、名词解释

　　法律职业

二、简答题

　　1. 简述法律职业的特征。

　　2. 简述法律职业化的意义。

　　3. 简述法学教育的特点。

三、论述题

　　如何理解法律职业与法的实现的关系?

第二编
法的本体基础理论

第四章 法的本质

☞ **本章提示**
- 法的定义
- 界定法的本质的意义
- 界定法的本质的方法
- 马克思主义有关法的意志观的阐述
- 制约法的意志性的因素
- 法的本质属性

第一节 法与法律

一、法、法律的词义

在法学史上,关于法与法律(或立法)不外三种学说:第一种认为,法是客观精神(自然法、理性、神意等),法律(实在法)则是这种精神的外化或体现(这主要是自然法学、神法学、理性法学的主张);第二种认为,法就是法律,不存在实在法以外的法(这主要是注释主义法学、分析主义法学和规范主义法学的主张);第三种认为,法是一定的社会事实,即在社会生活中起实际作用的"活的法"(这主要是法社会学的观点)。①

(一) 汉语中法、法律的词义

汉字"法"的古体为"灋",据我国第一部字书《说文解字》解释:"灋,刑也,平之如水,从水;廌,所以触不直者去之,从去。"据说廌是一种独角兽,也叫獬豸。古书记载,一说像羊、一说像牛、一说像鹿,其说不一,但都认为它是能"治狱"、"别曲直"的神兽,王充《论衡》有廌"性知有罪,有罪触,无罪则不触"之语。这是古代的一种神兽裁判的思想。与"法"有密切联系的另一个字是"律"。据《说文解字》的解释,"律,均布也。"段玉裁注:"律者,所以范天下之不一而归于一,故曰均布也。"均布,是古代调音律的工具,把律比作均布,说明律有规范人们行为的作用,是普遍的人人必须遵守的行为规范。从《尔雅·释诂》中可以了解到,在秦汉时期,"法"与"律"二字已同义。《唐律疏义》更明确指出"法亦律也,故谓之律"。

总之,根据我们的分析,古代汉语中"法"、"律"的词义为:第一,"法"有平、正、直的含义,是指国家判断人们行为合法、不合法的标准,商鞅有"法者,国之权衡也。"②之语;"律"指约束、有拘束力的规矩。第二,"法"、"律"通指我们今天所谓的法律现象,可以通用。第三,"法"、"律"的内容主要是"刑",刑法成为"法"、"律"最基本的存在形式,以刑罚作为后盾,社会生活秩序主要依靠暴力手段实现。第四,"法"、"律"均指规范人们行为的、人人必须遵守的标准、规则。

把"法"和"律"连用作为独立合成词的"法律",是在清末民初才被广泛使用的。古代中国的"法"、"律"和"刑"都不具有现代法律所具有的丰富内涵。

(二) 西语中的法与法律

欧洲几种主要的民族语言一般都用两个不同的词汇将"法"

---

① 吕世伦:《西方法律思潮源流论》,中国公安大学出版社1993年版,第159—169页。
② 《商君书·修权》。

与"法律"分别表达。值得注意的是,Jus(拉丁文)、droit(法文)、Recht(德文)这些词除了"法"之外,同时又兼有"权利"、"公平"、"正义"等含义,而用以表达"法律"的 lex 等词通常是指明确而具体的、可操作的规则。一些学者由此将法与法律区别开来,认为"法律"是由国家机关制定、颁布的具体行为规则,即"主观法"、"现实法"、"实然法",而"法"是指深藏于法律背后的关于社会正义的普遍原则和公理,即"客观法"、"理想法"、"应然法"。这与西方深厚的自然法传统和思想密切相关。①

"法"的语义不确定,必然会产生五花八门的"法"的概念。自古希腊以来,学者们所提出的法概念的名称不计其数。这些不同名称的"法"实际指称不同的客体。

二、法的概念的争议

法是什么?如何界定法的概念?在法学发展史上,哲学家们和法学家们对于这一问题的争论,从国家和法律产生之时起即已开始,延续了几千年,至今尚无统一的解释。

(一)应然法与实然法

界定法的概念,首先要解决的既是一个本体论同时也是认识论的问题,即法的"应然"和"实然"问题。从语义角度说,所谓"应然"(what ought to be),就是指"应该怎样",或者说是"当下尚未发生、尚未存在,但按照道理应当发生、应当存在的状态";所谓"实然"(what is),即指"实际怎样",或者说是"当下已经实际发生、现实存在的状态"。进一步讲,法的应然是指法按照道理应当达到、应当实现的状态。所谓"应然法",就是"应该是怎么样的法"(law as it ought to be),即根据其自身的特性而应达到某种理想或理念状态的法,它有时又被称为"理想法"或"理念法"。与此相对应,法的实然是指法在当下已经实际发生、现实存在的状态。因此,所谓"实然法",就是"实际上是怎么样的法"(law as it

---

① 舒国滢:《法理学导论》,北京大学出版社 2012 年版,第 25—28 页。

is),即在现实中实际存在、实际发生效力、对人们的行为实际产生作用的法,有时也被称为"实际的法"(actual law)。

到底应从"应然法"的角度,或是从"实然法"的角度,还是从"应然法"与"实然法"相统一的角度来界定法的概念,这构成法理学上争论的一个基本问题。有的学者认为,"实然法"离不开"应然法","应然法"甚至成为"实然法"是不是"真正的法"的检验和判断标准。按照他们的理解,不符合"应然法"的"实然法"不属于"真正的法",而是仅有"法"之名称却可能在实质上背离法之性质的一种东西。另一些学者认为,必须区别法的"实然"与法的"应然",必须将"实然法"与"应然法"的问题分开考察,因为"实然法"问题是法实际存在的问题,它涉及的是人们对法存在的事实判断、描述和说明,不涉及法之好坏善恶的评价;而"应然法"问题是"法应该怎么样"的问题,它涉及的是人们对法应该达到的理想状态的价值判断,是对法存在的终极理由的评论,也是对法之好坏善恶的评价。这两个不同的判断、评价之间没有可以直接跨越的通道,既不能从"应然法"的角度来解释和界定"实然法",也不能从"实然法"的角度来解释和界定"应然法"。

(二)自然法与实在法

从另一个角度讲,所谓"应然法"与"实然法"的争论,其实也是"自然法"与"实在法"概念及理论的争论。回顾西方法学发展的历史,我们可以用自然法(natural law)理论与法律实证主义(legal positivism)两个名称来命名对这个问题的两个相互对立的立场。

"自然法"是英文 natural law 的对译。按照西方学者的理解,自然法观念的起源,可以归结为人类心灵固有的活动,它促使人类心灵形成一种永恒不变的正义观念。这种正义被认为是更高的或终极的法,其来自宇宙之本性,或者出自上帝之意志,或者源于人类之理性。例如,古希腊哲学家柏拉图认为,世界由"现象世界"和"理念世界"组成,理念是现象的本质。理念具有一贯的、先验的内容。同样,变动不居的法律现象也都必须符合不变的法理念。换言之,只有理念中的自然法才是本质上的法律,其他的法律都必须与理念的自然法保持一致。中世纪的神学家将他们的宗教信仰与古希腊两个层次的法观念结合起来,形成了新的自然法观念。他们将上帝的意志或理性同法的两个层次联系起来,形成了多层次的法理论。比如,按照中世纪最有权威的经院哲学家托马斯·阿奎那(Thomas Aquinas,1225—1274年)的理论,法分为四种,即永恒法、自然法、人法和神法。永恒法是上帝用来统治整个宇宙的根本大法;自然法是人参与永恒法,是上帝用来统治人类的法;人法是国家制定和颁布的合乎理性的法;而神法就是《圣经》,它是对人法的必要补充。① 近代的自然法观念是一种世俗化的自然法,它是以"上帝不在"为基础的一种观念。伴随着神之角色的消逝,"自然"一词的内容发生了极大的变化,人的理性成为自然的核心含义。这种理性的自然法以对人的预设为出发点,进而认为人的基本权利是自然法的关键,因此侵犯人的基本权利的法将会丧失实际的约束力。理性自然法的代表人物主要是资产阶级革命的启蒙思想家,例如格劳秀斯、普芬道夫、洛克、孟德斯鸠以及卢梭等人。总体而言,自然法理论否认法自身的独立性,认为法必然从属于更为高级的行为标准(现代自然法理论认为主要是指道德),因此违反这个更高标准的法就不再是法。这个学说的基本主张即"恶法非法"。

"实在法"是英文 positive law 的对译,它也常常被译为"实证法"。何为"实证"?法国19世纪的哲学家、实证主义的创始人奥古斯特·孔德(Auguste Comte,1798—1857年)从四个方面进行了解释:(1)与虚幻对立的"真实";(2)与无用相对的"有用";(3)与犹豫对立的"肯定";(4)与模糊相对的"精确"。以此为标准,法律实证主义(其代表人物主要有约翰·奥斯丁、汉斯·凯尔森以及哈特)认为,法是人类社会的产物,是有意识创造出来的

---

① 〔意〕托马斯·阿奎那:《阿奎那政治著作选》,马清槐译,商务印书馆1963年版,第106—108页。

行为准则。因此,只有实在法才是严格意义上的法律,是实际存在的、具有实际效力并可以精确分析的法律,也只有实在法才是法理学研究的对象。这种意义上的法律与其他的行为准则(如道德)之间并没有必然的关系,即使实在法与上述准则(道德)相违背,也不能成为否定实在法之法律性质的理由,人们依然具有服从这种法律的义务。这种主张被称为"恶法亦法"。

(三)"国法"及其外延

到目前为止,有关法概念的争论并未终结,人们还在为寻找法的恰当定义进行努力。甚至可以说,寻求法概念的定义就是法学永恒的使命。在对法的概念作出定义之前,对各种"法"的名称进行清理,为"法"概念的讨论确立一个范围,是完全有必要的。基于此,我们所要研究的法的概念,笼统地讲,乃是指"国法"(国家的法律)。其外延包括:(1)国家专门机关(立法机关)制定的"法"(制定法或成文法);(2)法院或法官在判决中创制的规则(判例法);(3)国家通过一定方式认可的习惯法(不成文法);(4)其他执行国法职能的法(如教会法)。"国法"是法理学上的一个核心问题,而其他种种所谓的"法",都不过是学者们基于对国法的认识而提出来的。

三、法的定义

定义一词拉丁文的意思是"在本质上",本质是定义的本体论相关物,是定义的第一对象。世界各民族对于法的定义表达了他们对于法的本质的认识和理解。正如康德所说:迄今为止,法学家们都还在寻找一个适合于他们的法律(权利)概念的定义。[1] 法的概念与时代紧密联系,始终没有定论。对法的定义,学者们争论不休,其中主要是自然法学和实证主义之间的对立。[2] 历史上的思想家、法学家分别从不同角度和层面对"法"这一社会现象

---

[1] 参见〔德〕康德:《纯粹理性批判》,邓晓芒译,人民出版社2004年版,第564页。
[2] 〔德〕魏德士:《法理学》,丁晓春、吴越译,法律出版社2005年版,第27页。

进行了考察和描述,归结起来大体上有以下几种方法:

第一,从法的存在和表现形式考察和定义法。这一类的定义有:(1)规则说,认为法即规则。例如我国古代思想家管仲说:"法律政令者,吏民规矩绳墨也。""法者,天下之程式也,万事之仪表也。"现代西方法学中的法律实证主义者更明确地把法定义为一个社会为了决定什么行动应受公共权力加以惩罚或强制执行而直接或间接地使用的一批特殊规则。(2)命令说,认为法是国家的命令,主权者的命令,如不服从就以制裁的威胁作后盾。(3)判决说,认为法即判决。例如美国法学家格雷说,法只是指法院在其判决中所规定的东西,法规、判例、专家意见、习惯和道德只是法的渊源。当法院作出判决时,真正的法才被创造出来。

第二,从法的本质考察法,着重说明法的基础或来源。这方面较有代表性的定义包括:(1)神意论,认为法即神意。古代社会的"君权神授"理论所包含的法观念几乎都主张法自神出,法是神(上帝、先知)为人类规定的行为标准。(2)理性论,认为法即理性。古罗马思想家西塞罗指出:法是最高的理性;理性在人类智慧中充分发展之时,就是法律。(3)公意论,认为法是公共意志或共同意志。(4)权力说,认为法即权力的表现或派生物。

第三,从法的作用和功能的角度考察法,把法看作实现一定社会目标的工具。这类定义包括:(1)正义论,认为法是正义的工具。特别在自然法学中,更强调法代表道德、正义。而罗马法学家凯尔苏斯对法下的定义就是:善和公正的艺术。(2)社会控制论,认为法是社会控制的手段。(3)事业论,认为法是使人们的行为服从规则治理的事业。

法的本质问题作为法学基本问题,一直被学界反复讨论和研究,也总是被不断更新。多数学者认为,法的本质是多层次的、多方面的。法的初级本质是统治阶级意志,深层本质是社会物质生活条件。法除了是统治阶级的手段,具有阶级性之外,还是社会管理的手段,具有社会性。① 到目前为止,有关法的本质的争论并未终结,人们还在为寻找法的恰当定义进行努力。甚至可以说,寻求法的概念、法的本质就是法学永恒的使命。

马克思主义创始人从唯物史观出发,从不同侧面和角度对法的概念作了不少定义式的表述,深刻地揭示了法的本质和基本特征。

马克思和恩格斯在《德意志意识形态》中指出,在一定的物质生产关系中占统治地位的个人除了必须以国家的形式组织自己的力量外,他们还必须给予他们自己的由这些特定关系所决定的意志以国家意志即法律的一般表现形式。由他们的共同利益所决定的这种意志的表现,就是法律。1848年马克思和恩格斯在《共产党宣言》中指出:资产阶级法不过是被奉为法律的资产阶级意志,而这种意志的内容是由资产阶级的物质生活条件所决定的。马克思和恩格斯的论述揭示了法的本质特征,指明了法的科学定义的基本要素,为研究法的本质和基本特征提供了科学的立场、观点和方法。

根据马克思关于法的一般理论,吸收国内外法学研究的成果,可以把法定义为:法是指由国家专门机关创制的、以权利义务为调整机制并通过国家强制力保证的调整行为关系的规范,反映由特定物质生活条件所决定的统治阶级(在阶级对立社会)或人民(在社会主义社会)的意志,是阶级统治和社会管理的手段,它应当是通过利益调整从而实现社会正义的工具。

这个定义反映了法的规范性、国家强制性、阶级意志性和物质制约性。第一,揭示了法与国家的关系,认为法是由国家专门机关创制的、并由国家强制力保证实施的行为规范,当然国家强制力并不是法实施的唯一保证力量。第二,反映了法与权利义务关系的联系,说明法是用规定权利义务的手段来反映并调整社会关系的。第三,揭示了法与统治阶级的内在联系,深刻地阐明了

---

① 刘雪斌、李拥军、丰霏:《改革开放三十年的中国法理学:1978—2008》,载《法制与社会发展》2008年第5期。

法的内容是以统治阶级(或人民)的利益为出发点和归宿的,法是从统治阶级(或人民)的立场,根据统治阶级(或人民)的利害关系或价值标准,来调整社会关系的。第四,揭示了法与社会物质生活条件的因果关系。它不是从精神世界或权力意志中寻找法的本源,而是深入到法的物质基础即经济基础中来理解法的本源。第五,揭示了法的主要目的、作用和价值。法是统治阶级有意识地创造出来的行为规范体系,具有一定的目的性,是阶级统治和社会管理的手段,同时也是实现社会正义的工具,所以法又具有价值取向。

第二节 马克思主义关于法的本质的阐述

一、马克思主义关于法的意志观

哲学上所言"意志",是指"嘉许认可或希求以精神方式所认知的价值之精神官能"[①]。详言之,"意志"一词所代表的含义包括:第一,人们的一种精神观念,是主观对客观世界的认识及其态度;第二,与"价值"相连,表现为人们对一种价值的理解及追求;第三,是通过人们的认知及理智而达到的,也就是说,要使"意志"得以实现,行为人就必须在正确了解事物属性的基础上,作出正确的选择。法在本质上表现为一种意志,即意味着就法而言,它体现了一定的人们对通过法所要达到的社会目标有一种清晰、明确的价值追求。

无论什么时代的法律制度,都是人们为了一定的需要而创设的,因而与人的需求、愿望相关,也必然会体现出人的意志。法的这种意志性不仅通过国家创制法律的形式表现出来——没有意志渗透其中,立法目的、立法动机与立法效果等名词本身就不可能存在;同时,法律的社会渊源中,诸如道德情感、宗教规范等,也

---

① 〔德〕布鲁格:《西洋哲学辞典》,项退结译,台湾编译馆1976年版,第451页。

都体现了人们在一定时期的价值追求。① 西方社会从古希腊哲学家开始,就存在着将法的本质归结为意志的理论倾向。② 马克思、恩格斯在其著作中,对法的意志问题多有涉及。那么,马克思主义者如何利用"意志"来分析法的本质呢?

(一)就法承载的意志主体而言,在阶级对立的社会之中,法主要反映的是社会中占统治地位的阶级的意志

在阶级专政的社会里,特别是阶级矛盾异常尖锐、复杂的时候,统治者总是利用法律来维护自己的利益,将本阶级的意志体现为法的要求与法的规则。常为人们所引用的即马克思、恩格斯在《共产党宣言》中的一段话:"你们的观念本身是资产阶级的生产关系和所有制关系的产物,正像你们的法不过是被奉为法律的你们这个阶级的意志一样,而这种意志的内容是由你们这个阶级的物质生活条件来决定的。"③以此而论,"意志"表面上是自由的、随意的,但其实质则必须体现一个阶级的根本愿望与根本要求,也正因为如此,法才成为统治阶级的护身符,使其在阶级对抗中能借助国家权力镇压敌对阶级的反抗。针对资产阶级国家的立法现状,马克思就严正指出:"判定某些违犯由官方制定的法律的行为是犯罪还是过失,在一定程度上则取决于官方。这种名词上的区别远不是无关紧要的,因为它决定着成千上万人的命运,也决定着社会的道德面貌。法律本身不仅能够惩治罪行,而且也能捏造罪行,尤其在职业律师的手中,法律更加具有这方面的作用。"④这种法律上的任意裁量和有罪推定,有利于资产阶级通过欲加之词来扑灭人民的反抗之火。因此,在资产阶级与无产阶级

---

① 美国学者赞恩就指出,"社会一致性"原则是法律生存的基础。参见〔美〕约翰·麦·赞恩:《法律的故事》,刘昕、胡凝译,江苏人民出版社1998年版,第24页。社会的一致也就是社会上人们意志的一致。
② 赫拉克利特就宣称:"法律也就是服从一个唯一的人的意志。"在阿奎那看来,君主的意志就是法律,具有约束人们行为的权威,人们必须遵守,否则就要受到法律制裁。在卢梭看来,无论是社会契约本身的签订,还是通过社会契约而产生的国家,其核心的概念都是"公意"。
③ 《马克思恩格斯选集》第1卷,人民出版社1995年版,第289页。
④ 《马克思恩格斯全集》第13卷,人民出版社1962年版,第552页。

之间的斗争到了白热化的程度时,资产阶级的法庭总是充当"把敌人押解到牢狱里去的可靠的护送队"的角色,成为反动政府的帮凶。有陪审团参与进行的审判,表面上看具有司法民主的形式,但实质上仍是阶级专政的工具:"被告们所体现的手无寸铁的革命无产阶级站在由陪审法庭所代表的统治阶级面前;因此,这些被告的罪是老早判定了的,因为他们是站在这样一种陪审法庭面前。这样一来,在莱茵普鲁士还存在的那种对陪审法庭的迷信就一扫而光了。显而易见,陪审法庭是特权阶级的等级法庭,建立这种法庭的目的是为了用资产阶级良心的宽广来填补法律的空白。"①

(二)就法所获得的合法形式而言,法是一种国家意志的表现

所谓国家意志,即以国家名义所反映、表现出的统治阶级意志。马克思、恩格斯在两人合著的《德意志意识形态》中指出,在一定社会经济关系中占统治地位的统治阶级,"除了必须以国家的形式组织自己的力量外,他们还必须给予他们自己的由这些特定关系所决定的意志以国家意志即法律的一般表现形式"②。这就说明,统治者除需要以"国家"这种形式来确定自己对社会进行统治的组织形式外,同时也应当将阶级需求、愿望以"法律"这一一般表现形式反映出来,取得对社会进行控制、统治的依据。而这种要求的实现即借助于"立法"这一形式体现出来。马克思指出:"在议会中,国民将自己的普遍意志提升为法律,即将统治阶级的法律提升为国民的普遍意志。"③这种由阶级意志向国家意志的转换,不仅使统治阶级可以名正言顺地将本阶级的意志以"普遍意志"、"全民意志"的形式反映出来,同时也使其具有了依靠国家强制力保障实施的外在权威。

---

① 《马克思恩格斯全集》第6卷,人民出版社1961年版,第535—536页。
② 《马克思恩格斯全集》第3卷,人民出版社1960年版,第378页。
③ 《马克思恩格斯选集》第1卷,人民出版社1995年版,第674页。

（三）就法的本质的意志形成的途径而言，它是统治阶级整体意志的表现

"整体意志"是在综合人的一般意志的基础上所形成的共同意志。对于统治阶级而言，其内部的需求、愿望虽然在根本上是一致的，然而由于每个人的境况、立场的不同，又必然使得这些意志呈现出林林总总的不同形式。以此而论，"共同意志"究竟如何形成，就不仅事关统治层的稳定，也影响着法律的实际内容。就此问题，马克思、恩格斯专门指出，"正是这些互不依赖的个人的自我肯定以及他们自己意志的确立，才使自我舍弃在法律、法中成为必要"①。这意味着，当统治阶级中的一员的意志与本阶级的整体意志相背离时，不是要求整体意志服从个体意志，而是相反，个人必须作出一定的"自我舍弃"，牺牲小我而成就大我。即使以统治者而论，也不能将个人意志凌驾于整体意志之上。当然，这并非意味着个人的意志就是可有可无的。实际上，没有个人意志的表达，也就不可能形成所谓的整体意志。正是从这个意志意义上，恩格斯将共同意志的形成过程比喻为"合力"的形成过程。他指出："最终的结果总是从许多单个的意志的相互冲突中产生出来的，而其中每一个意志，又是由于许多特殊的生活条件，才成为它所成为的那样。这样就有无数互相交错的力量，有无数个力的平等四边形，由此就产生出一个合力，即历史结果，而这个结果又可以看作一个作为整体的、不自觉地和不自主地起着作用的力量的产物。因为任何一个人的愿望都会受到任何另一个人的妨碍，而最后出现的结果就是谁都没有希望过的事物。所以到目前为止的历史总是像一种自然过程一样地进行，而且实质上也是服从于同一运动规律的。但是，各个人的意志——其中的每一个都希望得到他的体质和外部的、归根到底是经济的情况（或是他个人的，或是一般社会性的）使他向往的东西——虽然都达不到自己的愿望，而是融合为一个总的平均数，一个总的合力，然而从这一

---

① 《马克思恩格斯全集》第 3 卷，人民出版社 1960 年版，第 378 页。

事实中决不应作出结论说,这些意志等于零。相反地,每个意志都对合力有所贡献,因而是包括在这个合力里面的。"① 这样的"总的合力",就包含着个人的贡献与成就,同时也表明共同意志本身就是吸纳个别意志而成就的。

必须说明的是,"法是统治阶级共同意志的体现"、"法是统治阶级的国家意志"等经典论述,是马克思主义者对资产阶级法律制度的无情揭露,但并不表明任何时代的法律都只能体现统治阶级的意志,而不反映被统治阶级的要求。严格说来,"法律应该以社会为基础。法律应该是社会共同的、由一定物质生产方式所产生的利益和需要的表现,而不是单个人的恣意横行"②。同样,法的意志性论断本身也是以阶级对立社会的存在为前提的。当社会上已经不具有被统治阶级时,法的阶级性意味自然就让位于法的社会性诉求。正如学者所指出的,由于社会主义社会是由阶级社会向无阶级社会的过渡,社会主义法律中那些体现阶级性、执行政治职能的规范,将随着阶级斗争、阶级差别的逐步消亡而消失,而体现社会性、执行社会职能的那些法律规范,其内容与作用的范围将越来越扩大。③

二、制约法的意志性的内在与外在因素

(一) 理性

在哲学上,意志与理性并不是截然相反的东西。一般而言,意志与理性都代表着人类的心智活动,意志可以是理性的,也可以是非理性的;而理性所对应的是非理性,意味着感情、信仰、偏见等诸种与理性思考相反或至少无关的心态。④ 然而,当将"意

---

① 《马克思恩格斯选集》第4卷,人民出版社1995年版,第697页。
② 《马克思恩格斯全集》第6卷,人民出版社1961年版,第291页。
③ 有学者指出:国家及其意志只不过是法律对利益关系进行调整的中介而已。法是以利益关系为基础的,而不是以意志为基础的,法不是统治阶级(国家)意志的体现,而是较之更深层次的"利益"关系的体现。参见窦家应:《法的本质:利益关系调整论》,载《当代法学》2000年第5期。
④ 〔德〕布鲁格:《西洋哲学辞典》,项退结译,台湾编译馆1976年版,第223页。

志"与"理性"并列时,人们在习惯上多将后者理解为一种深思熟虑的思维过程,而将前者理解为一种率性而为的冲动。自然,这种理解未必确切,但无论如何,"意志"可以是非理性的,就使得其成为法的本质属性时,必须用理性来加以制约。

"理性"在法学中占有极为重要的地位。无论是古希腊时期的亚里士多德,还是近代的启蒙思想家,都是以"理性"为理论大旗,阐述法的应然意义。马克思主义者既通过对资本主义法律制度的分析提炼出"意志"这一法的属性,又从应然的角度将法落实在"理性"的位置。"理性"在马克思的著作中,或被称为"事物的本质",或者径直被称为"人类理性"。马克思在评价书报检查制度时,就把是否具有"理性"作为"真正的法"与"形式的法"的区别:"预防性法律本身并不包含任何尺度、任何合乎理性的准则,因为合乎理性的准则只能从事物的本性(在这里就是自由)中取得。"[1]这样,所谓"理性"就意味着法律必须体现事物的内在规律,反映人民的普遍意志和要求。马克思指出:"人们在研究国家状况时很容易走入歧途,即忽视各种关系的客观本性,而用当事人的意志来解释一切。"[2]这种观念过于夸大了人的主观能动性,而忽视了"理性"对法律的制约,因而在法律研究中,只能以"理性"作为切入点,分析某一特定的法律是否真的属于"良法"。正是在这样一个意义上,马克思就立法者的社会角色与社会责任作了界定:"立法者应该把自己看作一个自然科学家。他不是在创造法律,不是在发明法律,而仅仅是在表述法律,他用有意识的实在法精神把精神关系的内在规律表现出来。如果一个立法者用自己的臆想来代替事物的本质,那么人们就应该责备他极端任性。同样,当私人想违反事物的本质恣意妄为时,立法者也有权利把这种情况看做是极端任性。"[3]因此,法律是一种被发现的过程而不是被创造的产物,因为在法律制定之先,"事物的本质"就

---

[1] 《马克思恩格斯全集》第1卷,人民出版社1995年版,第177页。
[2] 同上书,第364页。
[3] 同上书,第347页。

业已存在,立法者的任务不过就是把这种"事物的本质"揭示出来而已。

那么,立法者制定的法律怎样才算是具备理性的法律呢?马克思、恩格斯就法律的主体、内容等方面进行了分析。从主体上而言,法律必须是人民意志的体现。马克思指出:"只有当法律是人民意志的自觉表现,因而是同人民的意志一起产生并由人民的意志所创立的时候,才会有确实的把握,正确而毫无成见地确定某种伦理关系的存在已不再符合其本质的那些条件,做到既符合科学所达到的水平,又符合社会上已形成的观点。"[①]在这里,"人民的意志"既是法律的基础,又是法律成立的根据。从内容上而言,立法应当反映社会利益而不是私人利益。当立法者在立法中将私人利益或少数人的利益塞进法律中时,就明显地背离了社会所赋予的立法机构的公共角色。实际上,"利益就其本性来说是盲目的、无节制的、片面的,一句话,它具有无视法律的天生本能:难道无视法律的东西能够立法吗?正如哑巴并不因为人们给了他一个极长的话筒就会说话一样,私人利益也并不因为人们把它抬上了立法者的宝座就能立法。"[②]从这个意义上来说,尽可能地排除私人利益对法律的干预,就成为"良法"得以成立的基础。当然,正如恩格斯所揭示的,"只要异化的主要形式,即私有制仍然存在,利益就必然是私人的利益,利益的统治必然表现为财产的统治"[③]。显然,要使私人利益真正服从公共利益,使法律真正成为公共利益的反映,这只有在消灭了私有制的社会才能做到。如果以我们前面所言的法的应然与实然来解构的话,那么可以认为,在马克思主义者的观念中,只有真正符合"理性"的法律才是应然的法律,也才是真正意义上的"法"。

(二)物质生活条件

马克思、恩格斯于1845年合撰的《德意志意识形态》,第一次

[①]《马克思恩格斯全集》第1卷,人民出版社1995年版,第349页。
[②] 同上书,第288—289页。
[③] 同上书,第663页。

明确地阐发生产力决定"交换形式"、"市民社会"决定上层建筑的历史唯物主义基本原理,并以此作为依据,深刻揭示法的产生、发展及其消灭的历史运动规律性。① 有关生产关系,特别是所有制的各种不同形式对法律制度的影响,同样亦可以从中觅得其基本规律性的内容。因为严格说来,"宗教、家庭、国家、法、道德、科学、艺术等等,都不过是生产的一些特殊的方式,并且受生产的普遍规律的支配"②。马克思主义认为:"人们在自己生活的社会生产中发生一定的、必然的、不以他们的意志为转移的关系,即同他们的物质生产力的一定发展阶段相适合的生产关系。这些生产关系的总和构成社会的经济结构,即有法律的和政治的上层建筑竖立其上并有一定的社会意识形式与之相适应的现实基础。物质生活的生产方式制约着整个社会生活、政治生活和精神生活的过程。不是人们的意识决定人们的存在,相反,是人们的社会存在决定人们的意识。"③在这里,马克思揭示的重要原理是:物质生活条件,尤其是其中的生产方式,是制约法的内容的决定性因素。

法律是统治者为了调整社会而创制的,这种创制过程本身表面上看是一种"意志"的自由自在的活动,但主观的意志必然要受着客观的外在条件的制约。深入社会生活关系的内部,马克思主义者将经济基础与上层建筑之间的矛盾作为社会基本矛盾。在他们看来,市民社会的一切要求都一定要通过国家的意志,才能以法律形式取得普遍效力。但这是问题的形式方面,关键的问题是,这种仅仅是形式上的意志有什么内容呢?这一内容是从哪里来的呢?恩格斯指出:"在寻求这个问题的答案时,我们就发现,在现代历史中,国家的意志总的说来是由市民社会的不断变化的需要,是由某个阶级的优势地位,归根到底,是由生产力和交换关系的发展决定的。"④不同时代的法律之所以拥有不同的内容,关

---

① 李光灿、吕世伦:《马克思恩格斯法律思想史》,法律出版社1991年版,第222页。
② 《马克思恩格斯全集》第45卷,人民出版社1987年版,第121页。
③ 《马克思恩格斯选集》第2卷,人民出版社1995年版,第32页。
④ 《马克思恩格斯选集》第4卷,人民出版社1995年版,第251页。

键就在于它反映了不同时期的物质生活条件,体现了社会生产力对法的根本要求。正因为如此,奴隶制法、封建制法、资本主义法和社会主义法才能作为"类型学"上的法的历史形态而得以存在,并以其不同的本质属性而与其他类型的法律制度相区分。即使在某个阶段,可能会出现偶然性的因素,使物质生活条件对法律的制约似乎也并不那么明显,但正如恩格斯所指出的:"在这里通过各种偶然性而得到实现的必然性,归根到底仍然是经济的必然性。"①

当然,物质生活条件作为法的决定性因素,是从终极性、整体性这个层面而言的,并不意味着其他因素与法无关,或对法的内容不产生制约力量。实际上,恩格斯晚年曾专门指出:"根据唯物史观,历史过程中的决定性因素归根到底是现实生活的生产和再生产。无论马克思或我都从来没有肯定过比这更多的东西。如果有人在这里加以歪曲,说经济因素是唯一决定性的因素,那么他就是把这个命题变成毫无内容的、抽象的、荒诞无稽的空话。"②在恩格斯看来,上层建筑的各种因素之间实际上也是相互作用的。政治的、哲学的、宗教的等各种因素,也都在影响着法律的内容与发展。例如宗教观念与宗教制度对当代西方法的影响就足以说明:只有对影响法的各种因素进行综合分析,才可能得出法的本质的科学结论。③

第三节 法的本质属性

法的本质是法理学的一个重要的本体论问题,根据前述分析,我们从中国马克思主义法学关于法的本质的理论中抽象出三对概念,即法的意志性与规律性、阶级性与共同性、利益性与正义性进行分析。

---

① 《马克思恩格斯选集》第 4 卷,人民出版社 1995 年版,第 733 页。
② 同上书,第 695—696 页。
③ 胡玉鸿:《马克思主义法本质观之重述》,载《学习与探索》2006 年第 3 期。

一、法律的意志性与规律性——法律是意志与规律的结合

马克思主义创始人认为法律是人的意志的体现,这种意志乃是统治阶级的意志,而这种意志又包含了以下几层意思:第一,法属于社会意识,是上层建筑现象。所谓意志就是带有一定目的的意识,虽然意识、意志总是一定客观需要的反映,但它仍属于社会生活的主观范畴。第二,法不是"个人意志"的反映,也不是社会所有成员意志的反映,而是阶级意志并且是掌握国家权力的阶级、即统治阶级意志的反映。

法律由人来制定,它不能不表现人的意志。它作为人类创造的一种行为规则,必然渗透着人的需要和智慧。法律的意志性表现在法律对社会关系有一定的需要、理想和价值。比如需要秩序与安全,那么这种秩序与安全就是人对法律所寄予的希望,也就是一种意志。法律的意志性是一种不可否定的事实,但是法律的这种意志性绝不是任意或者任性。法学史上的自然法观念认为,在实在法之外还存在一个自在的客观法(自然法),立法者的任务不是创造法律,而是揭示和表述法律。

马克思主义法学认为法律的内容是由物质生活条件决定的,是受客观规律制约的,具有物质制约性。物质生活条件所指相当广泛,一般包括地理环境、人口状况、生产方式,其中有决定性意义的是被一定生产力水平所制约的生产关系、经济条件。马克思曾深刻指出:只有毫无历史知识的人才不知道,君主们在任何时候都不得不服从经济条件,并且从来不能向经济条件发号施令。无论是政治的立法或市民的立法,都只是表明和记载经济关系的要求而已。① 归根到底,任何统治阶级都不能不顾一定经济条件的要求,而任意立法,所以任何法就其社会本质来看,都是体现一定生产关系要求的一定经济形态的法。而客观规律中最重要的是客观存在的经济生活,即一定的经济关系。

---

① 《马克思恩格斯全集》第4卷,人民出版社1995年版,第121—122页。

所以法具有规律性,它是在对客观规律认识和把握的基础上制定的。

但是我们也不能把法律与规律等同起来。规律是客观的,而法律不完全是客观的——法律可能反映规律也可能违背规律。即使尊重规律和反映规律,也不等于把客观规律完全照搬到法律里面。立法者根据一定的意志,除了客观地规定一些符合规律的内容之外,也可能有意识地规定一些不符合规律的内容。比如人总是难以详尽地把握和认识案件的所有证据,为克服这一规律,法律规定在某些情况下允许法官不必考虑行为人有无过错的证据而认定其法律责任。有些法律规定是由人的主观能动性和创造性所决定的,比如在"自然资源有限"的规律下,人类能够规定"充分合理利用自然资源"的义务。

二、法律的阶级性与共同性——法是阶级统治与社会管理的手段

马克思主义法学一方面认为法具有阶级性,另一方面又承认法具有共同性。所谓法律的阶级性,是指法是一定社会中占统治地位的阶级意志的体现,即哪个阶级在政治上、思想上占据统治地位,掌握国家政权,法即是哪个阶级意志的体现。统治阶级意志通过国家机关的立法活动,上升为国家意志,从而使法与该阶级的政策、道德区别开来并相互作用。

所谓法的共同性,即法的社会性,是指某些法律内容、形式、作用效果并不以阶级为界限,而是带有相同或相似性。比如,不同性质的国家制定的法律有某些相同性或者相似性;同一国家历史上不同阶级的法律存在相同性或相似性;一个阶级的法律客观上对全体社会成员包括被统治阶级的成员都有利,或至少对全体社会成员都无害。这是因为:第一,法律的规律性影响法律的共同性。既然法律是对客观规律的反映,而客观规律是不以人的意志为转移的客观存在,是与人类共同存在的,所以法律反映规律也就决定了不同法律的某些共同性。第二,法律是社会公共管理的手段。法律中有某些执行社会公共事务的规定,比如环境保

护、交通安全、医疗健康、资源利用等技术性和公共性的规定,而且这类规定在近、现代法律中日益增多。第三,法律具有某些特殊的形式。比如法律程序、成文表达、专门执行等等,所以就有了诸如程序法规、法律语言、适用技术等方面的共同性。第四,人类交往增多也是法律共同性的一个重要影响因素。法律在现代社会不仅是调整国内关系的工具,也已成为国际交往的桥梁和纽带,它也是一种国际对话的渠道。不同国家、不同民族之间的交往愈多,寻求法律共同性的愿望也愈益强烈。在这种情况下,法律的趋同现象在某些领域表现得十分明显。

三、法的利益性与正义性——从应然意义上讲,法律是为实现社会正义而调整各种利益关系的工具

这里所说的利益,其含义是十分宽泛的,包括政治、经济、文化及社会各方面的利益,既指物质上的利益,也指人身、人格利益,还指人们可以或不可以从事什么行为以及其他种种精神需求的满足等。

马克思主义法学从来不否认法律与利益、正义的关系,马克思主义法学主张法律所体现的阶级意志是由该阶级的利益所决定的;法律应当是正义的;但不存在抽象的利益和抽象的正义。马克思主义法学认为法律的制定必然反映特定的利益,法律的意志内容就是由统治阶级的利益所决定的。

无论从"实然"还是从"应然"来说,法律都具有利益性。马克思指出:"法律应该是社会共同的、由一定物质生产方式所产生的利益和需要的表现,而不是单个的个人恣意横行。"①法律所调整的是一种社会利益关系。如果根据利益内容来分,存在经济利益、政治利益和精神利益;根据利益主体来分,存在国家、社会、集体和个人的利益;根据市场经济关系中的主体来分,存在市场强者(生产者、销售者)的利益与弱者(劳动者、消费者)的利益;根据阶级来分,存在统治阶级利益与被统治阶级利益;如果根据整

---

① 《马克思恩格斯全集》第6卷,人民出版社1961年版,第292页。

体与局部关系来分,存在整体利益与局部利益(比如中央利益与地方利益)。不同主体的各种利益之间又存在着矛盾和冲突,因此法律才成为必要。法律作为社会控制的手段,必须规定各种利益的分配,平衡各种利益关系,有时法律还是各种不同利益的相互平衡与妥协的产物;法律也必须对社会实际利益关系进行调整。从应然来说,法律应当具有正义性,否则就是"恶法"。从实质上讲,正义是一种观念形态,是一定经济基础之上的上层建筑。但是正义又是活生生的、实践着的,它具有客观和具体的特点。立法可以说是法律对利益的第一次分配,它应当符合并体现社会正义;法律实施可以说是法律对利益的第二次分配,它也应当符合并体现正义。

【课后阅读文献】

一、刘雪斌、李拥军、丰霏:《改革开放三十年的中国法理学:1978—2008》,载《法制与社会发展》2008年第5期。

二、胡玉鸿:《马克思主义法本质观之重述》,载《学习与探索》2006年第3期。

【思考题】

一、选择题

1. 根据马克思主义法学的基本观点,下列表述哪一项是正确的?
    A. 法在本质上是社会成员公共意志的体现
    B. 法既执行政治职能,也执行社会公共职能
    C. 法最终决定于历史传统、风俗习惯、国家结构、国际环境等条件
    D. 法不受客观规律的影响

2. 下列有关法的阶级本质的表述中,哪些体现了马克思主义法学关于法的本质学说?
    A. 一国的法在整体上是取得胜利并掌握国家政权的阶级意志的体现
    B. 历史上所有的法律仅仅是统治阶级的意志的反映
    C. 法的本质根源于物质的生活关系
    D. 法所体现的统治阶级的意志是统治阶级内部各党派、集团及每个成员意志的相加

3. 奥地利法学家埃利希在《法社会学原理》中指出:"在当代以及任何其

的时代,法的发展的重心既不在立法,也不在法学或司法判决,而在于社会本身。"关于这句话含义的阐释,下列哪一选项是错误的?

A. 法是社会的产物,也是时代的产物

B. 国家的法以社会的法为基础

C. 法的变迁受社会发展进程的影响

D. 任何时代,法只要以社会为基础,就可以脱离立法、法学和司法判决而独立发展

4. 社会主义法治理念借鉴了中国传统法律文化中的"民为邦本"、"法不阿贵"、"和为贵"和西方法治思想中的"人民主权"、"基本人权"、"法律面前人人平等"等文化资源。关于借鉴中体现的社会主义法治理念基本特征,下列哪一说法是准确的?

A. 本质的同源性

B. 彻底的人民性

C. 充分的开放性

D. 实践基础的相同性

5. 马克思曾说:"社会不是以法律为基础,那是法学家的幻想。相反,法律应该以社会为基础。法律应该是社会共同的,由一定的物质生产方式所产生的利益需要的表现,而不是单个人的恣意横行。"根据这段话所表达的马克思主义法学原理,下列哪一选项是正确的?

A. 强调法律以社会为基础,这是马克思主义法学与其他派别法学的根本区别

B. 法律在本质上是社会共同体意志的体现

C. 在任何社会,利益需要实际上都是法律内容的决定性因素

D. 特定时空下的特定国家的法律都是由一定的社会物质生活条件所决定的

6. 下列有关"国法"的理解,哪些是不正确的?

A. "国法"是国家法的另一种说法

B. "国法"仅指国家立法机关创制的法律

C. 只有"国法"才有强制性

D. 无论自然法学派,还是实证主义法学派,都可能把"国法"看作实在法

二、名词解释

法

三、简答题
1. 简述古代汉语中法与法律的词义。
2. 简述西方自然法传统中法与法律的含义。
3. 简述界定法的本质的意义。

四、论述题
1. 试述马克思主义有关法的意志观。
2. 试述制约法的意志性的内在与外在因素。

第五章　法的特征与分类

☞ **本章提示**
- 法的特征
- 法的一般分类
- 法的特殊分类

第一节　法的特征

从哲学上讲,一个事物的特征是指该事物区别于其他近似事物的征象和标志。众所周知,法的特征就是法区别于其他社会规范(包括道德规范、习惯规范、宗教教规、政党的政策等)的显著特点。法的特征是法的本质的外化,是法的本质属性在现象上的体现。我国法理学界一般认为法的特征主要有以下几个方面:法是调整社会关系的行为规范;法由专门国家机关制定、认可和解释;法以权利义务的双向规定为调整机制;通过程序由国家强制力保证实施。

一、法的规范性

(一)法律是一种行为规范

规范即规则、范例,它提供一定的价值标准或行为模式,并以一定手段保障其实现,其作用在于以此来调整主体的观念或行为,"范天下之不一而归于一"。规范依据不同的标准可以分为不同的种类,就调整的总体对象范围而论,规范可以分为技术规范和社会规范。技术规范是人们利用自然力、生产工具、交通工具等应遵守的技术标准(如操作规程);社会规范是人类社会内部调整人们相互关系的行为规则,包括政治规范、道德规范、宗教规范、社会团体的规章、民族的习俗礼仪等,法律是社会规范的一种。依据调整方法和机制的不同,规范又可以分为习惯、道德、政策、宗教戒律、法律和社会团体规范,它们在产生方式、作用范围、调整手段、实施途径和保障措施等方面各具特点,相辅相成,形成一个总体的社会调整系统。

法律作为一种行为规范,它是通过对人们的行为提出模式化要求,进而实现调整社会关系的目的。人的行为是法律规范的直接调整对象,社会关系则是法律规范的间接调整对象。实际上,法律规范和其他任何一种社会规范一样,都是针对社会关系进行调整和控制的,但法律规范在调整社会关系时,总是以人的行为作为中介,而不是以人的思想作为中介。马克思指出:"凡是不以行为本身而以当事人的思想方式作为主要标准的法律,无非是对非法行为的公开认可。——对于法律来说,除了我的行为,我是根本不存在的,我根本不是法律的对象。我的行为就是我同法律打交道的唯一领域。"[①]法律规范首先调整人的行为,这是法律规范区别于其他社会规范的重要特征之一。例如,道德规范主要通过思想引导和舆论压力来调整社会关系,政治规范则是通过组织控制或舆论控制来完成社会调整的。概而言之,法律是通过行为来调整社会关系的行为规范。

(二)法律的规范性

所谓法律的规范性,是指法律所具有的规定人们行为的模式,指导人们行为的性质。法律这种行为规范,之所以说它具有规范性,是因为:第一,法律具有概括性。它是一般的、概括的规则,它不针对具体的人和事,可以反复被适用,这一点又使法律同非规范性法律文件(如判决书)区别开来。第二,法律规定了人们的一般行为模式和法律后果,从而为人们的交互行为提供一定的模型、标准或方向。法所规定的行为模式包括三种:(1)人们可以怎样行为(可为模式);(2)人们不得怎样行为(勿为模式);

---

① 《马克思恩格斯全集》第1卷,人民出版社1956年版,第16—17页。

（3）人们应当或必须怎样行为（应为模式）。

法律是抽象概括的，它无须像个别指引那样对具体的人和事作出具体的指引，只要通过规范的安排和指引，即规范性调整，它就能对一切同类主体和同类行为起到作用，每个人只需根据法律行为，不必事先经过任何人的批准，因而其作用是高效率的。

二、法的国家性

法律出自于国家，具有国家性。这是因为：第一，它是以国家的名义创制的。尽管它是统治阶级意志的体现，但它不能只是以统治阶级的名义出现。法律代表的是一种表面上凌驾于社会之上的力量，法律需要在全国范围内实施，就要求以国家的名义来制定和颁布。第二，法律的适用范围是以国家主权为界限的，这是法律区别于以血缘关系为范围的原始习惯的重要特征。第三，法律的实施是以国家强制力为保证的。所有这些是法区别于其他社会规范的重要特征。法律的内容从本质上说是统治阶级意志，从形式上说是国家意志。只有经过国家制定、认可或解释的统治阶级意志才是国家意志。

（一）制定、认可和解释是法律创制的三种主要方式

法与国家之间的密切联系是法区别于其他社会规范的基本规定性之一，这种规定性的首要表现就在于法在形式上必须来自国家，任何法律规范的产生都要经过国家的制定、认可或解释。所谓制定是指拥有立法权的国家机关按照一定的程序创造出新的法律规范。通过这种方式产生的法律，称为制定法或成文法，即具有一定文字表现形式的规范性文件，如中国的各种法律（宪法、刑法、民法通则等）即属此类。所谓认可是国家对既存的行为规则予以承认，赋予法律效力。认可也是法律创制的主要方式，通过这种方式产生的法律，称为不成文法。国家认可法律主要有以下四种情况：第一，赋予社会上既存的习俗、道德、宗教教规等以法律效力，这是最常见的一种认可形式；第二，通过承认或加入国际条约等方式，赋予国际法规范以域内效力；第三，在判例法国

家,通过对特定判例进行分析,从中概括出一定的规则或原则,并把这些规则或原则当作以后处理类似案件的根据,从而事实上赋予它们以法律效力;第四,赋予权威法学家的学说以法律效力,即在法律没有明文规定的情况下,允许援引权威法学家的学说作为处理案件的依据。法律的创制不是仅仅通过制定或认可,在某些情况下法律被制定或认可以后,还有一个再度被创造的过程,这就是法定解释。所谓法定解释,是指有权的国家专门机关根据法定权限和法定程序对法律作出进一步的阐释。如果把法律仅仅理解为国家机关制定或认可的规范,容易造成多种误解,并会导致法官轻视法律的适用阶段。

(二) 法律的普遍适用性

由于法律是以国家名义制定并颁布实施的,它代表着国家意志,因此是一种普遍性的社会规范。所谓法的普遍适用性是指法作为一个整体在本国主权范围内或法所规范的范围内,具有使一切国家机关、社会组织和公民一体遵行的法律效力。具体而言,它包含两方面的内容:其一,法的效力对象的广泛性。在一国范围之内,任何人的合法行为都无一例外地受法的保护;任何人的违法行为,也都无一例外地受法的制裁。法不是为特别保护个别人的利益而制定,也不是为特别约束个别人的行为而设立。其二,法的效力的重复性。这是指法对人们的行为有反复适用的效力。在同样的情况下,法可以反复适用,而不是仅适用一次。法不能为某一特殊事项而制定,也不能因为一次性适用而终止生效。可以看出,法的普适性与法的规范性密切相关:正因为法具有规范性,它也就同时具有普适性;法的规范性是其普适性的前提和基础,而法的普适性则是其规范性的发展与延伸。

但需要说明的是,说法具有普适性,是把法作为一个整体而言的,并不意味着每一部特定的法律都在一国全部领域内对所有的人生效。事实上,有的规范性法律文件,如地方性法规,就只在制定该规范性法律文件的国家机关所管辖的地区有效;有些规范性法律文件还可以在一国领域外发生法律效力;还有一些规范性法律文件是针对某一类社会成员而制定的,对其他社会成员不发生法律效力。

(三) 法的国家强制性

一切社会规范都具有强制性,都有保证其实施的社会力量。但法不同于其他社会规范,具有特殊的强制性,即国家强制性。法是以国家强制力为后盾,由国家强制力保证实施的。在此意义上,所谓法的国家强制性就是指法依靠国家强制力保证实施、强迫人们遵守的性质。也就是说,不管人们的主观愿望如何,人们都必须遵守法律,否则就将招致国家强制力的干涉,受到相应的法律制裁。国家强制力是法实施的最后保障手段。

法之所以由国家强制力保证实施,有下面两个原因:其一,法不能始终为人们自愿地遵守,需要国家强制力强迫遵行。法既是人们合法权益的保护者,也是约束人们行为的枷锁。这样,法有可能招致人们的破坏,违法犯罪现象也就不可避免。而对违法犯罪行为的制裁,靠任何个人的力量或社会舆论,是不可能有保障的,而必须通过国家强制力才能得以实现。其二,法不能自行实施,需要国家专门机关予以适用。法律是普遍的、一般的规范,而要由抽象的、原则的规定到具体的切实的运用,就离不开国家的专门机关及其工作人员(如法官、检察官)。

国家运用强制力保证法的实施,也必须依法进行,应受法律规范的约束。国家强制力在什么情况下、由哪些机关按照什么样的程序以及如何制裁各种违法行为,也是必须由法律予以规定的。这意味着,国家强制力是有一定限度的,而不是无限的。法依靠国家强制力保证实施,是从最终意义上来讲的,并不是说每个法的实施活动或实施过程,都必须借助国家政权及其暴力系统。法的强制力具有间接性和潜在性,只有当行为人违法或犯罪时才降临于行为人身上。另一方面,国家强制力也不是法实施的唯一保证力量。在一定程度上,法的实施,也还要依靠社会舆论、人们的道德观念和法制观念、思想教育等多种手段来保证。

三、法的利导性

(一) 权利和义务是法的内容

第一,法律的要素以法律规则为主,而法律规则中的行为模式是以授权、命令和禁止等形式规定了权利和义务;而法律规则中的法律后果则是对权利义务的再分配。第二,法律对人们行为的调整主要是通过权利和义务的设定和运行来实现的,因而法律的内容主要表现为权利和义务。第三,权利和义务是主体法律地位的体现。无论法律是以权利为本位还是以义务为本位,权利和义务总是受立法者充分重视,也备受社会成员关注。法律上权利和义务的规定具有确定性和可预测性的特点,它明确地告诉人们可以、该怎样行为,不可以、不该怎样行为以及必须怎样行为;人们可以根据法律来预先估计自己与他人该怎样行为,并预见到行为的后果以及法律的态度。

(二) 法律的利导性

法律通过规定人们的权利和义务来分配利益,影响人们的动机和行为,进而影响社会关系。法律的利导性取决于法律上的权利和义务的规定是双向的。这种"双向"表现在:权利和义务是两个不同的事物,一个表征利益,一个表征负担;一个是主动的,一个是被动的,它们是两个互相排斥的对立面;如果把权利看成正数,那么义务便是负数;义务是权利的范围和界限,权利是义务的范围和界限;法律上只要规定了权利,就意味着相应的义务。权利以其特有的利益导向和激励机制作用于人的行为,并且权利可以诱使利己动机转化为合法行为,并产生有利于社会的后果。义务则以其特有的约束机制和强制机制作用于人的行为,使人们从有利于自身利益出发来选择行为。

通过义务行为和社会关系进行调整的规范很早以前就出现了,如道德、宗教规范,但它们都不采用利导机制,不承认利益,只提倡对社会、对他人的责任和义务。对人们行为的任何规范性调整如果只与禁止和义务相联系,就不可能是有效的。它会侵犯个人的自我决定性,也就不可能存在把社会有机体联结在一起的社会相互作用。在众多的社会规范中,只有法律是具有利导性的,只有法是通过权利和义务的双向规定来影响人们的意识并调节有意识的活动,所以只有法才最能适应经济的价值规律,最能适应商品经济社会的生产、分配和交换行为。

四、法的程序性

从形式化意义上看,法与其他社会规范的区别还在于:法是强调程序、规定程序和实行程序的规范。也可以说,法是一个程序制定化的体系或制度化解决问题的程序。因此,在一个现代社会,如果要实现有节度的自由、有组织的民主、有保障的人权、有制约的权威,那么就必须使其法律有正当的程序。程序是社会制度化的最重要的基石,程序化也是法的一个重要特征。说法律具有程序性,其理由还在于:一方面,法律在本质上要求实现程序化;另一方面,程序的独特性质和功能也为保障法律之效率和权威提供了条件。从功能上看,程序的规定实际上是对人们行为的随意性(恣意性)、随机性的限制和制约,它是一个角色分派的体系,是人们行为的外在标准和时空界限,是保证社会分工顺利实现的条件设定。故此,商品经济的有序发展,政治民主的建立,国家和法的权威的树立,公民权利和自由的界定和保障,这一切都离不开对各种法律程序(如选举程序、立法程序、审判程序、行政程序和监督程序等)的完善设计和人们对法律程序的严格遵守。在一定意义上可以说,法治发展的程度,事实上取决于一个国家法律制度程序化的程度及对法律程序的遵守和服从的状态。一个没有程序或不严格遵守和服从程序的国家,就不会是一个法治(法制)国家。

相对来说,其他社会规范就不具有严格的程序性,至少其程序性不像法的程序性表现得那么明显和严格。例如,道德的形成和践行过程很少像立法程序和司法程序那样有明确的规定和要求。

五、法的可诉性

"可诉性"(justiciability)是现代国家法律的一个重要特征。法的可诉性是指法律作为一种规范人们外部行为的规则,可以被任何人在法律规定的机构中通过争议解决程序而加以运用的可能性。也就是说,如果某一行为规范具有法的属性,那么,它就应该有机会进入到权威国家机关处理各种争议的活动中,就应该有可能被发生冲突的社会成员主动援引、以支持自己的主张或对抗他人的主张。法的可诉性大致可以归纳为两个方面:(1)可争讼性。任何人均可以将法律作为起诉和辩护的根据。法律必须是明确的、确定的规范,才能担当作为人们争讼标准的角色。(2)可裁判性(可适用性)。法律能否用于裁判、作为法院适用的标准是判断法律有无生命力、有无存续价值的标志。依此,缺乏可裁判性(可适用性)的法律仅仅是一些具有象征意义、宣示意义或叙述意义的法律,其即使不是完全无用的法律或"死的法律"(dead law),至少也是不符合法律之形式完整性和功能健全性之要求的法律。我们径直可以把这样的法律称为"有缺损的、有瑕疵的法律"。它们减损甚至歪曲了法律的本性。

与法律具有可诉性不同,道德、宗教规范、政策等不具有直接的法律效力,也不具有直接的可诉性。至少在现代国家,当事人不应直接将道德、宗教规范、政策等社会规范作为起诉和辩护的有效根据。法院也不得直接将它们视为正式的法源,作为法律判决的直接依据。

第二节 法的分类

一、法的分类的概念

法的分类是指从不同的角度,按照不同的标准,将法律规范划分为若干不同的种类。人类阶级社会存在已有几千年,法律也随着人类社会的发展经历了几千年的发展历史,在每一发展阶段,法律呈现为不同的形态。法的分类也就是对人类社会存在过的和现实中仍存在着的法律从技术的角度进行类别划分。

法的分类是人们从认识上区别法律存在的形式,从而具有重要的认识意义和实践意义。首先,将法律区分为不同的类别,有利于人们更清楚、更深刻地认识法律,确立法律的基本概念,法的分类所提供的基本概念有利于组建法律理论体系。其次,法律的分类有利于确定不同的调整方式和调整原则。例如,公法和私法是两种不同的法律,有不同的调整方式和调整原则。当人们把某种法律确认为公法或私法的时候,在立法时就较容易找到适当的调整方法和原则。最后,法的分类对法的适用也具有意义。例如,在需要选择适当的法律规则时,特别法和一般法的划分就为选择提供了方便。

法的分类要遵循一定的标准,根据不同的标准,可以有不同的分类。例如,以国度为划分标准,可以将法分为中国法、英国法、美国法、德国法等等;以社会形态为标准,可以将法分为奴隶制法、封建制法、资本主义法和社会主义法等等;以法的规则内容为标准,可以将法分为禁止性法、授权性法、选择性法或宪法、刑法、民法等等。我们这里所讲的法的分类,着重于从形式上对法的分类。由于对法律观察点的不同,人们可以确立不同的标准来对法律进行分类。某一种法律可同时分属于其他类别之中。比如我国民法从制定形式来看是成文法,就其适用范围来看是一般法,就其调整关系来看是私法,就其内容来看是实体法。所以法律分类是相对的划分,而非绝对的划分。

在对法进行分类时,应贯彻以下两个分类原则:第一,在选取分类标准时,要力图使各个标准有相对独立性和特性;第二,在标准取定后,各种类的内部划分要有相对的对应性,避免发生交叉。

二、法的一般分类

法的一般分类是指世界上所有国家都可适用的法的分类,它们主要有以下几种类型:

(一)成文法与不成文法

成文法(written law)和不成文法(unwritten law)是按照法的创制方式和表达形式为标准对法进行的分类。成文法是指由特定国家机关制定和颁布,并以成文形式出现的法律,因此又称制定法。不成文法是指由国家认可其法律效力,但又不具有成文形式的法,一般指习惯法。不成文法还包括同制定法相对应的判例法,即由法院通过判决所确定的判例和先例,这些判例和先例对其后的同类案件具有约束力,但它又不是以条文(成文)形式出现的法,因此也是不成文法的主要形式之一。

(二)实体法与程序法

这是按照法律规定内容的不同为标准对法的分类。实体法是指以规定和确认权利和义务或职权和职责为主的法律,如民法、刑法和行政法等。程序法是指以保证权利和义务得以实现的有关程序为主的法律,如立法程序法、行政程序法和司法程序法等等。值得注意的是,实体法与程序法的分类是就其主要方面的内容而言的,它们之间也有一些交叉,实体法中也可能涉及一些程序规定,程序法中也可能有一些涉及权利、义务、职权和职责等内容的规定。

(三)根本法与普通法

这是按照法律的地位、效力、内容和制定主体、程序的不同为标准而对法的分类。这种分类通常只适用于成文宪法制国家。在成文宪法制国家,根本法即宪法,在有的国家又称基本法,是规定国家各项基本制度、基本原则和公民的基本权利和义务等国家根本问题的法,它通常具有最高的法律地位和法律效力。同时宪法的制定主体、制定及修改程序也较普通法更为严格和复杂。在非成文宪法制国家,不存在根本法与普通法的区别。国家制度和公民个人自由等问题由宪法性法律和其他法律予以确认和保障。

这里所说的普通法是指宪法以外的、确认和规定社会关系某个领域的问题的法。其法律地位和效力低于根本法,其制定、修改程序也没有宪法那样严格和复杂,其内容涉及的是某一社会关系。通常普通法的内容、它的产生与存在,都需要由根本法事先予以原则规定,并不得与根本法相抵触。因此,法学上有时把根本法称为"母法",将普通法称为"子法"。

(四) 一般法与特别法

这是按照法的适用范围的不同对法所作的分类。一般法是指针对一般人、一般事、一般时间、在全国普遍适用的法;特别法是针对特定人、特定事或在特定地区、特定时间内适用的法。

一般法和特别法这一法的分类是相对而言的,具有相对性。如以针对人来讲,民法对一般人生效,它适用的主体是一般主体,而与民法相对应的继承法则是适用于特定人——继承人与被继承人主体的法律;以针对事来讲,民法适用于一般民事法律行为和事件,而收养法则针对收养这一特殊的民事法律行为和事件;以针对地区来讲,宪法、组织法、选举法等是适用于全国的法,而特别行政区基本法、自治条例和单行条例等则只适用于特别行政区和民族自治地方;以针对时间而言,一般法如宪法、刑法、民法等在它们的修改和废止以前一直有效,而有些特别法如戒严法、战时法等仅在特定的时期内有效。

当然,有时一部法律相对于某一部法律是特别法,而相对于另一部法律,则是一般法,但是这种划分对选择法律有意义。因为,从法理上说,特别法的效力优于一般法,即特别法发布之后,一般法的相应规定在特殊地区、特定时间、对特定人群、特定事项将暂时终止生效。所以,各国对特别法的制定与公布都是极其慎重的。

(五) 国内法与国际法

这是以法的创制主体和适用主体的不同而作的分类。国内法是指在一主权国家内,由特定国家法律创制机关创制的,并在本国主权所及范围内适用的法律;国际法则是由参与国际关系的国家通过协议制定或认可的,并适用于国家之间的法律,其形式一般是国际条约和国际协议等。国内法的法律关系主体一般是个人或者组织,国家仅在特定法律关系中(如作为国家财产所有人)成为主体,而国际法的国际法律关系主体主要是国家。

三、法的特殊分类

有些法的分类仅在部分地区适用,因而称为法的特殊分类。这包括以下几种:

(一)公法与私法

这是按照法的调整对象和调整主体的范围的不同而进行的一种分类。

公法与私法的划分,最早是由罗马法学家乌尔比安提出来的,他说:"公法是关于罗马国家的法律,私法是关于个人利益的法律。"公法与私法的划分在民法法系国家被普遍采用。划分标准有利益说(保护公共利益,私人利益),主体说(国家或公共团体为一方或双方,私人),法律关系说(国家与公民之间权力服从关系,公民相互间平等关系)等。一般认为,保护国家利益,调整国家与公民之间、国家机关之间关系的法律为公法;保护个人利益,调整公民之间关系的法律为私法。公法一般包括宪法、刑法、行政法、诉讼法等。私法一般包括民法、商法等。私法遵循当事人意思自治原则,确立财产所有权,保障自身利益的追求。公法是利用国家权力,宏观调整社会财富分配,对市场主体滥用权利行为进行约束。

随着社会的发展,"法律社会化"现象的出现,形成了一种新的法即社会法,如社会保障法。这是因为存在既非国家利益也非个人利益的独立的社会利益。社会法是将公法的调整方法与私法的调整方法相结合,既非注重保护公共利益,也非注重保护个人利益,而是主要强调公共秩序的和平与安全,经济秩序的健康、安全及效率化,社会资源与机会的合理保持与利用,弱者利益保障,公共道德维护等。

(二)普通法与衡平法

这是普通法系国家的法的一种分类方法。这里的普通法不同于前面法的一般分类中的普通法概念,而是专指在11世纪诺曼人征服英国后由法官通过判决形式逐渐形成的适用于全英格兰的一种法律。衡平法是英国在14世纪开始的作为对普通法的修正和补充而出现的一种法律。普通法和衡平法均为判例法。

（三）联邦法与联邦成员法

这是实行联邦制的国家所独有的一种法的分类。联邦法是指由联邦中央制定的法律，而联邦成员法是指由联邦成员制定的法律。由于各联邦制国家的内部结构、法律关系各不相同，因此，有关联邦法和联邦成员法的法律地位、适用范围、效力等均由各联邦制国家宪法和法律规定，没有一种划一的模式。

【课后阅读文献】

魏来：《论我国法治进程中的法律的可诉性》，西南政法大学硕士学位论文，2007年。

【练习题】

一、选择题

1. 下列有关成文法和不成文法的表述，哪些不正确？

    A. 不成文法大多为习惯法

    B. 判例法尽管以文字表述，但不能视为成文法

    C. 不成文法从来就不构成国家的正式法源

    D. 中国是实行成文法的国家，没有不成文法

2. 关于法律语言、法律适用、法律条文和法律渊源，下列哪一选项不成立？

    A. 法律语言具有开放性，因此法律没有确定性

    B. 法律适用并不是适用法律条文自身的语词，而是适用法律条文所表达的意义

    C. 法律适用的过程并不是纯粹的逻辑推理过程，而是有法律适用者的价值判断

    D. 社会风俗习惯作为非正式的法律渊源，可以支持对法律所作的解释

3. 下列哪一选项体现了法律的可诉性特征？

    A. 下一级的规范性法律文件因与上一级的规范性法律文件冲突而被宣布无效

B. 公民和法人可以利用法律维护自己的权利

C. "一国两制"原则体现在《香港特别行政区基本法》的制定过程中

D. 道德规范上升为法律规范

4. 法是以国家强制力为后盾,通过法律程序保证实现的社会规范。关于法的这一特征,下列哪些说法是正确的?

A. 法律具有保证自己得以实现的力量

B. 法律具有程序性,这是法律区别于其他社会规范的重要特征

C. 按照马克思主义法学的观点,法律主要依靠国家暴力作为外在强制的力量

D. 自然力本质上属于法的强制力之组成部分

二、名词解释

1. 法的规范性
2. 成文法
3. 不成文法
4. 实体法
5. 程序法
6. 根本法
7. 普通法
8. 一般法
9. 特别法
10. 公法
11. 私法

三、简答题

1. 法的特征有哪些?
2. 为什么说法具有规范性?
3. 为什么说法具有国家性?
4. 如何理解法的普遍适用性
5. 为什么法须由国家的强制力保证实施?

第六章 法的渊源与效力

☞ **本章提示**
- 法的渊源的概念、种类
- 当代中国法的渊源
- 法的效力的概念
- 法的效力范围
- 法的效力层次的原则
- 规范性法律文件的规范化和系统化的概念
- 规范性法律文件的系统化的三种方式

第一节 法的渊源

一、法的渊源概述

（一）法的渊源的含义

从字面上看，水积为渊，水之所出为源。法的渊源指法的来源、源头，又称为法律渊源、法源，是指被承认具有法的效力、法的权威性或具有法律意义并作为法官审理案件之依据的规范或准则来源，如制定法（成文法）、判例法、习惯法、法理，等等。

法学界曾经在多种含义上使用过"法的渊源"一词。概括地说，主要有：(1) 法的历史渊源，即引起特定法律制度、法律原则、法律规范产生的历史事件和行为。如 11 世纪的普通法和 14、15 世纪的衡平法可以理解为现代英国法的历史渊源；而英格兰国王和贵族之间的冲突则是英国《大宪章》的历史渊源等。(2) 法的本质渊源，即法律现象产生、存在和发展的根本原因。如古典自然法理论认为法渊源于人类理性，马克思主义认为法渊源于一定的物质生活条件。(3) 法的思想理论渊源，即对一国法律制度、法律规范起指导作用的理论原则和思想体系。如中国固有的法的思想理论渊源为儒家思想,中国社会主义法的思想理论渊源为马克思列宁主义、毛泽东思想和邓小平建设有中国特色的社会主义理论等。(4)法的效力渊源,即法律的拘束力的来源。如分析法学认为应从主权者(国家及统治者)的命令中寻求法的渊源;历史法学则认为法的权威性来自民族的法律信念。(5)法的文件渊源,即包含着对法律规范的权威性解释和记载的文件。如我国的各种法律法规汇编、《司法文件选编》,英美法国家的判例法汇编、著名法学家的著述等。(6)法的形式渊源,即被承认具有法律效力和法律强制力及法律权威性的法的表现形式。法的形式渊源不涉及法的具体内容和具体规定,仅仅是法的具体内容和各项规定的表现和存在形式。

法的渊源作为一个特定的法学术语,不能机械地理解。那样容易将一些决定或影响法律的外在因素当成是法律的渊源,如经济、政治、历史文化等并不能作为法律规范予以适用。应当从司法角度理解法律渊源,即从法官或执法者发现法律之处来理解法律渊源。

(二)法的渊源与法的形式

国内法学界对法的渊源和法的形式的认识存在很大的分歧。有的学者认为,狭义的法律形式即指法学著作中通常所讲的法律渊源。[①] 有的学者更直接指出,法的渊源也叫法的形式。[②] 有的学者指出,我国法理学教科书所说的法的渊源,基本上是法的形式渊源。这种观点受到原苏联学者的一些影响,但又与苏联学者在用法上侧重点有所不同。[③] 有的学者虽认为法的形式与法的渊源是两个不同的概念,但却主张用法的形式而不用法的渊源来指称

[①] 北京大学法律系法学理论教研室编:《法学基础理论》,北京大学出版社1984年版,第358页。
[②] 张文显主编:《法理学》,法律出版社1997年版,第77页。
[③] 葛洪义主编:《法理学》,中国政法大学出版社2002年版,第267页。

具有法律效力的各种法律规范的外在表现形式。① 同样看到了法的形式与法的渊源是两个不同的概念,有的学者却认为,法的形式难以包含法的渊源的含义,而且法的渊源是各国法学研究中通用的术语,因此以使用法的渊源的概念为妥。②

法的渊源的研究通常包括两个方面的问题:一是法律规范的创制机关、创制权限和创制方法(如制定、认可等),即哪些国家机关可以在什么领域内以何种方式创制法律规范;二是法律规范有哪些外部表现形式,不同形式的规范之间的效力关系如何。

这个意义上的法的渊源就被称为法的"形式渊源",因为它不涉及法律规范的内在的、实质意义上的来源,而仅仅指出法律规范形式上的来源,即与国家制定或认可规范的方式相关的法律规范的外部表现形式。行为规则(规范)的某些形式(立法机关发布的规范性文件、司法判例等)被视为国家意志的特定表现形式,只有具备这种形式,一个行为规则才能被视为法律规范。

法的形式渊源属于法的外部形式方面的问题,但严格说来"法的形式渊源"与"法的形式"并不能等同,这不仅是因为"法的形式"这一概念过于宽泛,可以有多种不同理解,更重要的是,法的渊源的本意并不仅仅是法的表现形式,它与法律规范的创制机关和创制方式紧密联系,而这些都是隐藏在法律规范的表现形式背后并决定着它的形式的关键性因素。因此,一般地讲"法的形式",还不能把法的渊源一词的含义准确表达出来。此外,在上述意义上使用"法的渊源"(source of law)一词,已是各国法学约定俗成的通用术语。

二、法的渊源的种类

法的渊源多种多样,可以从不同的角度作不同的分类:(1)根据法的渊源的载体形式的不同,可将法的渊源分为成文法渊源与不成文法渊源。表现为特定条文文字形式的制定法为成

---

① 王果纯:《现代法理学》,湖南出版社1995年版,第158页。
② 孙国华主编:《法理学教程》,中国人民大学出版社1994年版,第391—393页。

文法渊源,不以特定条文文字形式表现出来的法的渊源为不成文法渊源。(2)从法的渊源与法律规范关系的角度,可将法的渊源分为直接渊源与间接渊源。法律规范是法的直接渊源,而法理学说等与法律规范间接相关的渊源为法的间接渊源。(3)根据是否经过特定国家制定程序,法的渊源可以分为制定法渊源与非制定法渊源。由国家立法机关制定的法律是法的制定法渊源,而由法院判决形成的判例法是非制定法渊源。(4)根据是否具有直接的法的效力,法的渊源可以分为正式渊源和非正式渊源。

在法律实践中,法的渊源最主要的分类是正式渊源与非正式渊源之分。

(一)正式渊源

法的正式渊源是那些具有明文规定的法律效力并且直接作为法官审理案件之依据的规范来源,如宪法、法律、法规等,主要为制定法,即不同国家机关根据具体职权和程序制定的各种规范性文件。对于法的正式渊源而言,法官必须予以考虑;或者说,法官的判决必然建立在法的正式渊源之上。正式渊源又称为直接渊源、法定渊源。

一般认为,从法的发展历史和各国情况来看,可以或曾经作为法的正式渊源的规范性文件主要有:

(1)制定法。制定法是现代国家主要的法的渊源,即由不同的享有立法权或经授权的国家机关根据法定职权和程序制定的各种规范性文件。

(2)判例法。判例法是指与制定法相对称的一种法的渊源,是上级法院对下级法院处理类似案件时具有法律上的约束力的判例。这种遵循先例的原则取决于法院的等级,同时上级法院受自己司法先例的约束。

(3)习惯法。习惯法是由习惯发展而来的一种法的渊源,而习惯则是经过长期的历史积淀而形成的一种为人们自觉遵守的行为模式,这种行为模式经过国家的认可,成为习惯法,便具有了法律的约束力,因而成为法的渊源之一。

(4) 国际协定和条约。国际协定和条约是指两国或多国缔结的双边或多边条约、协定和其他具有条约性质的文件。国际条约是国际法的主要渊源,也成为现代国家重要的法的渊源之一。

(5) 法理。法理主要是指法学家对于法的各种学理性说明、解释和理论阐发。一般认为,法理不能成为法的正式渊源,但在某些特定的法律传统背景下,法理有不同的地位。例如,在古罗马时期,五大法学家的著作中所阐发的法理成为具有法的效力的法的渊源之一。① 在现代,各国一般不承认法理是具有直接法的效力的法的正式渊源,但却都认同法理是具有重要意义的法的非正式渊源。

(二) 非正式渊源

法的非正式渊源又称为间接渊源或者非法定渊源,是指那些不具有明文规定的法律效力、但却具有法律意义并可能构成法官审理案件之依据的准则来源,如正义标准、理性原则、公共政策、道德信念、社会思潮、习惯、乡规民约、社团规章、权威性法学著作,还有外国法等。这些非正式的法的渊源不具有正式渊源的形式和效力,但具有一定的说服力,是一种重要的法的辅助、补充渊源。

法的正式渊源和非正式渊源均具有多样性。历史时期和社会背景不同,法的正式和非正式渊源的类型也有所不同。因此特定国家在不同的历史发展阶段,有不同的法的渊源;另外,同一历史时期的不同国家,由于国家的政体结构,特定社会的政治、经济条件、思想、道德、文化传统、宗教、科技发展水平,法的创制技术等方面的不同,法的渊源也有所不同。所以,法的渊源是动态的、发展的,一国正式法的渊源和非正式法的渊源究竟各自包括哪些

---

① 罗马帝国五位著名的法学家,即帕比尼安、保罗、盖尤斯、乌尔比安、莫迪斯汀。公元426年,西罗马皇帝瓦伦丁尼安三世颁布《引证法》,给予这五名法学家的著述以法律效力,并准其在法庭上作为法律而被引用:凡法律未有明文者,依此五位法学家的论点决定,五位法学家的论点有分歧时,依多数法学家的论点决定,相持不下的,则以帕比尼安的论点为最后标准。参见邹瑜、顾明主编:《法学大辞典》,中国政法大学出版社1991年版,第926页。

内容,主要是由该国的国情决定的。

三、法的渊源的演进

中国先秦时代法的渊源有作为习惯法的礼和刑、律、令等,"刑"、"律"为君主制定的成文刑事法律规范,"令"为君主有关施政的法令。西汉时期法的渊源有律、令、科、比。"律"即国家刑事立法;"令"即各项施政的专门法令如《选举令》、《学令》、《狱令》;"科"即就司法事宜发布的单行法令;"比"即可以比附参据司法判例或判例中形成的零散规范,如张汤以"腹非罪"诛颜异,"自是以后有腹非立法比"。董仲舒还形成《春秋》决狱制度,以儒家思想指导司法审判,儒家经典成为法的渊源。后汉魏晋,有一种特别的法律渊源,即"法律章句",当时法学家用礼经来对法律进行解释,后由于章句互相冲突,"天子乃下诏:但用郑(玄)氏章句,不得杂用余家"。隋唐时法的渊源有律、令、格、式。"格"是行政法规之一。"式"是一种关于公文程式与活动细则的行政法规。宋代的法律渊源除律、令、格、式外,还开始出现例、敕(皇帝就具体案件的处理发布的带一般规范性的处理决定)。中国历代封建王朝的法的渊源,总的来说,以制定法、成文法为主,也包括习惯法、法理等。法的渊源包括律、令、格、式、典、敕、比、例等。自清末沈家本修订法律以来,近代中国在法的渊源方面以大陆法系国家为模式,以制定法为主。在南京国民政府时期,判例和解释例为重要的法的渊源。

在西方,古希腊最早的法的渊源是神谕,这是早期的习惯法,人们假托神的名义规定许多强制性要求或禁令;最主要最常见的法的渊源是民众大会决议。而古罗马法是古代最为发达的法律,它的法的渊源也比较多。公元前449年,颁布了因铸在十二块铜板上而著名的《十二铜表法》,它是古罗马第一部以原习惯法为基础形成的成文法,是由秘密法向公开法过渡的重要标志。古罗马的法的渊源主要有人民大会决议、平民大会决议、皇帝敕令等;共和时代还有一种法律渊源,即所谓裁判官法,这是内事裁判官关于诉讼程序规则的告示以及外事裁判官、罗马警监、外省省长的告示的总称。罗马帝国时期,除皇帝的命令这一主要渊源外,还有一种法律渊源,即法学家的解答。奥古斯都时代,皇帝公开赋予一些法学家以"公开解释法律的特权"。

在中世纪欧洲大陆,由于封建诸侯割据,国家分散林立,宗教神权同世俗政权的关系错综复杂,所以法律极为分散,法的渊源也较多。曾经有过日耳曼法、王室法令、习惯法、罗马法、教会法、庄园法、城市法、商法和国王敕令等并存和相互冲突的局面。后来随着民主国家的形成和统一,法律和法的渊源才逐渐走向统一。总之,民法法系国家是继承了罗马法的传统,以制定法为主,判例不是正式意义上的法的渊源。而中世纪英国的法律,与欧洲大陆国家不同,它是以通行于英格兰的普通法为基础而发展起来的,判例在普通法中是正式意义上的一个法的重要渊源。

在18、19世纪,宪法作为法的渊源取得了主导地位,随之大量的议会立法出现,在民法法系的主要国家法国和德国,制定法包括宪法、法律、行政法规、条约等成为法的主要渊源,并把主要法律称之为法典。判例、习惯、学说等是非正式意义上的渊源,但判例和司法解释越来越有影响力。而在英美法系国家,判例和制定法都是法的渊源。当然,进入20世纪以来,两大法系在互相靠拢和接近,差距在缩小,普通法系国家也在注重编纂法典,但是,由于传统不同,两大法系之间的差别还将长期存在。

法的渊源的历史发展总体上呈现出两大趋势,一是从以习惯法为主体的法律渊源向以制定法为主体的法律渊源演进。早期人类的法律不是人类认识社会规律、自觉制定法律的产物,而是人类生活经验的产物,体现为习惯、习俗等。制定法的出现一方面是为了克服法律渊源的混乱现象,另一方面也是国家主权在法律领域的体现。另一趋势是从多元、凌乱的法律渊源向单一、确定的法律渊源演进。如古罗马的法律渊源曾经十分繁杂,包括习惯、告示、元老院决议、民众大会决议、法律、帝敕法学家的解答等,欧洲中世纪的法律渊源也十分复杂,存在着教会法和世俗法两大体系,世俗法又有不同的种类。资产阶级革命后,随着集权制民族国家和国家实证主义①的兴起,法律仅仅被看成是立法机关制定的成文法,这使得议会立法成为最主要的甚至是唯一的法律渊源,英美法系受国家实证主义的影响相对较小,但也以制定法为最优先的法律渊源。当代世界各国,议会立法为主体的制定法在大多数国家法的渊源中已处于主导地位,确定性程度偏低的习惯等行为规范的作用被大大削弱,几乎退出法的正式渊源体系。同时,由于国家对立法权作了明确的划分与限定,按照法的效力等级的不同,法的渊源被体系化。通常,在该体系中,宪法是统帅,其他制定法是主干。尽管行政机关仍不同程度上享有制定行政规范的权力,但由于这些规范隶属于议会立法,且可能受到司法审查,从而使这种权力被严格限制。总之,法的渊源的理性化程度被大大提高。

第二节 当代中国法的渊源

一、当代中国的正式法源

中华人民共和国成立之初,法的正式渊源包括法律、法令、条例、单行条例等。1954年《宪法》规定,全国人民代表大会制定法律,全国人民代表大会常务委员会制定法令。1982年《宪法》、各种组织法和《立法法》对此做了一些新的规定。

（一）宪法

宪法是我国的根本法,是治国安邦的总章程。它规定了当代中国根本的社会、经济和政治制度,各种基本原则、方针和政策,

---

① 美国法学家梅利曼指出:国家实证主义认为,国家的外在特征是它的统一性和不可分割性,没有国家的许可,国家之外的任何力量都不能制定超越国家之上或在国家内部生效的任何法律。国家实证主义还认为,国家的内在特征是它平等的集权性,只有国家才能享有立法权,国家内部的任何个人或团体都不能创制法律……因此,正如国家有绝对的对内对外主权的信条所表明的那样,国家实证主义导致了国家对立法权的垄断。参见〔美〕梅利曼:《大陆法系》,顾培东、禄正平译,法律出版社2004年版,第22页。

公民的基本权利和义务,国家机构的职权和活动原则,涉及社会生活各个领域的最根本、最重要的方面,而一般法律只规定社会或国家生活中某一方面的问题。宪法是由我国最高权力机关——全国人民代表大会制定和修改的,宪法的地位决定了其制定和修改的程序极其严格,不同于一般法律。宪法的修改必须由全国人大常委会或1/5以上的全国人大代表提议,并由全国人大以全体代表的2/3以上多数通过。宪法具有最高的法律效力,一切法律、行政法规和地方性法规都不得同宪法相抵触。在中国,全国人大监督宪法的实施,全国人大常委会解释并监督宪法的实施,对违反宪法的行为予以追究。

(二) 法律

法律一词有广义、狭义两种理解,广义的法律与法同义,指一切有权创制法律规范的国家机关制定和认可的法律规范的总称。在我国,作为法的渊源之一的法律一词是在狭义上使用的,专指由国家最高权力机关及其常设机关,即全国人民代表大会和全国人大常委会制定和颁布的规范性文件。其法律效力仅次于宪法。

根据现行宪法的规定,法律又可以分为基本法律和基本法律以外的法律。基本法律由全国人民代表大会制定和修改,比较全面地规定和调整国家及社会生活某一方面的基本社会关系,如刑法、民法通则、诉讼法等即为基本法律。在全国人大闭会期间,全国人大常委会有权对基本法律作部分修改,但不能同该法律的基本原则相抵触。基本法律以外的法律由全国人大常委会制定和修改,通常规定和调整基本法律调整的问题以外的比较具体的社会关系,如商标法、文物保护法、治安管理处罚法等即是由全国人大常委会制定的。

此外,全国人民代表大会和全国人民代表大会常务委员会发布的具有规范性内容的决定和决议,也属于法的渊源。发布这些决定和决议通常是为了对已经颁布生效的规范性文件进行修改或补充,因此它们与被修改或补充的规范性文件具有同等效力。

（三）行政法规

行政法规是由最高国家行政机关国务院依法制定和修改的有关行政管理事项的规范性法律文件的总称。

行政法规的基本特征在于：第一，它在法的渊源体系中处于低于宪法、法律而高于地方性法规的地位。行政法规应根据宪法、法律制定，不得与宪法、法律相抵触；地方性法规则不得与行政法规相抵触，否则无效。第二，它在法的渊源体系中具有纽带作用。其目的是保证宪法和法律实施，有了行政法规，宪法和法律的原则和精神便能具体化，便能更有效地实现。地方性法规的制定不得与行政法规相抵触，就进一步保证了宪法、法律得以实施。第三，它调整的社会关系和规定的事项，远比法律调整的社会关系和规定的事项广泛、具体。经济、政治、教育、科学、文化、体育以及其他方面的社会关系和事项，只要不带根本性或一定要由宪法、法律调整的，行政法规都可调整。

（四）地方性法规

地方性法规是由特定地方国家权力机关依法制定和修改，效力不超出本行政区域范围，作为地方司法依据之一，在法的渊源体系中具有基础作用的规范性法律文件的总称。地方性法规是低于宪法、法律、行政法规但又具有不可或缺作用的基础性法的渊源。

地方性法规的基本特征在于：立法主体只能是地方国家权力机关，任务是解决地方问题；有更多的关系需要处理，比中央立法更复杂、具体；具有从属与自主两重性。地方性法规的作用主要有：使宪法、法律、行政法规和国家大政方针得以有效实施；解决中央法律、法规不能独立解决或暂时不宜由中央解决的问题；自主地解决应由地方性法规解决的各种问题。

现阶段，省、自治区、直辖市、较大的市的人大及其常委会，根据本地的具体情况和实际需要，在不同宪法、法律、行政法规相抵触的前提下，可制定地方性法规。全国人大常委会有权撤销同宪法、法律、行政法规相抵触的地方性法规。

（五）自治法规

自治法规是民族自治地方的人民代表大会所制定的特殊的地方规范性法律文件即自治条例和单行条例的总称。自治条例是民族自治地方根据自治权制定的综合的规范性法律文件；单行条例则是根据自治权制定的调整某一方面事项的规范性法律文件。

各级民族自治地方的人大都有权依照当地民族的政治、经济和文化特点，制定自治条例和单行条例。自治区的自治条例和单行条例报全国人大常委会批准后生效。自治州、自治县的自治条例和单行条例，报省或自治区人大常委会批准后生效，并报全国人大常委会备案。自治条例和单行条例与地方性法规在立法依据、程序、层次、构成方面，与宪法和其他规范性法律文件以及与全国人大及其常委会和国务院关系方面，均有区别。自治条例和单行条例可作民族自治地方的司法依据。

（六）行政规章

行政规章是有关行政机关依法制定的关于行政管理的规范性法律文件的总称。分为部门规章和政府规章两种。

部门规章是国务院所属部委根据法律和国务院行政法规、决定、命令，在本部门的权限内，所发布的各种行政性的规范性法律文件，亦称部委规章。国务院所属的具有行政职能的直属机构发布的具有行政职能的规范性法律文件，也属于部门规章的范围。部门规章的地位低于宪法、法律、行政法规，不得与它们相抵触。

政府规章是省、自治区、直辖市、较大的市的人民政府根据法律、行政法规制定的规范性法律文件，亦称地方政府规章。政府规章除不得与宪法、法律、行政法规相抵触外，还不得与上级和同级地方性法规相抵触。

（七）国际条约

国际条约指两个或两个以上国家或国际组织之间缔结的，确定其相互关系中权利和义务的各种协议。不仅包括以条约为名称的协议，也包括国际法主体间形成的宪章、公约、盟约、规约、专约、协定、议定书、换文、公报、联合宣言、最后决议书等。

国际条约本属国际法范畴,但对缔结或加入条约的国家的国家机关、公职人员、社会组织和公民也有法的约束力;在这个意义上,国际条约也是该国的一种法的渊源,与国内法具有同等约束力。随着中国对外开放的发展,国际交往日益频繁,特别是随着中国加入世界贸易组织,与别国缔结的条约和加入的条约日渐增多。这些条约也是中国一种法的渊源和重要的司法依据。

（八）其他法的渊源

除上述法的渊源外,在中国还有这样几种成文的法的渊源:一是中央军事委员会制定的军事法规和军内有关方面制定的军事规章;二是一国两制条件下特别行政区的规范性法律文件;三是有关机关授权别的机关所制定的规范性法律文件。经济特区的规范性法律文件,如果是根据宪法、立法法和地方组织法规定的权限制定的,属于地方性法规;如果是根据立法机关授权制定的,则属于根据授权制定的规范性法律文件的范畴。

二、当代中国的非正式法源

（一）习惯

习惯是人们在长期社会生活中逐步地、自发地形成的。在古代和中世纪,习惯曾是所有国家重要的甚至是唯一的法的渊源,那时的成文法主要是从习惯法演变而来的。之后随着社会生活的发展和法律的进步,习惯法的地位逐渐被规范性文件和判例所取代。目前世界上大多数国家都不再把习惯作为主要的法的渊源。

习惯可根据其形成和作用范围的不同,分为地区习惯、职业和行业习惯、民族习惯、国家习惯和国际习惯(又称国际惯例)等。不同的习惯与法的渊源的关系也不相同。例如,我国《物权法》第85条规定,法律、法规对处理相邻关系有规定的,依照其规定;法律、法规没有规定的,可以按照当地习惯。我国《民法通则》第142条第3款规定,中华人民共和国法律和中华人民共和国缔结或者参加的国际条约没有规定的,可以适用国际惯例。

在我国国内法中,民族习惯具有特殊性。我国《民族区域自治法》第10条规定:"民族自治地方的自治机关保障本地方各民族都有使用和发展自己的语言文字的自由,都有保持或者改革自己的风俗习惯的自由。"第53条规定:民族自治地方的自治机关"教育各民族的干部和群众互相信任,互相学习,互相帮助,互相尊重语言文字、风俗习惯和宗教信仰,共同维护国家的统一和各民族的团结"。这里的风俗习惯主要指民族习惯。事实上,自治法规中的变通条例等正是对各民族习惯的明示认可。因此可以说,民族习惯是我国法的一类渊源,尽管并非所有民族习惯都是正式法源。

有的国家的法律,特别是民商法中有这样的一般规定:无法律规定者,从习惯。在当代中国的法律中,没有这样的规定,仅在特定情况下承认特定习惯具有法律效力。总之,在当代中国,只有法律承认其有效的习惯,才能作为补充制定法的法的渊源。

(二) 判例

在普通法法系国家,判例法和制定法是法的渊源的两种主要形式,而在民法法系国家,制定法是正式的法的渊源,判例被认为是非正式的法的渊源。在当代中国,最高人民法院发布的判例(《最高人民法院公报》中称"案例")在审判工作中具有重要的参考作用,但这种判例不是判例法,也并非正式的法的渊源。中国现行法律并未明文规定判例制,但从法律中可以引申出这一制度,特别是《人民法院组织法》第10条第1款规定:"各级人民法院设立审判委员会,实行民主集中制。审判委员会的任务是总结审判经验,讨论重大的或者疑难的案件和其他有关审判工作的问题。"根据上述规定,最高人民法院负责选择并定期发表某些有代表性的判决(主要是地方法院的判决),并要求其他法院在其审判工作中以这些判决作为判例加以参考。

有的学者主张,中国不应采用判例法制度,但应加强判例的作用。中国不应采用判例法制度是因为:(1) 它不适合中国现行政治制度;(2)中国并没有长期和牢固的判例法历史传统;(3)中国的法官、律师缺乏判例法方法论经验;(4)判例法制度本身存在缺点。中国应加强判例的作用是因为:(1)判例在当代中国的司法中可作参考;(2)与制定法相比,判例法或判例的最明显优点是它本身具有一种有机成长的特征,因而能适应新的情况,中国法律往往比较抽象而在实施中存在一些问题,因此有必要使用判例补充制定法;(3)必须注意法律渊源方面的国际趋势,两大法系的差别在现代已大大缩小。①

(三) 政策

在我国,宪法以及各种法律、法规中规定的诸多原则是国家政策的体现,有的国家政策甚至成为宪法、法律和法规本身的有机组成部分。从这一意义上说,国家的政策当然是法的渊源之一。我国《民法通则》第 6 条更明确规定:"民事活动必须遵守法律,法律没有规定的,应当遵守国家政策。"党的政策对法律的制定或实施都有指导作用,但在我国法学著作中,并不将它列为法的渊源之一。

第三节 法 的 效 力

一、法的效力的含义

在我国法学界,法的效力通常有广义和狭义两种理解。广义的法的效力泛指法的约束力和强制力。既包括规范性法律文件的效力,也包括非规范性法律文件的效力。而狭义的法律效力仅指法律的生效范围或适用范围,即法对什么人、什么事、在什么地方和什么时间适用。这两种意义的法的效力,均有其研究价值。研究前者对于从理论层面上理解法的效力层次和原则有重要意

---

① 沈宗灵、罗玉中、张骐编:《法理学与比较法论集——沈宗灵学术思想暨当代中国法理学的改革与发展》,北京大学出版社、广东高等教育出版社 2000 年版,第 444—451 页、第 573—577 页。

义;而研究后者,则对从实践层面上把握法的时间效力、空间效力和对人的效力具有意义。

法的效力不同于法的实效。后者指法的功能和立法目的实现程度和状态。影响和制约法的效力的直接因素是法的创制主体、时间和法的种类,深层因素是法所赖以存在的法治环境以至整个社会的综合状况。

二、法的效力的层次和原则

(一) 法的效力层次的含义

法的效力层次,又称法的效力等级或法的效力位阶,是指在一个国家法律体系的各种法的渊源中,由于其制定主体、程序、时间、适用范围等不同,导致各种法的效力也不同,由此而形成的一个法的效力等级体系。当代中国已形成了一个以宪法为核心的社会主义法律体系,在这个法律体系中的各种法的渊源之间就有一个等级位阶体系。

影响法的效力层次的因素主要有制定主体、制定时间和法的适用范围。正是由于这诸多因素的影响,形成了不同效力的法,并进而形成法的效力等级或效力层次。

(二) 法的效力层次的一般原则

法的效力层次的一般原则,即指不同等级的主体制定的法有不同的法律效力,除特别授权的场合外,一般说来,制定主体的地位越高,法的效力等级也越高。以当代中国为例,根据宪法和有关组织法的规定,宪法是具有最高法律效力的根本大法,位于当代中国法的效力层次的最高层,依次是法律、行政法规、地方性法规和规章等。它们由不同等级的主体制定,因而具有不同的效力,形成一个法的效力等级体系。

在法的体系中,法的效力层次要贯彻以下两个原则:(1) 宪法至上。在整个法的效力层次体系中,宪法具有最高效力,一切法律、法规都不得与宪法相抵触,否则,不具有法律效力;一切制定法律、法规的活动都得有宪法明文规定的根据;一切实施法律法规的活动也必须以宪法为依据。(2)上位阶的法高于下位阶的法。除宪法的效力统摄所有法的效力之外,上一级法的效力均高于下一级任何一种法的效力。比如,宪法高于法律,法律高于法规,行政法规高于地方性法规,地方性法规高于地方规章等。因此,当低位阶法同高位阶法相抵触时,就不能适用低位阶法。这就是法的效力层次的一般原则。

(三)法的效力层次的特殊规则

法的效力层次除要贯彻它的一般规则外,由于法的复杂性,法的效力层次还存在着一些特殊规则。这些规则有以下几点:

(1)特别法的效力优于一般法。"特别法优于一般法"是指针对同一制定主体的法而适用的一个法的效力层次的特殊规则,对于不同主体制定的法仍应坚持法的效力层次的一般原则。之所以要对同一主体制定的法实行"特别法优于一般法",是因为特别法一般是针对特别人、特别事或特别地域而专门制定的,它的内容是一般法所没有涉及或一般法虽有涉及但较原则、笼统、抽象的,因此,在针对有关人、事、地区时,要适用特别法,而不适用一般法。此外,有些特别法如戒严法等,是适用于特定时间内(如宣布戒严时期内)的法,一般法无法满足这一特定时间内的要求,因此,必须适用特别法。

(2)新法优于旧法。"新法优于旧法"这一特殊规则也是针对两个具有同等级别效力的法律时所适用的规则。也就是说当同一制定机关按照相同的程序先后就同一领域的问题制定了两个以上的法律规范时,后来制定的法在效力上高于先前制定的法,因此也称作"后法优于先法"。因为一般而言,在旧法不能适应新的发展变化了的情况时,才制定和颁布新法。因此,新法在内容上肯定与旧法有极大差异,并且更加适应形势要求。这种情况下,就应适用新法。

三、法的效力范围

法的效力范围是指法律规范的约束力所及的范围,即所谓法的生效范围或适用范围,包括法律规范的对象效力范围、空间效力范围和时间效力范围三个方面。

(一)法的对象效力范围

法的对象效力也称法的对人效力,是指一国法律规范可以适用的主体范围,即对哪些主体有效。

1. 法对人的效力的一般原则

各国法的对象效力颇有差异,所实行的原则大体有四种:

(1)属地主义。以地域为标准,一国的法对它管辖地区的一切人和组织,不论是本国的还是外国的,都有同样的法律效力。本国人或组织,如不在本国国内,则不受本国法的约束。

(2)属人主义。以人的国籍和组织的国别为标准,本国的人和组织无论在国内还是在国外,都受本国法的约束,一国的法不适用在该国领域的外国人和组织。

(3)保护原则。以保护本国利益为标准,主张不论国籍或地域如何,侵害了哪国利益,就适用哪国法。

(4)综合或折中原则。即以属地主义为主、以属人主义和保护主义为补充。根据这一原则,首先,一国领域内的人和组织,不论是本国的还是外国的,一般适用该国的法;其次,外国人和组织以适用居住国的法为原则,但有关公民义务、婚姻、家庭、继承、特殊犯罪等,仍适用其本国法;再次,依据国际条约和惯例,享有外交特权的人,则适用其本国法。当今世界上绝大多数国家均适用综合原则,我国法对人的效力也采用这一原则。

2. 当代中国法律对人的效力的规定

我国法对人的效力大体包括两个方面:

(1)中国公民、法人和其他组织在中国领域内一律适用中国法,并且法律面前一律平等。但国内法也有一般法与特别法之分,特别法只适用于特定的人、特定的时间或特定的地域范围,并不对所有中国人有效。此外,中国公民在中国领域外,原则上仍受中国法的保护,并负有遵守中国法律的义务。但由于各国法的规定不同,往往会发生法律冲突。出现这种情况,要本着既维护本国主权,又尊重他国主权的精神,根据有关的国际法原则协商解决。中国刑法、民法和其他有关规范性文件,对中国公民、法人在国外的法的适用问题,都有若干规定。

(2) 对外国人的效力。我国法对外国人的效力分两种情况:一是外国人在中国领域内的,除法律另有规定者外,一律适用中国法律。我国法既保护其合法权益,又追究其违法责任。二是外国人在中国领域外的,如其侵害了我国国家和公民的权益,或者与我国公民发生法律交往,也可适用我国法律规范。我国《刑法》规定,外国人在中华人民共和国领域外对中华人民共和国国家或公民犯罪,而按照该法规定最低刑为3年以上有期徒刑的,可以适用该法,但按照犯罪地法律不受处罚的除外。上述两种规定,既体现了国家主权原则,同时也充分尊重了别国的主权。关于外国的外交官、外交代表在中国的外交特权和司法豁免权的问题,我国法律也依国际惯例作出了专门规定。

(二) 法的空间效力范围

法的空间效力范围指法律规范生效的地域范围,即法在哪些地方具有拘束力。根据国家主权原则,一国的法在其主权管辖的全部领域有效,包括陆地、水域及其底土和领空。此外,还包括延伸意义上的领土,即本国驻外大使馆、领事馆,在本国领域外的本国船舶和飞行器。

对于各个具体的法来说,由于制定的机关和法的内容不同,其空间效力有所不同,法的空间效力可分为法的域内效力和法的域外效力两方面。

1. 法的域内效力

法律规范的域内效力原则是基于国家主权而产生的,它意味着一国法律规范的效力可以及于该国主权管辖的全部领域,而在该国主权领域以外无效。当一国的立法体制规定中央和地方政府均享有一定立法权时,域内效力又被进一步延伸为法律规范的效力及于其制定机关管辖的领域。据此,我国法的域内效力具体表现为以下几种形式:

（1）法律规范的效力及于制定机关管辖的全部领域。中央国家机关,如全国人民代表大会、全国人大常务委员会和国务院制定的宪法、法律和行政法规一般在全国范围内有效。

（2）地方国家机关在宪法和法律授权范围内制定的地方性法规、自治条例和单行条例及规章等在制定机关管辖的行政区域内有效。

（3）法律规范的制定机关也可以根据具体情况,规定法律规范只适用于其管辖的部分区域。例如第七届全国人民代表大会第三次全体会议通过的《香港特别行政区基本法》自1997年7月1日起在香港特别行政区有效。

2. 法的域外效力

法的域外效力是指法不仅在本国内,而且在本国主权管辖领域外有效。殖民时期,法的域外效力通常表现为宗主国的治外法权,因而为殖民地国家人民所深恶痛绝。现代社会是国际经济、贸易和文化交流非常频繁的社会,各国为了维护自己的主权和利益,大多规定自己的某些国内法在一定条件下可以在本国领域外生效。如我国在民事和婚姻家庭等方面的一些法律,实行有条件的域外效力原则。我国刑法也规定,对一些发生于我国境外的犯罪行为,可以适用我国刑法的规定追究犯罪者的刑事责任。

（三）法的时间效力范围

法的时间效力是指法生效的时间范围,包括法开始生效和终止生效的时间,以及法律对其颁布以前的事件和行为是否有效即法的溯及力问题。

1. 法律开始生效的时间

法开始生效的时间,指法从何时起开始发生约束力。法通过后要加以公布,公布是法开始生效的前提。但并不是所有的法一经公布就开始生效。法开始生效的时间根据法律的规定、惯例、需要及其他有关情况而定。通常有三种形式：

（1）自法律公布之日起开始生效。这又可分为两种情况：一是该法律中没有规定其开始生效的时间,而由其他法律文件宣告生效。如我国1982年12月4日通过的《宪法》，本身没有规定开始生效的时间，是由同日通过的全国人大公告"公布施行"；另一种情况是由法律本身明文规定。如我国《国籍法》第18条规定："本法自公布之日起生效。"

（2）由法律明文规定该法律开始生效的时间。不少法的开始生效时间属于这一种。采取这种形式，是为了使公民、法人、有关社会组织、司法机关等，有必要的时间了解法的内容，做好法的实施的准备。如我国1994年7月5日通过的《劳动法》第107条规定："本法自1995年1月1日起施行。"

（3）规定法律公布后到达一定期限或满足一定条件后开始生效。如我国1986年通过的《企业破产法（试行）》第43条规定："本法自《全民所有制工业企业法》实施满3个月之日起试行。"而《全民所有制工业企业法》直到1988年4月才被通过，其生效日期为1988年8月1日。

须注意的是，随着法律调整的日益严格与确定，法律制定后无论是否立即开始生效都应由其制定机关以法定的文字形式公告周知。

2. 法律终止生效的时间

法律终止生效是指法律被废止，于是其效力消灭。终止生效的时间依据法的规定、立法发展、客观情况变化及其他有关因素而定。通常有明示的废止和默示的废止两种。

所谓明示的废止，是指在新法或其他法令中以明文规定，对旧法加以废止。默示的废止，是指不以明文规定废止原有的法律，而是在司法实践中确认旧法与新法规定相冲突时适用新法的方法，因而实际上废止了原有法律的效力。

在我国，法律终止生效实际上有以下几种情况：一是以新法取代旧法，使旧法终止生效。有的是新法公布时，新法中明文宣布同名旧法作废；有的是新法公布时，新法中没有宣布同名旧法作废，但随着新法的公布，与新法名称、内容相同的旧法自然失效；有的是新法公布时，同名旧法虽然在整体上失效，但它的有关规定的效力还要延续一段时间。二是有的法完成了历史任务而自然失效。三是发布特别决议、命令宣布废止某法律。四是本身规定了终止生效的日期,如期限届满又无延期规定的,便自行失去法律效力。

3. 法的溯及力问题

法的溯及力又称溯及既往的效力,是指新法颁布后对它生效前所发生的事件和行为是否可以适用的问题。如果可以适用,该法律就有溯及既往的效力,如果不能适用,则没有法律效力。

关于法的溯及力问题,现代法治国家一般实行法不溯及既往的原则,也就是说,法只适用于其生效后所发生的事件和行为,不适用其生效前的事件和行为。因为人们不可能根据尚未颁布实施的法来调整当前自己的行为,国家更不能由于人们过去从事了某种当时是合法而现在是违法的行为而依据现在的法律去处罚他们。这就是法不溯及既往的原则。这一原则始于罗马法,确立于美、法、德等国的宪法、民法和其他法律,并逐渐为许多国家共同遵守。但这一原则并不是绝对的。立法者鉴于维护某种利益的目的,往往也针对具体情况在法中作出有溯及力的规定。各国规定大体有这样几种情况:

(1) 从旧原则,即新法没有溯及力,对以前所发生的事件和行为仍适用旧法。

(2) 从新原则,即新法有溯及力,对以前发生的事件和行为适用新法。

(3) 从轻原则,即比较新法与旧法,哪个处罚较轻就按哪个法处罚,以体现人道性。

(4) 从新兼从轻原则,即新法原则上溯及既往,但旧法对行为人处罚较轻时,则从旧法。

(5) 从旧兼从轻原则,即新法原则上不溯及既往,但新法对行为人处罚较轻时,则从新法。目前许多国家采取从旧原则,法没有溯及力。在法律规定没有溯及力的国家,通常采用从旧兼从轻原则。

第四节　规范性法律文件的规范化和系统化

规范性法律文件,指有权制定法律规范的国家机关所发布的、具有普遍约束力的法律文件。规范性法律文件有如下几个特点:(1)规范性法律文件只能由有权立法的国家机关或被授权的主体制定和发布,因此它体现的是国家意志。(2)规范性法律文件必须含有一定的行为规则或行为模式。(3)规范性法律文件具有普遍约束力,是适用法的机关进行个别性调整的规范性依据。与规范性法律文件相对应的是非规范性法律文件,主要指国家机关在适用法的过程中发布的个别性文件,如判决、裁定、行政决定等。为了提高规范性法律文件的质量,使其更好地在社会生活中实施、发挥作用,必须使规范性法律文件规范化和系统化。

一、规范性法律文件的规范化

规范性法律文件的规范化是指有权的国家机关在制定规范性法律文件时必须遵循有关要求,使规范性法律文件符合一定的规格和标准,从而使一个国家的规范性文件成为效力等级分明、结构严谨、协调统一的整体。在实行中央统一集中领导和一定程度分权的、多级并存和多类结合的立法权限划分体制的情况下,法律、法规、规章产生于不同主体、不同方面,如果没有统一的规格和标准,就会滋生混乱、矛盾、相互脱节和其他弊病,并由此影响法的体系的和谐一致和整个法制的统一和尊严,使人无所适从,给执法、守法造成困难。实现规范性法律文件的规范化,有助于消除或防止以上弊病,有助于分清各种法的类别、效力等级、立法主体和适用范围,有利于整个法的渊源和法的体系的和谐统一,对立法的科学化和良法的产生,对整个法制的协调发展和法的实施,有重要意义。

规范性法律文件的规范化的一般要求是:第一,不同等级或不同层次的规范性法律文件只能由不同等级的国家机关制定;第二,应明确不同等级或不同层次的规范性法律文件的不同法律地位、效力及相互关系;第三,不同等级或层次的规范性文件要有统一的专有名称;第四,表达形式要有统一的规格;第五,法律文字简练明确,法律术语的使用严谨统一等。

二、规范性法律文件的系统化

规范性法律文件的系统化是指将不同国家机关制定颁布的各种规范性法律文件按照一定要求进行分类、整理或加工,使之统一、完整、明确和有序。

规范性法律文件系统化之所以必要,是因为:立法总是在不断发展的,属于同一部门法的规范可能规定在不同国家机关不同时期制定的规范性法律文件之中;此外,立法者在制定规范性法律文件时,往往首先考虑的是现实生活的迫切需要,而不是规范性法律文件体系或法的体系的统一和有序,这就有可能造成法的外部表现形式与其法的体系的内部结构不一致,如一个法律文件中规定若干不同部门法的规范等。这样不仅查阅起来很不方便,而且有时不同国家机关或不同时期制定的规范性法律文件内容还可能会有重叠或冲突的部分。

随着法的体系的不断发展,作为法的体系外部表现形式的规范性法律文件体系也应当随之不断发展完善,因而规范性法律文件的系统化具有重要意义:首先是便于查阅规范性法律文件,便于人们迅速判明和确定现行法规范的有效范围,有利于法的遵守和适用;其次,有助于实现法制的统一,建立与法的体系和谐一致的规范性法律文件体系;再次,规范性文件的系统化在立法工作中也有重要意义。对已有的现行规范性文件进行分类整理,可以发现立法上的缺陷和空白,为进一步立法提供依据;某些特定形式的规范性文件系统化的过程,同时也就是消除不同规范性文件之间的相互重叠或矛盾的过程,因而,规范性法律文件的系统化不仅是立法的必要准备,有时还是立法的重要环节。

我国规范性法律文件系统化的方式主要有三种,即法律汇编、法律编纂和法规清理。

（一）法律汇编

法律汇编又称法规汇编，是指在不改变内容的前提下，将现行规范性法律文件按照一定标准（如制定时间顺序、涉及问题性质等）加以系统排列，汇编成册。法律汇编是规范性法律文件系统化的最常见的形式，它的意义不仅在于为人们查阅法律法规提供便利，而且也往往是法典编纂的必要准备。法律汇编的主要特点是：

第一，法律汇编具有一定的系统性。根据不同的目的，汇编时可以采用不同的分类排列方法，如按部门法、文件制定机关、文件颁布的年代顺序及法规名称、笔画或者首字母等，通常是将各种方法结合起来使用。不论采取何种具体方式，都必须具有一定系统性，否则就失去了法律汇编的意义。

第二，法律汇编不改变原有规范性文件的内容，也不制定新的规范，因此它本身并不是创制法的活动，但它往往是法典编纂的必要前提。

第三，根据法律汇编的主体，法律汇编可以分为官方的和非官方的两种。官方汇编由各级法的创制机关的工作机构负责编辑。非官方汇编通常由有关国家机关、教学科研机构、社会团体或企事业单位根据工作、学习或教学科研的需要而编辑。法律汇编的正式出版应当经出版行政管理部门审核批准。

（二）法律编纂

法律编纂亦称法典编纂，是指在重新审查某一法的部门的现行法规或法律的基础上，消除过时的或其内容相互冲突、相互重复的部分，增补适应新的情况的内容，使其更为完整、系统、全面、统一的活动。它的基本特点是：

第一，法典编纂是法的创制的形式之一，它不仅是对某一部门法律规范的集中或整理，还必须根据该部门法的调整对象和方法、整个法的体系的协调性以及法典编纂特定规则的要求，对原有规范进行加工和变动，废止和修改某些规范以消除相互矛盾冲突的部分,补充新的规范以填补空白,并协调规范间的相互关系。因此,法典编纂是国家的一项重要立法活动,只能由立法机关进行。

第二,法典编纂具有较强的系统性和科学性,必须讲求高度的立法技术。部门法典是所有规范性文件中最具系统性的一种形式,它是从某些特定原则出发、具有内在联系的某一部门法律规范的统一整体。除使用的语言必须准确、精练以外,法典通常有自己特定的结构形式,如总则、分则、附则,并以一定文字或符号将法典的内容划分为编、章、节、条、款、项、目等等。在编纂法典的过程中,立法者必须根据这些要求,对全部法律规范重新加以排列和组织,协调不同规范以及法典整体与部分之间的关系,因而法典编纂技术在一定程度上体现着一国立法技术的发达水平。

(三) 法规清理

法规清理仅指有权的国家机关,在其职权范围内,以一定方式,对一国一定范围所存在的规范性法律文件进行审查,确定它们或存或废或改动的专门活动。法规清理的目的,是把现存有关的法加以系统研究、分析、分类和处理。法规清理具有如下特点:

第一,法规清理的对象是已经颁布生效的规范性法律文件,尽管有的规范性文件可能在实践中已经不再援用,但只要未明令废止,均应作为法规清理的对象,但国家机关在适用法的过程中发布的非规范性文件则不属于法规清理的范围。

第二,法规清理是法律、法规创制机关的专有活动。我国法规清理权能归属的一般原则是"谁制定谁清理",即由各级各类规范创制机关分别负责清理自己制定颁布的规范性法律文件,如法律由全国人大及其常委会负责清理,行政法规由国务院负责清理,部门规章由国务院所属部门清理,以此类推。

第三,法规清理活动不制定新的法律规范,也不修改原有规范的内容,而是依据一定标准对现行法律规范进行审查,以便重新确定其效力。审查的标准主要是已生效的规范性文件是否与宪法和高层次的法律、法规相抵触,是否符合国家现阶段的基本政策和已经变化了的客观情况,是否切实可行等等。

第四,法规清理的结果具有法律意义。法规清理要依照一定程序进行,通常是由法律规范的创制机关授权其工作机构进行审查清理工作。审查结束后,负责审查的工作机构应提出审查意见,报规范创制机关研究审议。创制机关的审议可能产生如下几种结果:对可继续适用的,列为现行法;对需要修改或补充的,提上修改或补充的日程,加以修改或补充再列为现行法;对需要废止的,加以废止。

【课后阅读文献】

一、周旺生:《法的渊源与法的形式界分》,载《法制与社会发展》2005年第4期。

二、姚建宗:《法律效力论纲》,载《法商研究》1996年第4期。

【思考题】

一、选择题

1. 下列有关法源的说法哪些不正确?

   A. 大陆法系的主要法源是制定法

   B. 英美法系的法源中没有成文宪法

   C. 不同国家的法源之间不能进行移植

   D. 在法律适用过程中,一般先适用正式法源,然后适用非正式法源

2. 下列有关法对人的效力的表述哪些是正确的?

   A. 各国法律对作为人权主体的人和作为公民权主体的人在效力规定上是相同的

   B. 法律在对人的效力上采取"保护主义"原则,主要是为了保障外国人和无国籍人的人权

   C. 中国法律中有关于"保护主义"原则的规定

   D. 法律对在不同空间活动的人所规定的效力有一定差异

3. 下列关于我国法律效力问题的表述哪些是正确的?

   A. 地方性法规的效力高于下级地方政府规章但不高于本级地方政府规章

   B. 地方性法规与部门规章之间对同一事项的规定不一致时,由国务院

裁决

C. 按照我国《立法法》的规定,为了更好地保护公民的权利和利益,某些行政法规的特别规定可以溯及既往

D. 经济特区法规根据授权对全国人大及其常委会制定的法律作变通规定的,在本经济特区适用经济特区法规的规定

4. 法律终止生效是法律时间效力的一个重要问题。在以默示废止方式终止法律生效时,一般应当选择下列哪一原则?

A. 特别法优于一般法

B. 国际法优于国内法

C. 后法优于前法

D. 法律优于行政法规

5. 对法律汇编与法典编纂之间区别的理解,可以有多种角度。下列哪一表述准确地揭示了二者之间的区别?

A. 法律汇编既可以由个人进行,也可以由社会团体乃至国家机关进行;法典编纂只能由国家立法、执法和司法机关进行

B. 法律汇编是为了形成新的统一的规范性法律文件;法典编纂是将不同时代的法典汇编成册

C. 法律汇编可以按年代、发布机关及涉及社会关系内容的不同,适当地对汇编的法律进行改变;法典编纂不能改变原来法律规范的内容

D. 法律汇编不属于国家机关的立法活动;法典编纂是一种在清理已有立法文件基础上的立法活动

6. 张女穿行马路时遇车祸,致两颗门牙缺失。交警出具的责任认定书认定司机负全责。张女因无法与肇事司机达成赔偿协议,遂提起民事诉讼,认为司机虽赔偿3000元安装假牙,但假牙影响接吻,故司机还应就她的"接吻权"受到损害予以赔偿。关于本案,下列哪一选项是正确的?

A. 张女与司机不存在产生法律关系的法律事实

B. 张女主张的"接吻权"属于法定权利

C. 交警出具的责任认定书是非规范性法律文件,具有法律效力

D. 司机赔偿3000元是绝对义务的承担方式

7. 2000年6月,最高人民法院决定定期向社会公布部分裁判文书,在汇编前言中指出:"最高人民法院的裁判文书,由于其具有最高的司法效力,因而对各级人民法院的审判工作具有重要的指导作用,同时还可以为法

第六章 法的渊源与效力 ★

律、法规的制定和修改提供参考,也是法律专家和学者开展法律教学和研究的宝贵素材。"对于此段文字的理解,下列哪一选项是正确的?

A. 最高人民法院的裁判文书可以构成法的渊源之一

B. 最高人民法院的裁判文书对各级法院审判工作具有重要指导作用,属于规范性法律文件

C. 最高人民法院的裁判文书具有最高的普遍法律效力

D. 最高人民法院的裁判文书属于司法解释范畴

8. 我国《民法通则》第6条规定:"民事活动必须遵守法律,法律没有规定的,应当遵守国家政策。"从法官裁判的角度看,下列哪一说法符合条文规定的内容?

A. 条文涉及法的渊源

B. 条文规定了法与政策的一般关系

C. 条文直接规定了裁判规则

D. 条文规定了法律关系

9. 赵某与陈女订婚,付其5000元彩礼,赵母另付其1000元"见面礼"。双方后因性格不合解除婚约,赵某诉请陈女返还该6000元费用。法官根据《婚姻法》和最高人民法院《关于适用〈婚姻法〉若干问题的解释(二)》的相关规定,认定该现金属彩礼范畴,按照习俗要求返还不违反法律规定,遂判决陈女返还。对此,下列哪一说法是正确的?

A. 法官所提及的"习俗"在我国可作为法的正式渊源

B. 在本案中,法官主要运用了归纳推理技术

C. 从法理上看,该判决不符合《婚姻法》第19条"夫妻可以约定婚姻关系存续期间所得的财产"之规定

D. 《婚姻法》和《关于适用〈婚姻法〉若干问题的解释(二)》均属于规范性法律文件

10. 我国《刑法》第8条规定:"外国人在中华人民共和国领域外对中华人民共和国国家或者公民犯罪,而按本法规定的最低刑为3年以上有期徒刑的,可以适用本法,但是按照犯罪地的法律不受处罚的除外。"关于该条文,下列哪些判断是正确的?

A. 规定的是法的溯及力

B. 规定的是法对人的效力

C. 体现的是保护主义原则

D. 体现的是属人主义原则

11. 1995年颁布的《保险法》第91条规定:"保险公司的设立、变更、解散和清算事项,本法未作规定的,适用公司法和其他有关法律、行政法规的规定。"2009年修订的《保险法》第94条规定:"保险公司,除本法另有规定外,适用《中华人民共和国公司法》的规定。"

根据法的渊源的知识,关于《保险法》上述二条规定之间的关系,下列理解正确的是:

A. "前法"与"后法"之间的关系

B. "一般法"与"特别法"之间的关系

C. "上位法"与"下位法"之间的关系

D. 法的正式渊源与法的非正式渊源之间的关系

12. 司法审判中,当处于同一位阶的规范性法律文件在某个问题上有不同规定时,法官可以依据下列哪些法的适用原则进行审判?

A. 特别法优于一般法

B. 上位法优于下位法

C. 新法优于旧法

D. 法溯及既往

二、名词解释

1. 法的渊源
2. 法律
3. 行政法规
4. 部门规章
5. 地方性法规
6. 地方性规章
7. 法的效力
8. 法的效力层次
9. 法的效力范围
10. 法的溯及力

三、简答题

1. 如何确定法的效力等级?
2. 如何理解法的效力范围?
3. 我国有哪几种"法规"?

4. 规范性法律文件系统化的方式有几种？各有哪些特点？

四、论述题

1. 试述当代中国法的渊源。

2. 如何理解法的效力层次含义及其原则？

3. 某《民法典》第1条规定："民事活动，法律有规定的，依照法律；法律没有规定的，依照习惯；没有习惯的，依照法理。"请从法的渊源的角度分析该条规定的含义及效力根据。

4. 2003年5月27日，洛阳市中级人民法院在审理一起种子赔偿纠纷案时，就赔偿损失的计算办法，原被告争议激烈。原告主张运用我国《种子法》，以"市场价"计算赔偿数额；被告则要求适用《河南省农作物种子管理条例》，以"政府指导价"计算。面对眼前的法律抵触问题，承办该案的女法官李慧娟在法院审判委员会的同意下，支持了原告的主张，并在判决书中作了"《种子法》实施后，玉米种子的价格已由市场调节，《河南省农作物种子管理条例》作为法律位阶较低的地方性法规，其与《种子法》相抵触的条（款）自然无效"的表述。

河南省人大认为这样的表述"其实质是对省人大常委会通过的地方性法规的违法审查，违背了我国人民代表大会制度……是严重违法行为"。

问题：我国《种子法》和《河南省农作物种子管理条例》各属于何种法律渊源，其相互关系如何？

第七章 法的要素

☞ **本章提示**
- 法律规则的含义、种类
- 法律规则的逻辑结构
- 法律原则的概念、种类、功能
- 法律概念的含义、种类、功能

第一节 法的要素概述

一、法的要素的概念

法的要素是指法的基本成分,即构成法律的基本元素。如果我们把整体形态的法律看做一个系统,那么法的要素就是构成这个系统的元素。

各国不同时期的学者对于法的构成要素有不同认识。例如,分析法学通常认为,构成法的整体的要素是"命令"或"规则",所谓法律也就是不同的"命令"或"规则"有机地结合起来构成的系统。有的学者认为,构成法律的要素除了规则以外还有其他成分,如美国社会法学派的代表人物庞德认为,法律中包含着"律令"、"技术"和"理想"三个要素。新自然法学派的著名学者德沃金也认为,把法律的构成要素仅仅归结为规则是不够的,在适用法律的过程中,特别是在审理疑难案件时,人们往往要借助规则以外的其他标准,这些标准主要就是原则和政策。在此基础上,他提出构成法律的要素应当是"规则"、"原则"和"政策"。

二、法的要素的特点

作为与法律整体相对应的法的要素,具有如下特征:第一,个别性和局部性。它表现为一个个元素或个体,是组成法律有机体的细胞。因此,我们在认识法律要素的性质和功能时,应当结合法律整体背景来理解。第二,多样性和差别性。组成法律的要素具有多样性,不同的要素具有差别性:一则法律要素可以分成不同的种类,它不是同一的;二则相同种类的法律要素又可以有多种不同个性。第三,整体性和不可分割性。虽然每个法律要素都是独立的单位,但是法律要素作为法律的组成部分又具有整体性和不可分割性。某一法律要素的改变可能会引起其他要素或整体发生相应的变化,某一要素被违反可能会引起整体或其他要素的反应。每一个要素都与其他的要素相联结,具有不可分割性。例如,法律适用从"特权原则"向"平等原则"的转变,将极大地影响一系列法律规则与概念的理解与解释;又如,"犯罪"这一概念的变化可能会影响到整个刑法体系及许多刑事规则。我们在对某一法律要素作出解释时不能离开它存在的法律背景。

国内有学者主张法的要素包含法律规则、法律原则、法律概念和法律中的技术性规定四种基本成分。认为法律中的技术性规定主要有以下几个方面的具体内容:一是有关法律文件生效和失效时间的规定,关于公布法律文件的文字形式的规定,这是在绝大部分的法律文件中我们可以直接看到的。二是在法律文件中对有关概念进行技术性的界定和专门说明的规定,以及对有一定法律意义的具体标志与物品的制作形式、比例大小和尺寸等作出技术性要求和说明的规定。前者如我国《民法通则》第155条规定:"民法所称的'以上'、'以下'、'以内'、'届满',包括本数;所称的'不满'、'以外',不包括本数。"后者如我国法律关于国旗、国徽的规定中有对具体的颜色、图形和尺寸的要求等许多技术性内容。三是对法律运行各环节中所必须应用的专门技术与方法的规定,而且随着人类立法和法律适用水平的不断提高,这部分内容越来越受到重视。如关于立法技术的规定,关于解释法律和进行法律推理的方法与技术的规定等。这样的规定是完善立法、增强法律调整效果的重要途径。例如我国《立法法》第54

条第 1 款规定:"法律根据内容需要,可以分编、章、节、条、款、项、目。"第 3 款规定:"法律标题的题注应当载明制定机关、通过日期。"参照中国法理学界近年来的研究成果,我们可以把法的要素区分为三类,即规则、原则和概念。本章即按此种区分对法进行要素分析。

第二节　法 律 规 则

一、法律规则的含义

规则是由权威机构颁行的或社会习俗中有关人们行为的准则、标准、规定等,即通常所称的"规矩"。法律规则又称为法律规范,是法律的基本要素之一,是规定法律上权利、义务、责任的准则、标准,是赋予某种事实状态以法律意义的一般性规定。法律、道德、政治、宗教、习俗等各种社会规则形成一个有序的规则体系,是社会秩序的维系力量,在法治社会中,法律规则具有最高或最终的效力。

所谓赋予一种事实状态以法律意义,指的是某些事件或行为发生之后,可能会导致某种权利或义务的产生、变化或消灭,也可能引起某种法律责任的出现,此时,法律要素中的规则成分所发挥的作用,就是将这些事件或行为的法律意义明确下来。例如,婴儿出生这一事件是具有法律意义的,它会引起某些人身权和财产权的形成;在公共道路上驾驶机动车这一行为也是具有法律意义的,它会使驾车人承担右侧通行、不得闯红灯等义务;当某个权利人滥用了自己的权利或某个义务人拒不履行义务时,这些行为也是具有法律意义的,因为行为人可能因此而承担某种法律上的责任,等等。

对某种事实状态的法律意义作出明确规定,这是规则区别于另外两种法的要素(原则和概念)的显著特征。原则只是法律行为和法律推理的指南,它并不明确地规定一种事实状态及其法律意义,概念则只是对事实状态进行区分和界定。

在理解法律规则的含义时,有一点还必须注意。这就是,法律规则不仅是明确的,也是一般性的规定。所谓一般性,指的是法律规则针对某一类事实状态作出规定,它适用于某一类人,而不是对某一特定事件、特定的人作出的规定。这是法律规则与依法作出的有法律效力的决定之间的重要区别。例如,"父母有抚养未成年子女的义务,这种义务并不因父母离婚而消失",这是一条法律上的规则,它在原则上适用于所有的父母,是一般性的规定。"李某在离婚后,每月须向由其原配偶监护的子女支付300元抚养费",这是根据法律作出的一项决定,它只适用于本案的离婚当事人李某,是一个个别的决定。尽管该决定对那个特定的当事人来说,也是一条有法律效力的行为规则,但是,却不能把它也纳入法律规则的范围之中。在每一个法律制度之下,这种只对特定人有法律效力的行为规则是数量庞大、样式繁多的。

关于法律规范与法律规则的关系,有学者认为,法的内容是法律规范,法律规范的概念是所有法学中的最基本的概念之一,不应将法律规范与法律规则等同。法律规范是国家制定或认可的关于人们的行为或活动的命令、允许和禁止的一种规范。从对行为模式的规定来看,法律规范可以分为法律规则和法律原则,两者都是针对特定情况下有关法律责任的特定的决定。这就是说法律规范是法律规则的上位概念,法律规则只是法律规范的类型之一。因此,我们不能说法律规范就是法律规则,而只能说法律规则是一种法律规范。但是,我们不能否认下列事实:法律规范主要是由法律规则构成的;换句话说,法律对人们的行为的调整主要是通过法律规则来实现的。这是由法律规则和法律原则的各自的性质及法律的作用、功能和价值所规定的。[①]

二、法律规则的逻辑结构

法律规则有严密的逻辑结构,这是它与习惯和道德规范相区

[①] 舒国滢主编:《法理学导论》,北京大学出版社2012年版,第100—101页。

别的重要特征之一。法律规则的逻辑结构,指的是一条完整的法律规则是由哪些要素或成分所组成,这些要素或成分是以何种逻辑联系结为一个整体的问题。

法律规则的逻辑结构,是深入理解法律所必须研究的问题,但是,也是一个非常复杂的问题。中外法学家至今尚未取得一致意见。参照国内外学者的研究成果,我们可以把法律规则的要素区分为假定、行为模式和法律后果三种成分,并由此来考察它们之间的逻辑联系。

(一)假定

假定是法律规则的必要成分之一,又称为"条件"或"假定条件",是法律规则中关于适用该规则的条件、情况的限定和要求,即法律规则在什么时间、空间、对什么人适用以及在什么情境下法律规则对人的行为有约束力的问题。它包含两个方面:首先,包括行为主体的条件,如行为人是自然人还是组织,应具有何种行为能力或责任能力,是普通身份还是特定身份等。其次,包括法律规则的适用条件,即法律规则在什么时间、空间、对什么人适用,在什么情况下法律规则对人的行为有约束力等问题。

任何规则,无论是法律规则,还是其他行为规则,都只能在一定的范围内被适用,也就是说,只有当一定的情况具备时,该规则才能够对人的行为产生约束力。这里所说的"一定范围"、"一定情况",就是由法律规则中的假定部分来明确的。假定作为法律规则的一个必备要素,在立法中一般应将这部分内容明确地表达出来,但在具体的立法实践中,有时由于构成法律规则的假定条件是常人一看便知的一般事实或常识,因而没有必要单独写明,可以省略;有时由于表达法律规则的立法技术的某些要求,如文字简明扼要、避免重复等,对假定部分也不作明确规定,其具体内容可以从法律规则的内在逻辑中推论出来。如我国《婚姻法》第24条第1款规定:"夫妻有相互继承遗产的权利。"这一规则的假定部分即未明确表述,我们可以推论出其内容应当是"夫妻双方中任何一方死亡,并且留有可以继承的合法的个人财产"。

（二）行为模式

行为模式也是法律规则的必要成分之一，又称为"处理"，是法律规则中关于行为模式的规定，即法律关于允许做什么、禁止做什么和必须做什么的规定。由于法律允许做什么就是授予可以为一定行为的权利，法律禁止做什么就是设定不得为一定行为的义务，而法律要求必须做什么，就是设定必须为一定行为的义务，因而，有的学者也使用"权利和义务的规定"来称谓法律规则中行为模式这一要素。

根据行为要求的内容和性质不同，法律规则中的行为模式分为三种：(1) 可为模式，指在假定条件下，人们"可以和有权如何行为"的模式；(2) 应为模式，指在假定条件下，人们"应当或必须如何行为"的模式；(3) 勿为模式，指在假定条件下，人们"禁止或不得如何行为"的模式。一般来说，可为模式是授权性规定，而应为模式和勿为模式往往是义务性规定。在法律文件中，关于行为模式的规定常常使用这样一些术语或表达方式：可以、有权、有……的自由、不受……侵犯，或应当、必须、不得、禁止，等等。

（三）法律后果

法律后果也是法律规则的必要成分之一，是法律规则中对遵守规则或违反规则的行为予以肯定或否定的规定，有些学者也将其称为"后果归结"或"法律后果归结"。

法律后果分为肯定性后果和否定性后果两种形式。肯定性后果是确认行为以及由此产生的利益和状态具有合法性和有效性，予以保护甚至奖励。否定性后果否认行为及由此产生的利益和状态具有合法性和有效性，不予保护甚至对行为人施以制裁。

在理解法律规则的逻辑结构时，必须注意以下三个问题：

第一，任何一条完整意义的法律规则都是由前述三种要素按一定逻辑关系结合而成的。三要素缺一不可，缺少任何一种，不仅意味着该种要素的不存在，而且意味着法律规则也是不存在的。例如，一条规则只是规定在任何条件下（假定）不得作伪证或杀人(行为模式),但是,对作伪证或杀人的行为却没有规定相应的法律后果,那么,我们就只能说,在这里,没有一条禁止作伪证或杀人的法律规则,而倒是可能存在一条禁止如此行为的道德规则或风俗习惯。

第二,在立法实践中,有时出于立法技术的考虑,为了防止法律条文过于繁琐,在表述法律规则的内容时,常常对某种要素加以省略。但是,省略并不意味着其不存在,被省略的要素存在于法律内在的逻辑联系之中,只是没有被明文表述出来而已。因为立法者相信,通过法律推理,这些未加明文表述的规则要素可以较容易地被人们发现。不过,必须强调的是,法律后果部分的省略原则上是不允许的,尤其是其中的制裁性规定绝不可以省略,否则,法律就会丧失可操作性,这样一来,它所发布的禁令与道德宣言就没有任何区别了。

第三,应当把法律规则与法律条文区别开来。法律条文只是法律规则的表述形式,而不是法律规则的同义语。通常情况下,一条规则的全部要素是通过数个条文加以表述的,有时,其中的一个要素(如假定)也可能分别见诸不同的条文,而且,规则的诸要素分散于不同的法律文件之中,甚至跨越两个以上的法律部门的现象,也是有的。

三、法律规则与语言

法律规则是通过特定语句表达的[①],但是,人们运用法律解决具体案件时适用的不是语句自身或语句所包含的字或词的本身,而适用的是语句所表达的意义。因此,我们要将法律规则与表达法律规则的语句予以区分。语言的意义具有歧义性和模糊性,这就说明了法律为什么需要解释,也表明了法律是开放的而不是封

[①] 语句的类型:(1)描述语句。描述语句是对事实或事实之间的关系的说明。(2)分析语句。分析语句不是对事实的描述,而是表达概念之间或语句之间的逻辑关系。(3)评价语句。评价语句表达的是对事物或行为的价值判断。(4)规范语句。它所表达的是一种应当关系,即某些事情应当发生,尤其是某些人应当采取某些行为。参见徐显明主编:《法理学原理》,中国政法大学出版社2009年版,第73页。

闭的。

表达法律规则的特定语句往往是一种规范语句。根据规范语句所运用的助动词的不同,规范语句可以分为命令句和允许句。命令句是指使用了"必须"、"应该"或"禁止"等这样一些道义助动词的语句,允许句是指使用了"可以"这类道义助动词的语句。但是,这并不意味着所有的法律规则的表达都是以规范语句的形式表达的,也可以用陈述语气或陈述句来表达。

四、法律规则与法律条文

法律规则是部门法的基本组成单位之一,而法律条文属于规范性法律文件的基本组成单位。如前所述,法律规则在逻辑意义上是由假定、行为模式和法律后果等要素组成,三者缺一不可,缺少其中任何一个要素,法律规则都不可能存在。在规范性法律文件中,一个法律条文往往只表达了法律规则的一个或两个要素,或者说一个法律规则往往是由数个法律条文来表达的。这是"因为各种句子由于'语法技术'的原因,多数是不独立的。它们只是通过相互的结合而产生一个完整的意义"。[①] 但是我们不否认存在着"在某个规范性法律文件中某个法律条文将某个法律规范的三个要素全部表达出来的"可能性,这样,法律规则与法律条文在表面上就完全重合了;即使在这种情况下,我们也不能将法律规则与法律条文完全等同,因为法律规则不是指法律条文(语句)自身,而是指该法律条文(语句)所表达的意义,也就是说我们必须要将语句与语句所表达的意义区分开来。这种区分对我们正确理解法律适用及法律解释的原理是至关重要的,如当我们说法律人适用法律解决案件时,他们适用的就不是法律条文自身而是法律条文所表达的意义,甚至说他们不仅仅在适用该条文所表达的

---

① 〔德〕卡尔·恩吉施:《法律思维导论》,郑永流译,法律出版社2004年版,第20页。

意义而是在适用整个规范性法律文件所表达的意义。①

由上述内容可以看出：我们应该将法律规则和法律条文区别开来。法律规则是法律条文所表达的意义或内容，法律条文是法律规则的表达形式或载体。如果我们从法的内容和形式这对范畴去看，法律规则与法律条文之间就是一种内容和形式的关系。因此，内容与形式之间的关系原理即同一个内容可以由不同的形式来表达，同一个形式可以表达不同的内容，也适用于法律规则与法律条文之间的关系。具体来说，法律规则与法律条文的关系有以下几类：

（1）一个法律规则是由同一个规范性法律文件中的数个法律条文来表达的。例如我国《刑法》第382、383条共同表达了"贪污罪"这一规则的内容即假定条件、行为模式和法律后果。

（2）一个法律规则是由不同规范性法律文件中的不同法律条文来表达的。例如我国《宪法》第10条，《土地管理法》第2、73条，《刑法》第228条等均规定了"禁止买卖、非法转让土地"的行为规则。

（3）同一个法律条文表达了不同法律规则的要素。例如我国《药品管理法》第74条对"禁止生产假药"的行为规则和"禁止销售假药"的行为规则规定了法律后果。

（4）一个法律条文仅表达了某个法律规则的某个要素或若干个要素：第一，法律条文仅规定了假定条件，或行为模式，或法律后果；第二，法律条文既规定了假定条件，又规定了行为模式；第三，法律条文既规定了行为模式，又规定了法律后果；第四，法律条文不仅规定了肯定性法律后果，还规定了否定性法律后果。

五、法律规则的种类

对法律规则进行分类具有重要的理论和实务意义：理论上有

---

① 德国法学家施塔姆勒曾经说："一旦有人适用一部法典的一个条文，他就是在适用整个法典。"卡尔·恩吉施认为这句话"表达了法律秩序统一的原则"。见〔德〕卡尔·恩吉施：《法律思维导论》，郑永流译，法律出版社2004年版，第73—74页。

利于对法律规则进行研究、编排,使其形成一个有机、协调的整体;法律实务上有利于对法律规则的理解,确定其效力等级、适用范围等。按照不同的标准,可以把法律规则区分为不同的类型。依据法律规则的适用领域,可以分为刑法规则、民法规则、行政法规则、诉讼法规则等;按照法律规则的内容不同,可以分为实体性规则、程序性规则;按照法律规则所属的不同法源,可以分为制定法规则、习惯法规则、普通法规则、衡平法规则;按照法律规则适用过程中裁量权的有无可以分为客观性(羁束性)规则和裁量性规则;等等。在此,我们讨论一些比较重要的分类。

(一)权利规则、义务规则和复合规则

按照法律规则是授予权利,还是设定义务,可以分为以下三种类型,这也是最重要、最常用的分类。

(1)权利规则又称授权性规则,是规定人们可以为一定行为或不为一定行为以及可以要求他人为一定行为或不为一定行为的法律规则。在典型的意义上说,权利规则授予人们以某种权利,也就是在法律上确认了某种选择的自由,人们可以通过行使权利来维持或改变自己的法律地位,也可以不去行使权利甚至放弃权利。

(2)义务规则是规定人们必须为一定行为或不为一定行为的法律规则。在典型的意义上说,义务规则与权利规则的显著区别在于它具有强制性而没有选择性,义务规则所规定的行为方式是不可以由义务人随意变更和选择的。在有些法学著作中,义务规则只用来称谓规定必须为一定行为的规则,而规定不得为一定行为的规则被划分为另一个类型,即禁止性规则。这种划分缺乏逻辑上的严密性,因为禁止性规则(如不得盗窃,不得欺诈等)也是设定义务的,禁止做什么和必须做什么是法律设定义务的两种不同方式,区别仅在于一个设定了必须积极地作出某种行为的义务,另一个设定了必须消极地不作出某种行为的义务。在汉语中,有一个与这两种设定义务的方式直接相关的成语,即"令行禁止"。"令",是要求必须为一定行为;"禁",是要求不得为一定行为。参照汉语的表达习惯,也可以把义务规则再区分为两种形式:命令式规则是要求积极行为,也就是设定作为义务的规则;禁止式规则是要求消极行为,也就是设定不作为义务的规则。

(3)复合规则又称权利义务复合规则,是兼具授予权利和设定义务的双重属性的法律规则。这种规则的特点是,在一定的角度或一定的条件下看,它授予当事人某种权利,当事人可以根据此种权利去作为或不作为,其他人不得干涉,而且,也可以根据此种权利要求他人作为或不作为,对于这种要求,他人必须服从;但是,在另一种角度或条件下看,又会发现此种权利是不允许当事人选择或放弃的,因此,它又具有义务的属性。例如,授予国家机关以职权的法律规则就是复合性规则。依法享有一定职权,意味着可以作出一定行为或要求处于职权管辖范围内的其他人作出一定行为,然而,行使职权本身又是一种义务,不能适当地行使职权也就是不能适当地履行职责,这在一定条件下会构成违反法定义务的行为并引起法律责任。另外,授予普通公民以某种权利的规则,也可能属于复合规则,如授予监护权的规则,授予受教育权的规则,等等。

(二)强行性规则和任意性规则

按照权利、义务的刚性程度,可以把法律规则区分为强行性规则和任意性规则。

(1)强行性规则又叫强制性规则,指所规定的权利、义务具有绝对肯定形式,不允许当事人之间相互协议或任何一方任意予以变更的法律规则。此种规则与前述所讨论的命令式规则、禁止式规则和复合规则是大体重合的,换言之,义务规则和复合规则中的绝大部分都属于强行性规则。

(2)任意性规则是指所规定的权利、义务具有相对肯定形式,允许当事人之间相互协议或单方面予以变更的法律规则。前述所讨论的权利规则绝大多数都属于任意性规则。

需要注意的一个问题是,不能把义务规则和强行性规则、权利规则和任意性规则简单地等同起来。某些义务规则在一定场合并不具有强行性规则的属性,例如,"缔约人有履行合同之义务"的规定,虽为义务规则,但是,在一定的条件下,法律允许当事人以协议方式予以变更。同样,某些权利规则在一定场合也可能并不具有任意性规则的属性,例如,现代法律均规定公民享有人身自由权,但是,若某人与他人自愿协议出卖自己为奴隶,则该协议并不能取得法律上的效力。

(三) 确定性规则、委任性规则和准用性规则

按法律规则的内容是否直接地被明确规定下来,可以把法律规则区分为确定性规则、委任性规则和准用性规则。

(1) 确定性规则是明确地规定了行为规则的内容,无须再援用其他规则来确定本规则内容的法律规则。这是法律规则最常见的形式。

(2) 委任性规则是没有明确规定行为规则的内容,而授权某一机构加以具体规定的法律规则。例如,我国《选举法》对选举的某些具体问题未加明确规定,而是在该法第53条规定由省级人民代表大会常务委员会根据选举法制定实施细则,许多与选举有关的具体问题,是由实施细则来予以明确的。

(3) 准用性规则是没有明确规定行为规则的内容,但明确指出可以援引其他规则来使本规则的内容得以明确的法律规则。准用性规则准许引用何种规则来使本规则的内容得以明确,这有两种情况:第一种情况是援引其他法律规则,例如,有些单行法律中关于违法责任的规定,常表述为依照《治安管理处罚法》第×条或依照《刑法》第×条处理。第二种情况是援引某种非法律性规则,例如,我国《刑法》第132条规定:铁路职工违反规章制度,致使发生铁路运营安全事故,造成严重后果的,处3年以下有期徒刑或拘役;造成特别严重后果的,处3年以上7年以下有期徒刑。这里的"规章制度"本身并非法律性规则,但刑法中此一规则所谓的"违章"行为为何,却须依据事故发生单位的规章制度或行业性规章制度来确定。

(四) 调整性规则与构成性规则

按照规则所调整的行为是否可能发生于该规则产生之前,可

以把法律规则区分为调整性规则与构成性规则。

（1）调整性规则是对已经存在的各种行为方式进行评价,并通过授予权利或设定义务来调整相关行为的法律规则。其主要特征是,在本规则产生之前,相关的行为方式就已经存在,调整性规则只是按照一定的价值标准予以区分,允许某种行为方式的存在,使之合法化并成为某种权利(如发表言论的自由权),或要求必须按某一行为方式活动,使之成为作为的义务(如父母必须抚养未成年子女),或禁止某一行为方式,使之成为不作为义务(如不得盗窃)。

（2）构成性规则是以本规则的产生为基础而导致某些行为方式的出现,并对其加以调整的法律规则。与调整性规则不同,在构成性规则产生以前,该规则所涉及的行为不可能出现,只有当规则产生以后,才有可能导致相关行为的出现。例如,授予审判权的规则和授予诉讼权的规则都属于构成性规则,在这些规则产生以前,相关的审判活动和诉讼活动不可能出现,更谈不上受到法律的调整。

第三节　法　律　原　则

一、法律原则的概念及其种类

法律原则是法律的基础性真理或原理,是为其他法律要素提供基础和本原的综合性原理或出发点。法律原则可以是非常抽象的,如法律面前人人平等、无罪推定、自然公正等原则;也可以是很具体的,如任何人不能做自己案件的法官。

法律原则的特点是,它不预先设定任何确定而具体的事实状态,也没有规定具体的权利、义务和责任。因此,与法律规则相比,原则的内容在明确化程度上显然低于规则,但是,原则所覆盖的事实状态远广于规则,因而,原则的适用范围也远广于规则。一条规则只能对一种类型的行为加以调整,而一条原则却调整某一个或数个行为领域,甚至涉及全部社会关系的协调和指引。例如,"酒后不得驾驶机动车"是一条规则,它的内容具有高度的明确性,也正因为如此,它只能适用于某个特定类型之中的各个具体行为;而"公平对待"则是一条原则,它的内容显然不像前述规则那样明晰,但是,它能够起作用的行为领域是极其宽广的。

可以把法律原则分为若干种类,其中比较重要的分类有如下几种:

(1)按照法律原则的覆盖面不同,可以分为基本原则与具体原则。基本原则体现了法律的基本精神,是在价值上比其他原则更为重要,在功能上比其他原则的调整范围更广的法律原则。具体原则是以基本原则为基础,并在基本原则指导下适用于某一特定社会关系领域的法律原则。当然,基本原则与具体原则的划分只有相对的意义,例如,相对于"法律面前人人平等"原则而言,"罪刑法定"就是只适用于犯罪与刑罚领域的具体原则;但是,如果把讨论问题的范围限定在刑法领域,则罪刑法定就成为刑法的基本原则了。

(2)按照法律原则产生的基础不同,可以分为公理性原则和政策性原则。公理性原则是从社会关系本质中产生出来、得到社会广泛认可并被奉为法律之准则的公理。例如,民法中民事活动应当遵循自愿、公平、等价有偿、诚实信用的原则,即为上升为法律的公理。政策性原则是国家在管理社会事务的过程中为实现某种长期、中期或近期目标而作出的政治决策,例如,我国把"计划生育"确立为基本国策,即为政策性原则之一例。

(3)按照法律原则的内容不同,可以分为实体性原则与程序性原则。实体性原则是直接涉及实体性权利、义务分配状态的法律原则。例如,宪法中的民族平等原则和民法中的契约自由原则都是实体性原则。程序性原则是通过对法律活动程序进行调整而对实体性权利、义务产生间接影响的法律原则。例如,无罪推定原则和诉讼当事人地位平等原则都是程序性原则。

应当指出,上述分类都是相对的,除此以外,还有其他的分类,如美国法学家迈克尔·D.贝勒斯按照法律原则所在的法律部门将法律原则分为程序法原则、财产法原则、契约法原则、侵权法原则、刑法原则等。

二、法律原则的功能

在法治实践中,法律原则具有非常重要的和不可替代的功能。

(1)从法律的创制上看,法律原则具有以下三个方面的重要功能:

第一,法律原则直接决定了法律制度的基本性质、基本内容和基本价值倾向。法律原则是法律精神最集中的体现,因而,构成了整个法律制度的理论基础。可以说,法律原则也就是法律制度的原理和机理,它体现着立法者及其代表的社会群体对社会关系的本质和历史发展规律的基本认识,体现着他们所追求的社会理想的总体图景,体现着他们对各种相互重叠和冲突着的利益要求的基本态度,体现着他们判断是非善恶的根本准则。所有这一切,都以高度浓缩的方式集中在一个法律制度的原则之内。因此,确立了一批什么样的法律原则,也就确立了一种什么样的法律制度。对不同时代、不同社会的法律制度加以比较就可以发现,规则间的众多差别不一定构成实质性的差别,规则间的众多一致也不一定构成实质性的一致,然而,当一批为数不多的基本原则之间存在着重要的差别或一致时,两种法律制度间的深刻差别或一致性就会作为一种不容争议的事实而凸现在人们眼前。

第二,法律原则是法律制度内部协调统一的重要保障。任何一个成熟的法律制度都包含着众多的规则要素,这些众多的规则所涉及的事实状态纷繁复杂,其法律性质、法律效力和具体的立法目的也各有不同。尤其是在现代社会中,法律规则的数量之巨、种类之多,远非古代法律所能比拟,而且,这些规则又分别由各级、各类不同的国家机构出于不同的管理需要所制定,因此如何保障法律自身的协调一致就成为一个突出的问题。近、现代立法经验表明,法律原则在防止和消弭法律制度内部矛盾和增强法制统一方面,具有突出作用。在法律的创制过程中,当处于不同效力位阶的各项原则能够被各级、各类立法者刻意遵从时,法制的统一就有了最基本的保障。

第三,法律原则对法制改革具有导向作用。现代社会是节奏越来越快的社会,随着社会的不断发展,新的兴趣、利益、行为方式和权利要求也不断涌现,并且时常与原有的权利、义务分配结构发生冲突,在此种形势下,法制改革或法律发展就成了现代法制中一种惯常的现象和客观需要。这一点在正处于改革时代的当代中国社会体现得尤为突出。中国实行改革开放以来,原有的权利、义务结构沿着特定的方向发生了深刻变化,大批的原有规则被废止和修正,大批的新规则被制定出来。在过去,某些行为属于作为义务,不作为者会被惩处,现在却被当成不作为的权利而受到保护;过去,某些行为属于不作为的义务,作为者会被制裁,现在却被当成作为的权利而受到鼓励;与此同时,某些行为在过去属于权利或权力,现在却被取消或禁止。这种涉及人们行为方式和生存方式的深刻变化,正是由于法律原则的变化而直接引发的。某些新的原则取代了原有的原则或某些原有的原则被赋予新的含义,并引导整个法制沿着新的方向发展,即从计划走向市场,从人治走向法治,从封闭走向开放,最终把我国建设成为社会主义法治国家。

(2)从法律实施上看,法律原则的功能主要表现在以下三个方面:

第一,指导法律解释和法律推理。法律解释和法律推理是法律实施过程中的两个关键性环节。为了将抽象的普遍性规则适用于具体的事实、关系和行为,就必须对法律进行解释并进行法律推理。在这一过程中,原则构成了正确理解法律的指南,尤其当法律的含义存在着作出复数解释的可能时,原则就成为在各种可能的解释中进行取舍的主要依据。同时,原则也构成了推理的权威性出发点,从而大大降低了推理结果不符合法律目的的可能性。可以说,如果没有法律原则的指导作用,不合理的法律解释和法律推理就会以较高的频率出现,并使法律的实施受到消极影响。

第二,补充法律漏洞,强化法律的调控能力。由于社会关系的复杂性和变动性,立法者对应纳入法律调整范围的事项可能一时难以作出细致的规定,也可能因缺乏预见而未作规定,还可能因思虑不周而导致已有的规定在某些情况下不能合理地适用,否则即违反了法律的目的。上述情形在各国法律实践中均难以完全避免。此时,法律原则就成为补充法律漏洞的一种不可替代的手段,它可以使法律对规则空白地带的事项加以调整,也可以防止现有规则的不合理适用。

第三,限定自由裁量权的合理范围。各国法律实践的经验表明,再详尽的法典也不可能使法律适用变成一种类似于数学运算那样的操作过程。数学运算的最终答案是非选择性的、唯一的,而法律适用常面临在数种可能的结论中作出选择的问题。例如量刑幅度、罚款幅度等许多的规定都允许适用法律的机构有一定的自由选择空间。但是,如果对在此一空间中的选择不加任何限定,就会使自由裁量权绝对化,这样一来,极易导致职权的滥用,从而对法律秩序构成威胁。如何使自由裁量权保持在合理的范围之内,法律原则就是一种最重要的因素。如能使自由裁量权受制于法律原则,那么,自由裁量权的积极作用就能充分发挥,而其消极作用则能得以防止,发生了问题也容易得到纠正。

三、法律原则的适用

现代法理学一般都认为法律原则可以克服法律规则的僵硬性缺陷,弥补法律漏洞,保证个案正义,在一定程度上缓解了规范与事实之间的缝隙,从而能够使法律更好地与社会相协调一致。但由于法律原则内涵高度抽象,外延宽泛,不像法律规则那样对假定条件和行为模式有具体明确的规定,所以当法律原则直接作为裁判案件的标准发挥作用时,会赋予法官较大的自由裁量权,从而不能完全保证法律的确定性和可预测性。为了将法律原则

的不确定性减小在一定程度之内,需要对法律原则的适用设定严格的条件:

(1)穷尽法律规则,方得适用法律原则。这个条件要求,在有具体的法律规则可供适用时,不得直接适用法律原则。即使出现了法律规则的例外情况,如果没有非常充分的理由,法官也不能以一定的原则否定既存的法律规则。只有出现无法律规则可以适用的情形,法律原则才可以作为弥补"规则漏洞"的手段发挥作用。这是因为法律规则是法律中最具有硬度的部分,最大程度地实现了法律的确定性和可预测性,从而有助于保持法律的安定性和权威性,避免司法者滥用自由裁量权,保证法治的最起码的要求得到实现。

(2)除非为了实现个案正义,否则不得舍弃法律规则而直接适用法律原则。这个条件要求,如果某个法律规则适用于某个具体案件,没有产生极端的人们不可容忍的不正义的裁判结果,法官就不得轻易舍弃法律规则而直接适用法律原则。这是因为任何特定国家的法律人首先理当崇尚的是法律的确定性。① 在法的安定性和合目的性之间,法律首先要保证的是法的安定性。

四、法律原则与法律规则的区别

法律原则与法律规则同为法律的要素,两者有共性,在规则与原则间有一个边缘地带,甚至有些法律要素究竟属于规则还是原则是难以界定的。不过,在理论上,法律原则与规则的区别还是明显的。

第一,两者在内容上不同。法律规则是非常明确具体的,并且有着严格的逻辑结构。例如,刑法规定,盗窃公私财物,数额较大的,或者多次盗窃、入户盗窃、携带凶器盗窃、扒窃的,处3年以下有期徒刑、拘役或者管制,并处或者单处罚金。该规则的法律意图非常明确,法律的要求也很清晰,操作性很强。即使是在一

---

① 〔意〕登特列夫:《自然法——法律哲学导论》,李日章译,台湾联经出版公司1984年版,第119页。

些内容较为宽泛的法律规则里,专业的法律人士还是可以通过阅读法律文本较为准确地了解它的含义。但是,法律原则往往是比较含糊和抽象的,并不具备法律规则所具有的逻辑结构,它不预先设定具体的假定条件,更没有设定明确的法律后果,它只对人的行为设定一些概括性的要求或标准,但并不直接告诉人们应当如何去实现或满足这些要求或标准。例如,民法中的诚实信用原则、刑法中的罪刑法定原则,都是由简约的文字表达的一种法律理念,仅仅通过阅读文字,很难准确掌握该原则的含义和要求,故在适用时具有较大的余地供执法者或司法者选择和灵活应用。

第二,两者在适用范围上不同。法律规则的适用范围较为狭窄。法律规则由于其内容具体明确,它们只适用于某一类型的行为,如上述关于盗窃的规定就不能适用于抢劫。相比之下,法律原则的适用范围则相对要广泛得多,法律原则对人的行为及其条件有更大的覆盖面和抽象性,它们是对从社会生活或社会关系中概括出来的某一类行为、某一法律部门甚或全部法律体系均通用的价值准则,具有宏观的指导性,其适用范围要比法律规则宽广。例如,法律面前人人平等原则,就是一切法律活动都不可回避的基本准则,适用于各种法律,包括刑法。

第三,两者在适用方式上不同。在具体的法律适用中,法律规则的适用表现为"非此即彼"的模式。也就是说,对一个具体的案件,如果经过推理和论证,认为应当适用 A 规则,那就不能适用 B 规则,否则就会得出荒谬的结论,并出现法律适用上的错误。但是,法律原则在适用过程中则表现为另一种模式,即两个甚至多个原则可以在同一个案件中同时适用而不会构成冲突和矛盾,也就是说,某个案件可以同时依据 A 原则和 B 原则进行裁决,两个原则同时发生作用,只不过可能对一个原则的考虑多一些,对另一个原则的考虑少一些而已。因此可以说,规则在适用时往往是排斥性的,而原则的适用则可以兼容和共存,常常表现为一种"既此又彼"的模式。

第四,两者在作用上不同。正是因为法律原则和法律规则存在上述区别,所以在实际应用中,它们所发挥的作用也存在差异。法律规则构成法律的主体,是法律权利和义务的载体,其作用主要表现在规范性上。对立法者而言,正是通过法律规则才得以表达对于调整社会关系的看法和意图;而对于当事人而言,正是通过法律规则,了解到自己的权利和义务,进而借此指导和约束自己的行为。同时,对于执法者和司法者,也正是凭借法律规则,对发生的问题、纠纷进行分析、判断、评价并作出决定、裁决。相比之下,法律原则由于其内容抽象、价值色彩浓厚,在法律运行中的作用主要表现在它的指导性上。具体地说,法律原则对于法的制定,对于案件审判,对于人们解释、理解法律都具有指导意义。

第四节 法律概念

一、法律概念释义

作为法律的要素之一,法律概念指的是在法律上对各种事实进行分类和概括而形成的权威性范畴。法律概念是法律思想的基本要素,是我们将杂乱无章的具体事项进行重新整理归类的基础。法律概念本身并不能将一定的事实状态和法律后果联系起来,但是,它却是适用法律规则和原则的前提。只有当我们把某人、某事、某行为归入某一概念所指称的范围时,才谈得上法律的适用问题。例如,各国现代民事法律均规定:不当得利之债的债务人负有向受害人返还不当得利的义务。当现实生活中发生了一个具体行为时,能否将该规定适用于此行为,首先取决于能否将该行为合理地归入"不当得利"的范畴。如果能,则该规定须加适用;否则该规定不能适用。

在法律文明史上,法律概念体系的科学性和完备程度是法律文明发达程度的重要标志之一。这是因为,法律所调整的行为领域具有一个突出的特点,即事实因素以不可名状的极度复杂性而交织在一起。如何把那些看似同类而实质不同的因素合理地区分开来,并把那些看似不同而实质相同的因素归入同类,从而在杂乱无章的全部因素中形成一定的秩序,这需要高度的技巧和长期的经验积累。例如,在法律文明形成的初期,法律概念体系非常粗放和简单,它还不足以把那些形似而实异的事实因素合理地区分开来。如果一个人的行为引起了他人死亡,按"同态复仇"的规则,他必须被处死,至于此行为是属于故意杀人、过失杀人、伤害致死,还是属于意外事件,则不加区分。这种做法按现代法律的观点看来是荒谬的,尽管导致他人死亡的结果是相同的,但是,谋杀行为与非恶意的玩笑是有实质区别的,至于纯粹的意外事件,则更不会被当作犯罪来惩罚。因此,法律概念实质上体现了一种理智地区分和归类的专业智慧,凭借这种专业智慧,混沌一片的事实状态得以明晰,法律体系也由此而取得更高的科学性与合理性。

在理解各个法律概念时,有一点必须注意,法律概念是借助于词汇来表达的,由此便引发了两个问题:

其一,法律在表达一个概念时所使用的语汇,有些是专业性用语,这些用语的含义比较精确,但不易于使专业人士之外的普通人理解。例如:假释、诉讼时效、留置权、信托财产、法人人格,等等。有些法律用语来自日常用语,这些用语易于使普通人士理解,但其含义的精确程度较低,因而容易引起歧义,例如:疏忽、过错、公平等等。后一类用语在法律上使用时,往往与其原有的日常含义有所区别。

其二,在不同的民族语言中,由于受不同语言习惯、法律传统等因素的影响,有时用来互相对译的同一对用语,在不同国家法律制度中往往有不尽相同的含义。如果对此不加区分,也容易引起误解和混乱。

二、法律概念的种类

依照不同标准可以对法律概念作不同分类。按照法律概念所涉及的因素,可将其分为五类:

第一,主体概念,这是用以表达各种法律关系主体的概念。

如公民、社团法人、原告、行政机关等等。

第二,关系概念,这是用以表达法律关系主体间权利、义务关系的概念。如所有权、抵押权、交付义务、赔偿责任等等。

第三,客体概念,这是用以表达各种权利、义务所指向的对象的概念。如动产、主物、著作、支票等等。

第四,事实概念,这是用以表达各种事件和行为的概念。如失踪、不可抗力、违约、犯罪中止等等。

第五,其他概念,上述四种概念并不能穷尽所有的法律概念,如公平、正当程序、法典、一般条款等等。

此外,按概念的确定性程度,可有确定概念与不确定概念之分;按法律部门的不同可有民法概念、刑法概念和行政法概念等之分。

三、法律概念的功能

法律概念对于法律的运作与法学研究具有重要的意义。只有借助法律概念,立法者才能制定立法文件;只有借助法律概念,司法者才能对事物进行法律分析,作出司法判断;只有借助法律概念,民众才能认识法律,法律研究者才能研究、改进法律。具体来讲,法律概念具有三方面的功能:

第一,表达功能。法律概念及概念间的连接使法律得以表达,没有概念的法律是难以想象的;同时,概念也是表达司法判决的重要工具。

第二,认识功能。概念使人们得以认识和理解法律,不借助法律概念,人们便无法认识法律的内容,并进行法律交流。

第三,改进法律、提高法律科学化程度的功能。丰富的、明确的法律概念可以提高法律的明确化程度和专业化程度,使法律成为专门的工具,使法律工作成为独立的职业。从表面上看,似乎法律概念不如法律规则和法律原则重要,其实不然。由于法律概念的不同,同一法律规则可能表达不同的含义,表面上不同的法律规则或原则其含义可能是相同的。例如"法律面前人人平等"

原则的核心内容是"平等",赋予平等不同的含义常常就改变了这一原则本身。美国宪法第14条修正案的"平等保护"原则至今未变,但在早期却甚至允许奴隶制的存在,解放黑奴后长期理解为"隔离而平等",直到20世纪60年代后才将种族、性别的歧视理解为"不平等"。另外,一个概念的外延改变也常常会改变法律规则或原则本身。例如对"公务员"概念的外延的改变将会影响到大量有关公务员的权利义务的法律规则与原则。

在法律诸要素中,概念的独特功能在于它通过对各种事实因素的区分归类而为法律规则和原则的适用提供了可能。有时,在无现成规则可以适用的情况下,以存在的相应概念为基础,适用原则也可以合理地处理所面对的法律问题。当然,对于一个成熟的法律制度来说,规则总是应当占据主干的地位。若规则的数量与法律调整的需要相差过多,滥用自由裁量权的现象就会大面积发生。

【课后阅读文献】

刘叶深:《法律规则与法律原则:质的差别?》,载《法学家》2009年第5期。

【思考题】

一、选择题

  1. 下列关于法律原则的表述哪一项是错误的?

    A. 法律原则不仅着眼于行为及条件的共性,而且关注它们的个别性

    B. 法律原则在适用上容许法官有较大的自由裁量余地

    C. 法律原则是以"全有或全无的方式"应用于个案当中的

    D. 相互冲突的法律原则可以共存于一部法律之中

  2. 法律规则是法律的基本构成因素。下列关于法律规则分类的表述哪一项可以成立?

    A. 《律师法》第14条规定:"没有取得律师执业证书的人员,不得以律师名义执业,不得为牟取经济利益从事诉讼代理或者辩护业务。"此规定为义务性规则

    B. 《中小企业促进法》第31条规定:"国家鼓励中小企业与研究机构、大

专院校开展技术合作、开发与交流,促进科技成果产业化,积极发展科技型中小企业。"此规定为强行性规则

  C.《宪法》第40条规定:"中华人民共和国公民的通信自由和通信秘密受法律的保护。除因国家安全或者追查刑事犯罪的需要,由公安机关或者检察机关依照法律规定的程序对通信进行检查外,任何组织或者个人不得以任何理由侵犯公民的通信自由和通信秘密。"此规定为命令性规则

  D.《医疗事故处理条例》第62条规定:"军队医疗机构的医疗事故处理办法,由中国人民解放军卫生主管部门会同国务院卫生行政部门依据本条例制定。"此规定为准用性规则

3. 下列何种表述不属于法的规则?

  A. 公民的权利能力一律平等

  B. 民事活动应当自愿、公平、等价有偿、诚实信用

  C. 合同的当事人应当按照合同的约定,全部履行自己的义务

  D. 党必须在宪法和法律范围内活动

4. 20世纪90年代初,传销活动流行时,法律法规对此没有任何具体规定。当时,执法机关和司法机关对这类案件的处理往往依据《民法通则》第7条。该条规定:"民事活动应当尊重社会公德,不得损害社会公共利益,破坏国家经济计划,扰乱社会经济秩序。"这说明法律原则具有哪些作用?

  A. 法律原则具有评价作用 B. 法律原则具有裁判作用

  C. 法律原则具有预测作用 D. 法律原则具有强制作用

5. 我国《宪法》第26条第1款规定:"国家保护和改善生活环境和生态环境,防治污染和其他公害。"下列哪一选项是正确的?

  A. 该条文体现了国家政策,是典型的法律规则

  B. 该条文既是法律原则,也体现了国家政策的要求

  C. 该条文是授权性规则,规定了国家机关的职权

  D. 该条文没有直接规定法律后果,但仍符合法律规则的逻辑结构

6. 关于法律概念、法律原则、法律规则的理解和表述,下列哪一选项不能成立?

  A. 法律规则并不都由法律条文来表述,并非所有的法律条文都规定法律规则

B. 法律原则最大程度地实现法律的确定性和可预测性

C. 法律概念是解决法律问题的重要工具，但是法律概念不能单独适用

D. 法律原则可以克服法律规则的僵硬性缺陷，弥补法律漏洞

7. 《婚姻法》第19条第1款规定："夫妻可以约定婚姻关系存续期间所得的财产以及婚前财产归各自所有、共同所有或部分各自所有、部分共同所有。约定应当采用书面形式。没有约定或约定不明确的，适用本法第17条、第18条的规定。"关于该条款规定的规则（或原则），下列哪一选项是正确的？

  A. 任意性规则　　　　　　　　B. 法律原则

  C. 准用性规则　　　　　　　　D. 禁止性规则

8. 《老年人权益保障法》第18条第1款规定："家庭成员应当关心老年人的精神需求，不得忽视、冷落老年人。"关于该条款，下列哪些说法是正确的？

  A. 规定的是确定性规则，也是义务性规则

  B. 是用"规范语句"表述的

  C. 规定了否定式的法律后果

  D. 规定了家庭成员对待老年人之行为的"应为模式"和"勿为模式"

9. 1995年颁布的《保险法》第91条规定："保险公司的设立、变更、解散和清算事项，本法未作规定的，适用公司法和其他有关法律、行政法规的规定。"2009年修订的《保险法》第94条规定："保险公司，除本法另有规定外，适用《中华人民共和国公司法》的规定。"

  关于二条文规定的内容，下列理解正确的是：

  A. 均属委任性规则　　　　　　B. 均属任意性规则

  C. 均属准用性规则　　　　　　D. 均属禁止性规则

10. 关于法律原则的适用，下列哪些选项是错误的？

  A. 案件审判中，先适用法律原则，后适用法律规则

  B. 案件审判中，法律原则都必须无条件地适用

  C. 法律原则的适用可以弥补法律规则的漏洞

  D. 法律原则的适用采取"全有或全无"的方式

11. 关于法律规则的逻辑结构与法律条文，下列哪些选项是正确的？

  A. 假定部分在法律条文中不能省略

  B. 行为模式在法律条文中可以省略

C. 法律后果在法律条文中不能省略

D. 法律规则三要素在逻辑上缺一不可

12. 关于法律规则、法律条文与语言的表述,下列哪些选项是正确的?

   A. 法律规则以"规范语句"的形式表达

   B. 所有法律规则都具有语言依赖性,在此意义上,法律规则就是法律条文

   C. 所有表述法律规则的语句都可以带有道义助动词

   D.《民法通则》第 15 条规定:"公民以他的户籍所在地的居住地为住所,经常居住地与住所不一致的,经常居住地视为住所。"从语式上看,该条文表达的并非一个法律规则

二、名词解释

1. 法的要素
2. 法律规则
3. 法律规则的逻辑结构
4. 权利规则
5. 义务规则
6. 复合规则
7. 强行性规则
8. 任意性规则
9. 确定性规则
10. 委任性规则
11. 准用性规则
12. 调整性规则
13. 构成性规则
14. 法律原则
15. 法律概念

三、简答题

1. 法律规则由哪几部分组成?
2. 如何正确理解法律规则的逻辑结构?
3. 法律规则与法律条文有什么区别和联系?
4. 法律规则的分类有哪些?
5. 法律原则的类型有哪些?

6. 简述法律概念的功能。

四、论述题

1. 试述法律原则的功能。
2. 根据以下案例,论述法律规则与法律原则的关系

1882年帕尔默在纽约用毒药杀死了自己的祖父,他的祖父在现有的遗嘱中给他留下了一大笔遗产。帕尔默因杀人的罪行被法庭判处监禁,但帕尔默是否能享有继承其祖父遗产的权利成了一个让法官头疼的难题。

帕尔默的姑姑们主张,既然帕尔默杀死了被继承人,那么法律就不应当继续赋予帕尔默以继承遗产的任何权利。但纽约州的法律并未明确规定如果继承人杀死被继承人将当然丧失继承权,相反,帕尔默祖父生前所立遗嘱完全符合法律规定的有效条件。因此,帕尔默的律师争辩说,既然这份遗嘱在法律上是有效的,既然帕尔默被一份有效遗嘱指定为继承人,那么他就应当享有继承遗产的合法权利。如果法院剥夺帕尔默的继承权,那么法院就是在更改法律,就是用自己的道德信仰来取代法律。

审判这一案件的格雷法官亦支持律师的说法,格雷法官认为:如果帕尔默的祖父早知道帕尔默要杀害他,他或许愿意将遗产给别的什么人,但法院也不能排除相反的可能,即祖父认为即使帕尔默杀了人(甚至就是祖父自己),他也仍然是最好的遗产继承人选。法律的含义是由法律文本自身所使用的文字来界定的,而纽约州遗嘱法清楚确定,因而没有理由弃之不用。此外,如果帕尔默因杀死被继承人而丧失继承权,那就是对帕尔默在判处监禁之外又加上一种额外的惩罚。这是有违"罪刑法定"原则的,对某一罪行的惩罚,必须由立法机构事先作出规定,法官不能在判决之后对该罪行另加处罚。

但是,审理该案的另一位法官厄尔却认为,法规的真实含义不仅取决于法规文本,而且取决于文本之外的立法者意图,立法者的真实意图显然不会让杀人犯去继承遗产。厄尔法官的另外一条理由是,理解法律的真实含义不能仅以处于历史孤立状态中的法律文本为依据,法官应当创造性地构思出一种与普遍渗透于法律之中的正义原则最为接近的法律,从而维护整个法律体系的统一性。厄尔法官最后援引了一条古老的法律原则——任何人不能从其自身的过错中受益——来说明遗嘱法应被理解为否认以杀死继承人的方式来获取继承权。

最后,厄尔法官的意见占了优势,有四位法官支持他;而格雷法官只有

一位支持者。纽约州最高法院判决剥夺帕尔默的继承权。

问题:

(1) 法官判案应以法律原则为依据还是应以法律规则为依据?法律原则的适用有哪些条件?

(2) 当运用法律原则与运用法律规则的结果不一致时,法官应依据什么来处理案件?

第八章 法律体系

☞ **本章提示**
- 法律体系的概念、特征
- 部门法的概念、划分标准
- 当代中国现行法律体系的特点
- 当代中国主要法律部门简介

第一节 法律体系与部门法

一、法律体系

（一）法律体系的概念及特征

在汉语中的体系一词，通常是指若干有关事物或者某些意识互相发生联系而构成的一个整体。然而，国内外，在对法律体系的理解和使用上却是存在差异的。大体来说，有着两种解释：一种如《牛津法律指南》所揭示的，是指一个国家法律的整体，也就是一个国家或者一个共同体的全部法律。一种是指某些有着共同特征的不同国家的法律组成的法律家族，如比较法学家勒内·达维德在《当代主要法律体系》中，把世界主要法律体系分为罗马日耳曼法系、社会主义各国法、普通法、其他的社会秩序观与法律观。[①]

在我国法理学界，一般认为法律体系，有时也称"法的体系"或简称为"法体系"，是指由一国现行的全部法律规范按照不同的法律部门分类组合而形成的一个呈体系化的有机联系的统一整

---

① 参见〔法〕勒内·达维德：《当代主要法律体系》，漆竹生译，上海译文出版社 1984 年版，目录。

体。一国法律整体上大体可以分为法律规范、法律制度、法律部门、法律体系四个层次,法律体系是法律结构的最高层次。例如,数个法律规范组成物权制度,数个民法制度(人法制度、物权制度、侵权制度等)组成民法部门,所有的部门法组成法律体系。

法律体系有以下几个特征:

第一,法律体系是由一个国家的全部现行法律构成的整体。它既不是几个国家的法律构成的整体,也不是一个地区或几个地区的法律构成的整体,而是一个主权国家的法律构成的整体;既不包括一国历史上的法律或已经失效的法律,也不包括一国将要制定的法律或尚未生效的法律,只包括现行的国内法和被本国承认的国际法规范。法律体系不仅是一个国家的社会、经济、政治和文化等条件和要求的综合性法律表现,而且是一个国家主权的象征和表现。

第二,法律体系是由各个法律部门分类组合而形成的系统化的统一的有机整体。整体上的统一性是法律体系的基本特征,也是法律体系区别于单个法律规范的主要根据。整体统一性不仅要求处于系统内的各种法律规范维护良好的状态、输出应有的功能,而且还应注重各法律规范间相互作用的结构方式,从整体上体现法的宗旨和目的及效果。系统论认为,系统不是各要素的简单集合,系统功能也不是各要素功能的简单相加。一个良好的系统其功能远大于各要素功能之和。这也是组合系统的基本目的。因此,对于法律体系来说,其所追求的首先就是法的整体的统一性。在有机而统一的法律体系中的各法律规范的功能输出和他们之间的联系能够当然地一致指向法的总体目标和法的精神、法的价值取向。否则,整个法律体系就难以协同一致地调整现实的各种社会关系。

第三,法律体系的理想化要求是门类齐全、结构严密、内在协调。门类齐全是指在一个法律体系中,在宪法的统摄下,应该具备调整不同社会关系的一些最基本的法律部门,不能有缺漏;结构严密是指不但在整个法律体系内部要有一个严密的结构,而且在各个法律部门内部也要形成一个由基本法律和与基本法律相配套的一系列法规、实施细则构成的完备结构;内在协调是指在一个法律体系中,一切法律部门都要服从宪法并与其保持协调一致,即普通法与根本法相协调,程序法与实体法相协调等。在法律体系中,存在任何程度的门类不全、结构疏散、互不协调问题都会破坏整个法律体系的完整性和科学性。它不仅会使应当由法律规范调整的社会生活和现实社会关系失去控制,而且还会对相关的其他法律规范的功能与效力产生强烈的消极影响。

第四,法律体系是客观法则和主观认知的有机统一。从最终极的意义上讲,法律体系是经济关系的反映,它必须适应于总的经济状况,因此,法律体系的形成首先是由客观经济规律和经济关系决定的;但从法律关系的形成过程来讲,它离不开人的意志、主观能动性、意识形态、文化传统等作用。而且,法律体系在整个社会系统中只是一个子系统,它总是要与外界发生各种各样的联系并处于不断的发展变化之中。法律体系对某一特定规范的确立和认可、包容应以既能够充分满足社会发展的特定时期的现实需要和各社会主体的利益保障需要又使其他各种社会规范得以自主调整和各自实现其使命作为适度标准。就是说,法律体系与需要法予以调整的现实的以及可能出现的社会关系的范围应当是一致的,法的内在体系的建构在整体上对凡属关乎国计民生的重大问题都必须纳入其调控界域之内。对这些方面,就需要在法律体系中设定和认可相应的社会规范,将其确认为法律规范,以为各有关社会主体的行为准则。

(二)法律体系与相关概念

要把握法律体系这一特殊分析工具,应当弄清法律体系与以下几个类似概念的区别与联系:

1. 立法体系

法律体系和立法体系有一定的联系。立法体系主要是指与国家立法体制相关联的、由各个有权机关依法定权限和程序制定的各种规范性法律文件所构成的整体。法律体系的建设离不开立法体系为之提供各种形式的法律规范性文件,立法体系的构成也应考虑法律体系建设的需要,二者所建立的经济基础和本质、任务都是一致的,但是二者又是有区别的,表现在:第一,法律体系的基本要素是法律规范,立法体系的基本因素是法律条文及规范性法律文件。第二,法律体系是由按一定标准和方法汇集了相应的法律规范的法律部门构成的,而立法体系与发布文件的国家机关的层次相对应。第三,法律体系根据法调整的社会关系和调整的方法不同建立法律部门,而立法体系是按不同形式、不同层级的法律规范性文件分类的。按照实际使用的方便和立法技术的要求,可以把属于不同部门的法律规范归于同一类法律文件。第四,法律体系建设的重点是建设相对完备的部门法,而立法体系建设的重点是创建完备的各种规范性法律文件。

2. 法学体系

法律体系是法学体系赖以建立和存在的前提和基础。一国现行法律体系是该国法学研究的主要内容,并且制约着法学体系的形成和大部分法学分科的内容和范围。但二者又是有区别的,表现在:第一,法学体系是指一个国家的有关法律的学科体系,它属于社会科学范畴,具意识形态和思想文化属性;而法律体系则是指一国现行的法律规范体系,属于社会规范体系范畴,是社会及个人的行为准则,有实际的法律效力,并产生实际的法律后果。一个属思想范畴,一个属规范体系,这是两者的本质区别。第二,法学体系的研究范围比法律体系要广泛得多,它不仅包括与现行部门法相对应的部门法学,如宪法学、民法学、诉讼法学、刑法学、行政法学等,还包括不属于法律体系的其他学科,如法哲学、法社会学、法史学等。第三,在法律体系中起主要作用的是宪法和基本法律的规范,而在法学体系中起指导作用的是法理学。第四,法律体系在一个国家中一般只有一个,而法学体系在一个国家中会出现多种体系并存的局面。

3. 法系

法律体系与法系是两个含义不同的法学概念。第一,法系是由不同国家或地区的若干个在结构上、外部形式上具有相同特征的法所组成,而法律体系则仅由一国的法所组成。第二,构成一定法系的法是跨历史时代的,不仅包括若干国家的现行法,而且包括与这些法在形式上、结构上有传统联系的历史上存在过的法。第三,法系是资产阶级法学家根据法的形式上的特点和历史传统上的联系对各国的法进行基本分类的概念,它应与法的历史类型的概念相比较,而法律体系是一国法律规范的系统和一国现行法的内部结构,二者从概念上不属于同一类别,不应相混。"两者的区别犹如个人和家族的区别一样。由消化系统、循环系统、神经系统、生殖系统等系统组成人体,这犹如一国的法律体系;而法系则如同出生于同一祖先的数个人组成的人的团体——家族。"[1]

二、部门法

(一) 部门法的概念

法律体系可以划分为不同的相对独立的部门,这就是部门法。部门法又称为法律部门,是根据一定的标准和原则所划定的同类法律规范的总称。如宪法、民法、经济法、刑法、诉讼法等部门法。部门法是法律体系的基本组成部分。

法律部门和某一法律部门的法律文件不同。例如,宪法法律部门不仅指宪法法典,而且还包括国家机关的重要的组织法、选举法等;刑法法律部门除了刑法典以外还包括单行的刑事法律、议会有关刑法的决定、非刑事法律中的刑事条款。有些法律部门则干脆没有法典,甚至难以编纂法典,例如行政法部门和经济法部门。在英美法系国家,除宪法有法典外(英国则连宪法法典也没有),没有部门法的法典,一个部门法通常由多个单行法规组成,例如,刑法部门由盗窃罪法、性犯罪法等单行法规组成。

法律部门又可以区分为不同的法律制度。这里所讲的法律

---

[1] 周永坤:《法理学——全球视野》,法律出版社2000年版,第81页。

制度,就是在某一个或几个法的部门中调整某一类社会关系,相互间被一定质的独特性联结为一组的那些法律规范的总和。例如,在宪法、民法、经济法中都规定了所有权制度;在民法、经济法、商法中都规定了合同制度;在刑事诉讼法、民事诉讼法、行政诉讼法中都规定了证据制度、回避制度、公开审判制度等。法律制度与部门的不同之处主要在于调整的范围。它不是调整在性质上属于同一类的社会关系的全部,而仅仅是它的一部分或一个方面。同时,法律制度是法律体系的相对独立的、自治的部分。

需要特别指出的是这里的法律制度是法律体系的一种构成因素,不同于一个国家的整个法律制度(法律系统、法制)的概念。虽然有时它们都称法律制度,但含义不同。

(二)部门法的划分标准

部门法和法律制度如何划分,这是研究法律体系的核心问题。划分法律规范属于哪个部门或制度,不是由主观的、形式上的因素决定的,而应该由客观实际情况决定。这种客观实际情况就是法律调整的对象和法律调整的方法。

法律是调整社会关系的行为准则,法律调整的对象就是指法律规范所调整的社会关系。社会关系是多种多样的且复杂的,人们可以将社会关系分为政治关系、经济关系、文化关系、宗教关系、家庭关系等,不同的社会关系决定了要由不同的法律规范来调整,某些构成调整对象的社会关系在性质上属于同一类,调整这些社会关系的法律规范就可以构成一个法律部门。如调整平等主体之间的财产关系和人身关系的法律规范构成民法部门;调整劳动关系的法律规范构成劳动法部门;调整诉讼行为和诉讼关系的法律规范构成诉讼法部门等。可见,划分法的部门或法律制度的首要根据是法的调整对象,即法所调整的社会关系。

法律调整对象即社会关系是划分法的部门的主要标准,但不是唯一的标准。因为构成调整对象的社会关系是多种多样的,如果仅仅以对象来划分的话,必然会产生无数部门。另外,许多情况下同一种社会关系要用不同的方法进行调整,如国家所有权,由宪法、民法、经济法、劳动法、刑法、行政法等规范调整。这类法律调整对象并不能把一切法律部门区别开来。因此,法律部门的划分还应有另一个标准,这就是法律调整方法。

如前所述,法律调整方法是作用于一定社会关系的特殊的法律手段和方法的总和。法律调整对象解决的是某一部门法的规范调整什么样的社会关系问题,而法律调整方法就是指明这种关系是怎样被调整的。法律调整方法大体包括这样一些内容:

(1) 确定权利义务的方式、方法。如权利和义务是由双方协商而定,还是根据国家法律或国家指令而定。

(2) 权利和义务的确定性程度和权利主体的自主性程度。如使用的是绝对确定的规范,还是相对确定的规范;是强行性规范,还是任意性规范。

(3) 法律事实的选择。如是根据人的行为决定适用某种规范,还是根据事件决定依照某种规范;何种事实用何种方法处理。

(4) 法律关系主体的地位和性质。如双方是平等的法律地位,还是管理与被管理的地位。

(5) 保障权利的手段和途径。如对违反法律规范要求的行为所采取的行使国家权力的措施,即制裁的种类以及适用这种措施的程序。

上述各方面构成某一部门法的调整方法,它们怎样结合及具有什么特点,最终决定于法律规范所调整的社会关系的性质。有的学者把法律调整的方法归结为两大类:一大类叫做集中的方法(他律的方法),另一大类叫做非集中的方法(自治的方法)。用我们通俗的语言讲就是"管"和"放"的方法。集中的方法就是"管"的方法,如行政法、刑法的方法,非集中的方法就是"放"的方法,如民法的方法。但这两种方法也互有交叉,"放"中有"管","管"中有"放"。根据社会关系的不同,集中的方法与非集中的方法以不同的比例相结合,从而就构成了各个部门法的调整方法的特色。

此外,可以作为法律调整对象的社会关系之所以成为某种法律规范调整的对象,也要经过立法者有意识的选择,立法者在客观规律允许的限度内有选择用不同的调整方法对某种社会关系进行调整的自由。这足以说明调整方法是划分法的部门的重要根据。

(三) 部门法的划分原则

我国法学界除了提出部门法的划分标准外,还提出了部门法的划分原则,这些原则概括起来有以下几点:

(1) 整体性原则。即以整个法律体系为划分对象,划分结果必须囊括一国现行法律的全部内容,使法律体系中的所有同类法律都归属于某一法律部门。

(2) 均衡原则。即划分部门法时应当考虑各部门法之间法律规范的规模或数量之间保持大体上的均衡,不能使某些部门法的内容(即规范)特别多,而有些部门法的内容则特别少。当然,这种均衡只是相对均衡,主要还要取决于各法律部门的实际需要和调整幅度。

(3) 以现行法律为主,兼顾即将制定的法律。即虽然法律体系中的法律部门划分只以现行法律为主,但法律是发展的,法律体系的内容也在不断发生变化。划分法律部门虽要以现行法律为基础,但也不能不考虑法律的发展变化,否则,就不可能在法律发展的动态过程中保持法律体系的相对稳定。

最后,我们应当注意法律部门划分的相对性。主要表现在:

(1) 宪法与其他法律部门的界限不清。部门法的根本原则来自宪法,在这个意义上讲,宪法的许多规则与原则属于其他部门法律。例如国家机构的组织法律可能属于行政法,国家经济制度的法律可能属于民商法。如果这么一分宪法法律部门就只剩下空壳了。所以宪法与其他法律部门存在交叉。

(2) 宪法以外的其他法律部门间也难免存在交叉。因为划分的主要标准是调整对象,而调整对象实际上是一个整体。对象的整体性决定了调整的规则、原则是相互联系的,难以分开。事实上,划分标准由单一的调整对象到多元标准就说明了划分的相对性。

（3）有些法律文件中包括了两个或两个以上法律部门的法律规则和原则。例如劳动法，劳动合同关系属于传统的民法部门，但劳动法中有关劳动行政管理的内容却是行政法的内容，这从另一侧面反映了划分的相对性。

总之，法律部门的具体划分，因划分者的主观认知能力和意图，注意和强调的角度或者原则、标准等方面的差异，再加上在划分之际还会受到其他诸多因素的不同程度的影响，因而有许多种不同的划分法，应当说这些都是正常的。但是，无论如何，谋求所划分的法律部门既合乎逻辑又便于具体操作，应该是今后法学理论和法治实践所面临的共同课题，这既是一个理论课题，也是一个实践课题。

第二节　当代中国法律体系的基本框架

一、当代中国现行法律体系的特点

中国现行法律体系开始生成于1949年，是在彻底废除民国六法体系基础上建立起来的新的法律体系。这个体系在部门法的划分上基本上接受了大陆法系的传统。1997年香港回归、1999年澳门回归以后，我国的法律体系呈现出其他国家所没有的特点：一国两制下的一国两法，即在一国的前提下，在统一宪法的框架内形成了两制下的三个各自相对独立的法域，在这三个独立的法域内各有自己的法律体系。内地部分保持了原有法律体系，香港地区和澳门地区则形成了隶属于中华人民共和国国家主权和中华人民共和国宪法的相对独立的香港特别行政区法律体系和澳门特别行政区法律体系。这一法律体系通过我国《宪法》第31条的规定和《香港特别行政区基本法》的规定、《澳门特别行政区基本法》的规定保持与内地主法律体系的连接。香港法律体系属英美法系性质，它以香港基本法确立的原则和规则为基本规范，由适用于香港的全国性制定法和香港自治法律共同组成。澳门特别行政区的法律体系属大陆法系性质,它以澳门基本法确定的原则和规则为基本规范,由适用于澳门的全国性制定法和澳门自治法律共同组成。

二、当代中国主要法律部门简介

(一)宪法及宪法相关法

宪法法律部门是以国家的根本大法——宪法为核心所构筑的最重要的法律部门,简称宪法。宪法规定社会主义中国的各种根本制度、原则、方针、政策,公民的基本权利和义务,各主要国家机关的地位、职权和职责等。从文件构成来看,宪法法律部门与作为法的渊源的宪法不同。作为法的渊源的宪法只能指宪法法典及其修正案,而宪法法律部门则除了这两部分以外,还包括其他的相关立法。我国现行的宪法部门有三个层面。第一层面是1982年第五届全国人民代表大会第五次会议通过的《宪法》(含1988年、1993年、1999年和2004年四次修宪通过的31条修正案)。第二层面主要有:国家机关组织法,如《全国人民代表大会组织法》、《国务院组织法》、《地方各级人民代表大会和地方各级人民政府组织法》、《人民法院组织法》、《人民检察院组织法》、《全国人民代表大会和地方各级人民代表大会代表法》、《全国人民代表大会常务委员会议事规则》、《全国人民代表大会和地方各级人民代表大会选举法》、《民族区域自治法》、《香港特别行政区基本法》、《澳门特别行政区基本法》、《国籍法》、《国旗法》以及有关公民基本权利和义务的单项立法(如集会游行示威法)等等。第三层面是有关《宪法》的解释。

(二)民商法

民商法是调整作为平等主体的公民之间、法人之间、公民与法人之间的财产关系和人身关系的法律规范的总和。财产关系的内容很广,民商法主要是调整商品经济关系,包括财产所有权关系、商品流通关系、遗产继承关系、知识产权关系等。它所调整的是平等主体之间发生的经济关系,也就是通常人们所说的横向的经济关系。其他经济关系,如国家对经济的管理、国家同企业之间以及企业内部的管理等纵向的经济关系,主要由经济法或行政法调整。民商法还调整属于民事范围的人身关系,如婚姻关系、名誉权、肖像权、生命健康权、法人的名称权等。

在市场经济条件下,民商法是非常重要的法律部门。我国现阶段民商法主要由《民法通则》和大量单行的民商事法律组成。《民法通则》1986年颁布,包括了民事法律、法规共同适用的原则和规定,如民法的基本原则、公民和法人、民事法律行为和代理、民事权利、民事责任、诉讼时效、涉外民事法律关系的法律适用等方面的规定。单行的民商事法律主要有《合同法》、《婚姻法》、《继承法》、《收养法》、《专利法》、《著作权法》、《商标法》、《公司法》、《票据法》、《海商法》及有关保险的法律和法规等。

民商法部门还应包括我国参加和签订的大量的国际条约以及国际惯例。例如1985年在我国生效的《保护工业产权巴黎公约》、1986年批准的《航运的重大包裹标准重量公约》、1980年在我国生效的《联合国国际货物销售合同公约》、1980年在我国生效的《国际油污损害民事责任公约》、1990年签署的《关于集成电路的知识产权公约》、1992年批准的《关于解决国家和他国国民之间投资争端公约》、1992年加入的《保护文学作品和艺术作品伯尔尼公约》、1992年加入的《世界版权公约》及《保护录音制品作者防止未经许可复制其录音制品公约》、1994年加入的《统一船舶碰撞某些法律规定的国际公约》、1994年加入的《1974年海上旅客及其行车运输雅典公约》等等。

(三) 行政法

行政法是有关国家行政管理活动的法律规范的总称。它是由调整行政管理活动中国家机关之间、国家机关同企业事业单位、社会团体和公民之间发生的行政关系的规范性文件组成的。我国行政法没有作为核心文件的行政法典,它是由很多单行的法律、法规构成的,分为一般行政法(或称行政法总则)和特别行政法(或称行政法分则)两个部分。前者包括国家行政管理的基本原则、方针和政策,国家行政机关及其负责人的地位、职权和职责;作出行政决策、采取行政措施、进行行政裁决的方式和程序;国家行政机关及其工作人员在行使职权时同公民和其他组织之间的关系,以及他们违反行政法和违法失职行为的法律责任;有关国家公职人员的任免、考核、奖惩;行政体制改革、转变政府职能等方面的法律规范。特别行政法则指各专门行政职能部门管理活动适用的法律、法规,如民政管理、公安管理、卫生管理、文化管理、城市建设管理、工商行政管理、司法行政管理、海关管理、边防管理、军事行政管理等多方面的规范性法律文件。为了适应改革开放的需要,我国将逐步完备行政管理方面的法律,以便依法行政,使国家的行政管理活动制度化、法律化。

作为法律部门的行政法与作为法的渊源的行政法规不同。作为法律部门的行政法是由各种效力等级的关于国家行政组织、行为、救济的法律规则与原则组成的,它可以来自多种法的渊源:法律、行政法规、地方性法规、规章等。而行政法规是国务院制定的规范性文件,其中绝大部分是行政法,但也有属于民商法和资源环保法等其他法律部门的。从逻辑上来说,这两者是交叉关系(如下图所示)。

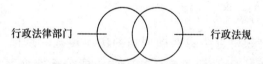

（四）经济法

经济法是指调整国家在对经济活动进行指导、控制、监督等宏观调控过程中所形成的经济管理关系的法律规范的总称。它涉及的领域比较广泛,既有国家对职业组织、竞争与垄断的控制,也有国家对金融、货币和贸易的指导和控制。如我国《反不正当竞争法》、《拍卖法》、《招标投标法》等规范性文件中涉及规范市场经济竞争秩序方面的法律规范;我国《商业银行法》、《银行业监督管理法》、《会计法》、《证券法》、《审计法》等规范性文件中涉及财政金融、税收监督管理方面的法律规范。

经济法与民商法和行政法既有区别,又有联系和交叉。实践证明,经济法成为一个独立的法律部门,有利于促进和保障我国社会主义市场经济的发展。

(五) 社会法

社会法是指调整有关劳动关系、社会保障和社会福利关系的法律规范的总称。该法律部门的主要目的是保障劳动者、失业者、丧失劳动能力的人和其他需要扶助的人的权益。它包括劳动用工、工资福利、职业安全卫生、社会保险、社会救济、特殊保障等方面的法律规范。社会法的法律规范主要被规定在我国《劳动法》、《劳动合同法》、《矿山安全法》、《残疾人保障法》、《未成年人保护法》、《工会法》、《安全生产法》、《失业保险条例》、《城市居民最低生活保障条例》等规范性法律文件中。

社会法中最为重要的是劳动法。它调整的对象是劳动关系即劳资关系,是基于劳动合同而产生的,因此属于私法。但是劳动法中又包含了大量国家行政管理机构和社会管理机构管理用人单位的规范,这些规范不仅仅是具有私法意义的规范,而且也是严格意义上的公法性质的规范。因此劳动法是既具有私法性质也具有公法性质的法律。

(六) 刑法

刑法是规定有关犯罪和刑罚的法律规范的总称。它是国家对严重破坏社会关系和社会秩序的犯罪分子定罪量刑的根据。在日常生活中,它是最受关注的法律部门之一。我国现阶段有关犯罪和刑罚的基本规定集中在《中华人民共和国刑法》这一法典中,除此之外,还包括《中华人民共和国刑法修正案》等。近年来,在有关经济和行政法律、法规中对构成犯罪的行为,也有一些比照《刑法》有关条款追究刑事责任的规范,扩大了《刑法》适用范围。这些规范都是刑法部门的组成部分。

我国刑法部门还应当包括我国参加的有关国际条约中的有关条款,例如1979年对我国生效的《关于在航空器内的犯罪和犯有某些其他行为的公约》、1980年对我国生效的《关于制止非法劫持航空器的公约》、1992年加入的《反对劫持人质国际公约》,等等。

（七）诉讼及非诉讼程序法

诉讼与非诉讼程序法是指调整为保障实体法内容的实现而进行诉讼活动和非诉讼活动所遵循的程序以及由此产生的社会关系的法律规范的总称。其内容由诉讼程序法和非诉讼程序法两大部分构成。所谓诉讼程序法是规定为保障实体法内容的实现而进行诉讼活动所遵循的程序以及由此产生的社会关系的法律规范的总称，如我国《行政诉讼法》、《民事诉讼法》、《刑事诉讼法》、《海事诉讼特别程序法》等规范性法律文件中涉及诉讼程序的法律规范。所谓非诉讼程序法是规定为保障实体法内容的实现而进行非诉讼活动所遵循的程序以及由此产生的社会关系的法律规范的总称，如我国《仲裁法》、《律师法》、《人民调解委员会组织条例》等规范性文件中涉及非诉讼活动程序的法律规范。

【课后阅读文献】

王利明：《我国市场经济法律体系的形成与发展》，载《社会科学家》2013年第1期。

【思考题】

一、选择题

1. 法律体系是一个重要的法学概念，人们尽可以从不同的角度、不同的侧面来理解、解释和适用这一概念，但必须准确地把握这一概念的基本特征。下列关于法律体系的表述中哪种说法未能准确地把握这一概念的基本特征？
   A. 研究我国的法律体系必须以我国现行国内法为依据
   B. 在我国，近代意义的法律体系的出现是在清末沈家本修订法律后
   C. 尽管香港的法律制度与大陆的法律制度有较大差异，但中国的法律体系是统一的
   D. 我国古代法律是"诸法合体"，没有部门法的划分，不存在法律体系
2. 我国某省人大常委会制定了该省的《食品卫生条例》，关于该地方性法规，下列哪一选项是不正确的？
   A. 该法规所规定的内容主要属于行政法部门

B. 该法规属于我国法律的正式渊源,法院审理相关案件时可直接适用
C. 该法规的具体应用问题,应由该省人大常委会进行解释
D. 该法规虽仅在该省范围适用,但从效力上看具有普遍性

3. 关于法的渊源和法律部门,下列哪些判断是正确的?
A. 自治条例和单行条例是地方国家权力机关制定的规范性文件
B. 行政法部门就是由国务院制定的行政法规构成的
C. 国际公法是中国特色社会主义法律体系的组成部分
D. 划分法律部门的主要标准是法律规范所调整的社会关系

二、名词解释

1. 法律体系
2. 部门法(法律部门)

三、简答题

1. 法律体系的特征有哪些?
2. 简述部门法的划分标准。
3. 简述法律体系与立法体系的联系与区别。
4. 简述法律体系与法学体系的联系与区别。
5. 简述法律体系与法系的联系与区别。

第九章 法的作用

☞ **本章提示**
- 法的作用的概念
- 法的功能的概念
- 法的作用与法的功能的区别与联系
- 法的规范作用
- 法的社会作用
- 法的局限性

第一节 法的作用概述

一、法的作用的概念

法的作用泛指法对人们的行为及社会关系和社会生活产生的影响。

法的作用是法理学中一个具有重要意义的问题,许多哲学家、法学家和社会学家从不同的角度对它进行了分析,并得出了许多富有启发意义的结论。

中国古代思想家认为法的作用在于"定分止争"、"禁奸止暴"[①]。

古希腊思想家柏拉图认为:"法律的基本意图是让公民尽可能的幸福,并在彼此友好关系中最高地结合在一起。"[②]

法国社会学家 E.迪尔凯姆认为法律的作用在于确认社会连带关系并维护社会的团结,现代社会中的法律可以维护社会的有

---
① 《商君书·定分》。
② 《中外法学家原著选读》,群众出版社 1986 年版,第 340 页。

机团结,而传统社会中的法律则充其量只能实现一种机械的团结。

美国法学家 R. 庞德对现代西方社会中的法律作用作了经典论述。在庞德看来,法律的目的在于保障社会的凝聚力并促进社会变革的有序进行,为实现这一目的,作为一种社会控制的手段,法律所采用的方法是平衡相互冲突的利益,法律必须在两个方面发挥作用:一是通过对各类冲突严格分析,最后确立最普遍的社会利益;二是通过权利维护和法庭裁决对形形色色的个人要求进行鉴别,以确立每个公民应当享有的个人利益。

另一位美国法学家 K. 卢埃林则试图探求法律在各种社会中所共同具有的基本功能。卢埃林指出法律具有四种基本功能,一是解决社会争端;二是预防性地引导或转变人们的观念和行为以避免发生冲突;三是确定群体中的权限;四是组织、协调群体内部的各项活动以鼓励其成员并指明努力方向。[①]

尽管许多法学家和社会学家对法的作用问题表现出强烈的关注和极大的兴趣,但迄今为止尚未形成明确一致的结论。事实上,法在不同的社会、不同的时代,其作用的大小、范围、方式和目的是不同的。在古代社会,法依附于皇权、君权,是专制、人治的工具,并且是随着皇帝、君主的好恶而变化,其作用的目的是为维护君权、特权所需要的社会秩序。因此,法的作用的方式常常表现为限制、禁止、约束、重罚;而法的引导、教育、管理等方式比较少见。在近代社会,特别是资本主义社会,法的作用的范围发生了巨大变化,改变了古代社会法的义务本位,体现了以权利为本位,其作用的范围扩大了。不仅涉及阶级统治方面的事务,还更多地涉及管理社会公共事务,其作用的目的也倾向于保护人权、平等和自由,保障经济效益和秩序等。

---

① 参见〔英〕罗杰·科特威尔:《法律社会学导论》,潘大松等译,华夏出版社 1989 年版,第 81—91 页。

二、法的作用与法的功能

功能是指一事物与外部环境之间相互联系和作用过程的秩序和能力。正如 J. 威尔逊在其所著的《功能分析介绍》一书中说："功能概念是指属于总体活动一部分的某种活动对总体活动所作的贡献。一种活动之所以持续下来,是因为它对整体生存是必要的。"①对法律功能进行分析,就是指对法律所产生的后果在社会整体中所发挥的作用进行认识和评价。

法的功能又称法律功能,是指法律作为体系或部分,在一定的立法目的指引下,基于其内在结构属性而与社会单位所发生的,能够通过自己的活动(运行)造成一定客观后果,并有利于实现法律价值,从而体现自身在社会中的实际特殊地位的关系。②法律功能是法律对社会需求的回应。法的作用侧重于实际的效果,法的功能则侧重于说明带有方向性的活动。

目前,在我国法学界普遍存在着将法的作用与法的功能二者相混同的观点。我们认为不应将二者混淆。因为,法律作用实际上是指法对人类社会发展所发生的作用,是法在社会中所产生的各种影响的总称。法作为一种社会现象,其对社会生活的影响是多方面的。法的作用与法的功能有以下几方面的区别:

(1) 法的功能与法的作用有"内在"与"外在"、"应然"与"实然"的区别。法的功能是内在的,存在于法律本身,一个法律一旦被制定,其功能也就被确定了,并不受外在的和以后实施状况的影响。法的作用是外在的,它的状况取决于整个社会对它的实施状况,也就是说,法的作用并不存在于法律本身,而是存在于客观的现实社会中。同时,法的功能是应然的,它的立足点是在法律本身应当如何,而不是法律在实际中运用的怎样。法的作用是实然的,它的立足点是在社会中认识法律的实施状况,这是法的功

---

① 参见〔美〕丁·威尔逊:《功能分析介绍》,罗述勇译,载《国外社会科学》1996 年第 10 期。
② 付子堂:《法律功能论》,中国政法大学出版社 1999 年版,第 35 页。

能与法的作用的重要区别。

（2）法的功能与法的作用有"有益性"与"中性"的区别。法的功能表明了它的有益性。而法的作用所表明的性质是中性的。法的作用在其设定者看来，未必是有益的。因为法在实施后的状况违反设定者意图的情况并不少见。意思是说，法的作用在非立法者看来，既可能是有益的，也可能是无益的，甚至是有害的。

（3）法的功能与法的作用有"恒量"与"变量"的区别。法的本质和属性决定了法一旦产生，其功能就被确定了，相对来说，它是一个恒量。而法的作用受很多因素的影响，相对于法的功能来说，法的作用就是一个变量，它具有更多的不确定因素。

三、法的规范作用与社会作用

关于法的作用的诸多分类中，英国牛津大学教授拉兹（Joseph Raz）提出的法的规范作用和社会作用的划分，影响深远。[1] 这是按照法作用于人们的行为和社会关系的形式与内容之间的区别所作的分类。法的规范作用，是指法律作为行为规则直接作用于人的行为所产生的影响；法的社会作用是指法律作为社会关系的调整器对社会的影响，它是经由法的规范作用而产生的。从法是一种社会规范看，法具有规范作用；从法的本质和目的看，法又有社会作用。这两种作用是手段与目的的关系，即法通过其规范作用（作为手段）而实现其社会作用（作为目的）。法的规范作用与法的社会作用存在以下几个方面的区别：

第一，考察基点不同。规范作用基于法的规范性特征，社会作用基于法的本质、目的和实效。

第二，作用对象不同。规范作用的对象是人的行为，社会作用的对象是社会关系。

第三，存在方式不同。规范作用是一切法所共同具有的，社会作用则因不同的类型、不同国家和不同性质的法而有所不同。

---

[1] 张文显：《二十世纪西方法哲学思潮研究》，法律出版社1996年版，第100—103页。

第四,所处的层面不同。规范作用是社会作用的手段,社会作用是规范作用的目的。规范作用具有形式性和表象性,社会作用具有内容性和本质性。

第五,发挥作用的前提不同。规范作用的前提是法律颁布,社会作用的前提是法律被运用、被实施。

将法的作用区分为规范作用和社会作用,既能使人们清楚地认识到法的作用与上层建筑其他组成部分(如国家、政党等)的作用的各自特点,又能使人们充分认识到不同社会形态中的法的作用的区别。因而它是一种比较理想的能够更加深入而具体地认识法的作用的分类。本书主要从这种分类角度来详细介绍法的作用。

第二节 法的规范作用

法律作为由国家制定或认可的一种特殊的社会规范,总是以自己特有的方式来影响社会的,这也是法律区别于其他社会控制手段的特点之一。法的规范作用主要包括指引、评价、预测、教育、强制等几个方面。

一、指引作用

法的指引作用表现为:法律作为一种行为规范,为人们提供某种行为模式,指引人们可以这样行为,必须这样行为或不得这样行为,从而对行为者本人的行为产生影响。从另一个角度看,法的指引作用是通过规定人们的权利和义务来实现的。因此,法对人们行为的指引,也相应有两种方式:一是有选择性的指引。它的含义是指:法律规范对人们的行为提供一个可以选择的模式,根据这种指引,人们自行决定是这样行为或不这样行为。这是一种按照权利性规则而产生的指引作用。二是确定性的指引。它是指人们必须根据法律规范的指示而行为:法律要求人们必须从事一定的行为,而为人们设定积极的义务(作为义务);法律要求人们不得从事一定的行为,而为人们设定消极义务(不作为义务)。若人们违反这种确定的指引,法律通过设定违法后果(否定式的法律后果)来予以处理,以此来保障确定性指引的实现。

二、评价作用

法的评价作用表现在:法律对人们的行为是否合法或违法及其程度,具有判断、衡量的作用。法的评价作用同其指引作用是分不开的。如果说法的指引作用可以视为法的一种自律作用的话,那么法的评价作用可以视为法的一种律他作用。正因为法能够指引人们的行为方向,表明它是一种带有价值倾向和判断的行为标准。同理,也正因为法对自己或他人的行为提供了判断是非曲直的标准,所以才具有指引人们行为的作用。而且法通过这些标准,影响人们的价值观念,达到引导人们行为的目的。

三、预测作用

法的预测作用表现在:人们可以根据法律规范的规定事先估计到当事人双方将如何行为及行为的法律后果。它分为两种情况:一是对如何行为的预测。即当事人根据法律规范的规定预计对方当事人将如何行为,自己将如何采取相应的行为。二是对行为后果的预测。由于法律规范的存在,人们可以预见到自己的行为在法律上是合法的,还是非法的,在法律上是有效的,还是无效的,是会受到国家肯定、鼓励、保护或奖励,还是应受法律撤销、否定或制裁。

四、教育作用

法的教育作用表现在:通过法律的实施,法律规范对人们今后的行为发生直接或间接的诱导影响。法具有这样的影响力,即把体现在自己的规则和原则中的某种思想、观念和价值灌输给社会成员,使社会成员在内心中确立对法律的信念,从而使法的外在规范内化,形成尊重和遵守的习惯。法的教育作用主要是通过以下方式来实现的:一是反面教育。即通过对违法行为实施制裁,对包括违法者本人在内的一般人均起到警示和警戒的作用。二是正面教育。即通过对合法行为加以保护、赞许或奖励,对一般人的行为起到表率、示范作用。

五、强制作用

法的强制作用表现在:法为保障自己得以充分实现,运用国家强制力制裁、惩罚违法行为。法律制裁的方式多种多样。通过法律制裁可以维护人们的权利,增强法律的严肃性和权威性,提高人们的权利和义务观念,保证社会稳定,增强人们的安全感等。法的强制作用是以国家的强制力为后盾的,因此,它以有形的物质性的力量为表现形式,而道德、习惯一般是以无形的精神性的力量为表现形式。法的强制作用是任何法律都不可或缺的一种重要作用,是法的其他作用的保证。如果没有强制作用,法的指引作用就会降低,评价作用就会在很大程度上失去意义,预测作用就会产生疑问,教育作用的实效就会受到影响。总之,法失去强制作用,也就失去了法的本性。

第三节 法的社会作用

与法的规范作用相比,法的社会作用是一个更为复杂的问题。因为规范作用是从法作为一种社会规范的外部影响力出发来分析的,这种外部显现的东西相对来说是比较容易认识的现象。法的社会作用则是从法的比较隐蔽的本质和目的出发来分析的,加之不同类型的法的社会作用显然是不同的,这就增加了认识的难度。但是,相对于法的规范作用,法的社会作用问题更为重要,在很多场合,人们讲到法的作用实际指的就是法的社会作用。

一、维护社会秩序与和平

法律的产生的首要功能就在于它能禁止专横、制止暴力、维护和平与秩序。无论是在经济领域还是在政治领域,法的首要任务是防止无政府状态和暴力,维持和平与秩序。在市场经济领域,通过法律规范市场主体、创建市场、限定市场范围、约束国家宏观调控,从而维护市场即自由交易和契约自由的领域、限制契约自由如禁止垄断契约,从而保障市场公平有序的竞争等。在政治领域,通过国家的有关政治方面的法律法规规范参与政治活动的主体、限定政治行为,"用一种和平秩序取代暴力争取权力的位置,和平秩序让政治的纷争受到某些限定的、和平的形式约束……宪法通过由法安排的选举斗争来取代国内战争"[①]。

二、推进社会变迁

法律不仅具有维护社会稳定与秩序的作用,也具有促进社会变迁和变化的作用。社会变迁具有层次性:首先,改变个人的行为模式;其次,改变群体的以及群体与个人之间、群体之间的行为准则;最后,改变整个社会的基本准则。不同社会的变迁速率不同,因为它受到一系列因素的影响,如技术的进步、自然环境、政治组织及政治意识的成熟程度、文化的统一或多样性等。法律对单个主体的行为模式的变化可以施与直接的作用,因为法律可以对单个主体强加法律上的义务来改变个人的行为。法律对其他层次的社会变迁的影响往往是间接的。这种间接作用主要体现为:依据法律形成各种社会制度,通过它们来直接影响社会变迁的性质和速率;建立政府机关内部的各种组织机构以扩大对社会变迁的影响;设定一种法律上的义务以形成一种社会环境,依此培养社会变迁的因素等。

三、保障社会整合

任何一个社会要生存下去,就必须满足某些基本功能,即适应环境的功能、实现目标的功能、整合功能、维持模式功能等;为完成这些功能,任何社会必须有四个亚社会系统即经济制度、政

---

① 〔德〕H.科殷:《法哲学》,林荣远译,华夏出版社2002年版,第119页。

治制度、法律制度和亲属制度等。整合功能是指为了维持社会的存在,任何社会都必须具有协调和控制社会系统不同部分的能力,以保证整个社会的统一,目的是使社会成员保持在良好的关系之中,避免分裂性的冲突,以达到人际关系和群体关系的和谐团结。社会整合功能主要由法律制度完成。法律规范确定了人与人之间、制度与制度之间的标准关系,一旦冲突发生,法律系统是避免社会解体的保证。

四、控制和解决社会纠纷和争端

纠纷和争端是一定社会中的不同主体针对某种有价值的东西公开地提出相互对立的主张。纠纷和争端具有危险性,小则发生争吵,大则引发暴力冲突、流血冲突,最终可能导致共同体的解体从而危及人类的生存和发展。国家和法律的基本作用之一就是将人类社会的纠纷和争端控制在一定的程度内,在一定的秩序范围内和平地解决,从而减少它们的危险性和危害性。

五、促进社会价值目标的实现

法律可以促进制定和实施它的人所主张的价值目标。事实上,特定社会和国家的许多法律都旨在促进一定的价值目标。美国法学家博登海默指出:"实质的法律规范制度仍然是存在的,其目的就在于强化和确使人们遵守一个健全的社会所必不可少的道德规则。"[1]也可以这样说,任何国家的法律制度都不可能脱离该社会道德或价值观念的影响而发挥作用。所以,美国法学家霍姆斯就宣称:"法律乃是我们道德生活的见证和外部的积淀。"[2]至于法律促进哪些价值目标以及它们的内容与关系如何,这属于法的价值论的内容。[3]

---

[1] 〔美〕E.博登海默:《法理学——法律哲学与法律方法》,邓正来译,中国政法大学出版社2004年版,第399页。
[2] 同上书,第394页。
[3] 参见舒国滢主编:《法理学导论》,北京大学出版社2012年版,第40—42页。

第四节 法律的局限性

法律既不是无用的,也不是万能的,对于法律功能的认识既不能忽视、缩小也不能夸大,要正确认识。这就需要认清法律功能的限度,避免滑向法律无用论和法律万能论两个极端。

法律无用论是一种否定法律功能和法律正向作用的错误认识,它以法律虚无主义为思想基础。主要表现为:第一,完全否认法律的功能,甚至认为法律是束缚手脚的绳索,主张人治,反对法治。第二,不完全否认法律的功能,但对法律采取实用主义态度,当法律对其有利时,则作为其工具或手段加以运用;当法律对其不利时,则无视法律的存在。其行为不是由法律来指引,而是以利益为核心,根据自己的需要而随意取舍,甚至违反法律也在所不惜。

法律万能论就是过分夸大法律的功能和作用,强调法律无所不能,无所不在。这种观点混淆了法律与其他社会现象和社会规范之间的关系。

法律的局限性主要可以从以下几方面来说明:

(1)法律只是调整社会关系的手段之一。法律是用以调整社会关系的重要手段,但并不是唯一的方法。在调整社会关系的手段中,除法律外,还有经济、政治、思想道德、文化、教育、习惯、传统、舆论、宗教等。所以,在处理社会关系时要综合运用各种手段,以取得最大的社会效益。

(2)法律的调整范围是有限的。法律仅调整一定范围内的社会关系,在有些社会生活领域中,对有些社会关系或社会问题,法律是不适宜介入的。如有关人们的一般私生活问题,在其不触犯法律的情况下,法律是不应当对其进行调整的。如果强制地使用外在的力量去解决内在的问题,不仅无效,反而会产生副作用。

(3)法律自身所具有的局限性。法律具有主观意志性,法律本身并不等于客观规律。法律是由人制定的,由于人的认知能力的限制,法律在制定出来时总会存在某种不合理的地方。同时,法律是对人们行为的一种抽象的概括,而现实生活中的问题却是具体的、多变的,法律不可能适应整个社会实践。法律也具有稳定性,不能朝令夕改、频繁改变,而社会生活是不停发展的,将相对稳定的法律适用于发展着的社会实践时,就有可能出现法律落后于实践的地方。因此,法律本身存在缺陷,或者说,法律存在漏洞、空隙是难以避免的。

(4) 法律的实施要受到人与物质条件的制约。"徒善不足以为政,徒法不足以自行。"①这是中国古代思想家孟子在强调道德教化的作用时所提出的一个重要观点。不管法律制定的质量、水平如何,法律对人和物都有依赖性。首先,无论何种法律,即使是制定得很好的法律,也需要有具有相当法律素养的人正确地去执行和适用。如果执法者不具备相应的专业知识和思想道德水平,法律是很难以有效地实施的。其次,法律的实施还需要社会上绝大多数人的支持,这就要求他们具备一定的法律意识,尊重并相信法律。如果他们缺乏一定的法律意识,缺乏遵守法律的思想道德风尚和习惯,法律就不可能有效地实施。最后,实施法律还必须要有相应的社会、经济、政治、文化条件的配合,需要有一定的物质装备、基础设施等物质条件。

只有看到法律具有这些制约、局限,并采取相应的措施,才能充分发挥法律的作用。

【课后阅读文献】

刘作翔:《论法律的作用及其局限性》,载《法制与社会发展》1996 年第 2 期。

【思考题】

一、选择题

1. 法的指引作用可以分为确定的指引和有选择的指引,下列哪些表述属于有选择的指引?

   A.《宪法》规定,公民的人格尊严不受侵犯

---

① 《孟子·离娄上》。

B. 《合同法》规定,当事人协商一致,可以变更合同
C. 《刑法》规定,故意杀人的,处死刑、无期徒刑或者10年以上有期徒刑
D. 《民法通则》规定,公民对自己的发明或者其他科技成果,有权申请领取荣誉证书,奖金或者其他奖励

2. 《物权法》第116条规定:"天然孳息,由所有权人取得;既有所有权人又有用益物权人的,由用益物权人取得。当事人另有约定的,按照约定。法定孳息,当事人有约定的,按照约定取得;没有约定或者约定不明确的,按照交易习惯取得。"关于这一规定,下列哪一说法是错误的?
A. 该规定属于法律要素中的确定性法律规则
B. 该规定对于具有物权孳息关系的当事人可以起到很明确的指引作用和预测作用
C. 该规定事实上允许法官可以在一定条件下以习惯作为司法审判的依据
D. 对"天然孳息"和"法定孳息"重要法律概念含义的解释应该首先采用客观目的解释的方法

二、名词解释
1. 法的作用
2. 法的功能
3. 法的规范作用
4. 法的社会作用
5. 指引作用
6. 评价作用
7. 预测作用
8. 教育作用
9. 强制作用

三、简答题
1. 法的规范作用主要包括哪几个方面?
2. 简述法的社会作用。
3. 简述规范作用与社会作用的区别与联系。
4. 法的指引作用有哪些分类?

四、论述题
如何正确理解法的作用的局限性?

第三编
法的历史基础理论

第十章 法的起源

☞ **本章提示**
- 原始公社的社会组织形式和社会调整系统的性质
- 法的产生过程
- 法产生的基本标志
- 法与原始公社氏族习惯的主要区别
- 法起源的形式和一般规律

第一节 原始社会概况

一、原始社会的生产力水平与组织结构

原始社会是人类历史发展的早期阶段。在这个时期,没有国家,也没有法律。

首先,原始社会的生产力水平难以为法律的存在提供经济基础。

法律属于上层建筑,决定于社会经济基础。因此,考察法的起源,不能脱离社会生产方式,当然也就不能脱离生产力的发展水平。生产力的要素包括劳动者、生产工具和劳动对象,生产力

水平的高低集中反映在生产工具上。原始社会的生产力水平低下,主要就是因为那时的生产工具极其简陋。

美国民族学家和人类学家路易斯·亨利·摩尔根在1877年版的《古代社会》一书中,把原始社会分为蒙昧时代和野蛮时代,每个时代又分为低级、中级和高级三个阶段。① 蒙昧时代的低级阶段是人类的童年,当时人还居住在树上,以求在猛兽群中生存下来。中国也经历过这一阶段,《韩非子》中就有记载:在有巢氏时期,"构木为巢,以避群害"。蒙昧时代的中期,人类开始采用鱼类作食物,并开始使用火,但由于食物来源经常没有保证,因而还发生过"食人之风"。到了蒙昧时代的高级阶段,人类发明了弓箭,标志着生产工具水平跃上了一个新台阶。野蛮时代的低级阶段是从人学会制陶术开始的;中级阶段从驯养家畜、种植根物开始;高级阶段则从铁矿的冶炼开始,并且由于文字的发明以及应用于文献记录而过渡到文明时代。因此,蒙昧时代是以采集现成的天然物为主的时期;野蛮时代是人类学会经营畜牧业和农业的时期,是学会靠自己的活动来增加天然产物生产的方法的时期,但此时人类尚不能对天然物进行加工。由于生产力水平极端低下,没有剩余产品,就不可能产生私有制,也就没有国家和法。总之,原始社会的生产力水平难以提供一种法律产生的经济土壤。

其次,原始社会没有给法律的存在提供权力基础。

关于原始社会的权力形态问题,在历史学、民族学的框架中,主要形成了两种比较成熟的理论解释模式。

第一种模式,就是摩尔根以人类学立场在《古代社会》中所提出的氏族—部落联盟模式,认为原始社会的最后阶段是部落联盟。他在总结北美易洛魁人进化历程的基础上,认为按照社会组织形式的发展,原始社会可以分为两个时期:一是原始群时期,二是氏族公社时期。② 原始群时期大致相当于蒙昧时代的低级阶段和中级阶段。这一时期,人类还处于群婚阶段。人们没有固定居

---

① 〔美〕摩尔根:《古代社会》(上册),杨东莼等译,商务印书馆1981年版,第3—9页。
② 参见张文显:《法理学》(第二版),高等教育出版社2003年版,第169页。

住地,而是组成不大的游荡集团。由于主要依靠采集自然物作为生活来源,当一个地方的自然物被采集得差不多时就转移到另一个地方。氏族公社时期大体上开始于蒙昧时代的高级阶段,全盛于野蛮时代的低级阶段,衰落于中级阶段,解体于高级阶段。所谓氏族,是指原始社会由血缘关系联系起来的比较稳定的人的联合,是人类社会自然形成的原始社会的基本生产单位和生活组织。氏族的特点是:以血缘关系为纽带,不以地域划分为基础;它是为全体氏族成员谋利益的,体现全体成员意志的原始民主组织。在氏族组织的发展过程中,经历了母系氏族和父系氏族两个阶段。所谓母系氏族,即由一位共同的女祖先所繁衍的后代子孙组成,是原始公社制度的典型形式,占据原始社会历史的绝大部分时期;所谓父系氏族,即由一位共同的男祖先所繁衍的后代子孙组成,历时较短即为阶级社会所代替。氏族——两个或几个有血缘关系的氏族组成的胞族——若干氏族或胞族联合而成的部落——若干部落联合而成的部落联盟,就构成了原始公社的整个社会组织体系。部落联盟没有最高行政长官,其最高权力机构是联盟的首领全权大会,即联盟会议。原始社会的权力基础是氏族公社,而非国家,法律也就无从产生和存在。

　　第二种模式,即酋邦模式,认为在世界上某些地区原始社会的最后阶段是酋邦。"酋邦"这一概念是美国学者威廉·奥伯格1955年根据他对美洲低地土著社会的民族学研究提出来的。美国人类学家塞维斯(Elman R. Service)在其1962年出版的《原始社会组织》一书中,从民族学的角度把原始社会分为三个演化阶段:游团、部落和酋邦。游团是以地方性外婚和单方婚后居制为特征的小型地域性的狩猎采集团体;部落是随着新的技术的出现而形成的;酋邦以酋长为中心,是一种集中的社会政治体制,其等级地位的世袭具有一种贵族社会的性质,但由于缺乏正规的强制机构,所以没有能力防止分裂。酋邦模式下,社会规模超越了氏族部落社会,其中社会分化的程度也甚于氏族部落社会。权力来源于成功的战争,在权力拥有者之间存在着金字塔式的等级结构,出现了掌握社会最高权力的个人;首领兼祭司,存在宗教与世俗权力相结合的现象。酋邦再进一步向前发展就是国家。① 20世纪70年代以来,酋邦成为国家和文化起源研究的主要对象。也有许多当代中国学者认为,对中国前国家时期的社会状况而言,酋邦可能是比部落社会或部落联盟更贴切的一种概括。解释中国早期政治组织的发展和国家的形成时,有必要较多地吸收酋邦理论的内容,这并不是由于酋邦理论是一种较新的理论,而根本上是因为酋邦理论对于中国的事实较为适用。

可以说,氏族—部落联盟模式下的权力主要由一个原始的代议机构掌握,它体现为一种集体分权性质的权力,这样的权力形态与西方后来的代议民主制遥相呼应;而酋邦模式下的权力带有较强的个人集权性质,它几乎不受任何监督和制约,其特征是一个人对其他人实施无限的专制的统治,也许这正是中国几千年来君主个人专权体制的源头。

二、原始社会的行为规范

任何社会都需要有人所共同遵守的行为规范,从而为人们的行为提供模式、规定界限,以协调人们之间的关系,确定社会生产和生活所必要的秩序。

行为规范是社会调整的主要依据。原始社会尽管没有国家和法,但仍然是有秩序的,只是那时人们还不可能自觉地制定出某种行为规则。中国的孔夫子曰:"大道之行也,天下为公。选贤与能,讲信修睦。……是故谋闭而不兴,盗窃乱贼而不作,故外户而不闭,是谓大同。"②恩格斯也赞美道:"而这种十分单纯质朴的氏族制度是一种多么美妙的制度呵!没有大兵、宪兵和警察,没有贵族、国王、总督、地方官和法官,没有监狱,没有诉讼,而一切都是有条有理的。一切争端和纠纷,都由当事人的全体即氏族或部落来解决,或者由各个氏族相互解决;……一切问题,都由当事

---

① 参见张光直:《中国青铜时代》,生活·读书·新知三联书店1999年版,第89—91页。
② 《礼记·礼运》。

人自己解决,在大多数情况下,历来的习俗就把一切调整好了。"①在原始社会的这种"有秩序的无政府状态"下,与原始公有制的经济基础相适应,不仅存在自己的社会组织,而且还有自己的社会规范——原始习惯。

现代人类学和民族学的研究成果表明,人类社会最古老的禁止性规范是禁忌(taboo)。禁忌是由原始人对大自然充满崇拜和畏惧而产生的,反映着原始人对"魔鬼力量"的信仰,表现为出现在距今25—100万年前原始群中期即旧石器时代的食物禁忌,约束两性关系的性禁忌,以及后来产生的图腾禁忌。这些禁忌逐步发展成人类早期社会的习惯体系。原始人在长期共同生产和生活中自然形成的、世代相传的共同遵守的各种行为规则,统称为原始习惯。原始习惯对全体氏族成员具有普遍约束力,氏族成员的冲突和纠纷大都通过原始习惯予以解决。

原始习惯表现在许多方面。在血缘关系方面,为了维系氏族的延续,形成了族外婚习惯,氏族内部成员之间绝对禁止发生性关系,而只能在不同的氏族成员之间通婚,如果破坏同族禁婚,则不可宽恕。在经济方面,按生理年龄进行分工,对劳动所获食物和其他生活资料实行平均分配;同时,还实行族内共同继承,即相互继承已故成员的遗产。在组织习惯方面,氏族酋长和军事首领由氏族全体成年成员民主选举产生,随时撤换;氏族或部落的重大事情由全体成员讨论决定,酋长和军事首领与一般氏族成员处于平等地位,没有特权,没有世袭,也不脱离生产。在处理争端纠纷方面,对内,同一氏族、部落成员相互帮助,相互支援,"刑政不用而治,甲兵不起而王";对外则实行复仇,最初是血族复仇,即倾巢出动,血洗仇方,后为血亲复仇,即只找加害人复仇,后来逐渐演变为同态复仇,再后又逐渐改为用赔偿代替。

根据马克思主义法学观,原始公社的行为规范并不是法和法律,而只是一种习俗。法是社会发展到一定阶段的产物,只有在

---

① 《马克思恩格斯选集》第4卷,人民出版社1995年版,第95页。

私有制、阶级和国家产生,氏族内部的社会调整系统不足以解决在氏族内部产生的阶级矛盾时,法的现象才出现。法是阶级矛盾不可调和的产物。恩格斯指出:"在社会发展某个很早的阶段,产生了这样一种需要:把每天重复着的产品生产、分配和交换用一个共同规则约束起来,借以使个人服从生产和交换的共同条件。这个规则首先表现为习惯,不久便成了法律。随着法律的产生,就必然产生出以维护法律为职责的机关——公共权力,即国家。"①恩格斯的这一论述,首先说明了法的现象与社会生活之间的紧密联系,即法和法律是商品生产和商品交换的产物;其次也说明了法与原始公社习惯之间的区别,即在原始公社中,由重复进行的个别性商品生产和交换行为概括总结而成的规则只是一种习惯,以维护这些规则的运行为职责的国家产生的时候,法也就产生了。恩格斯关于法律与国家产生的基本思路是:法律和国家是在同一历史条件下,基于同一根源和动因,并且始终相互作用,而同步产生的,法律与国家的产生是一种共生的历史进程。

总的来说,原始社会是人类发展史上必然存在的一个历史时期,那时的禁忌和习惯乃是孕育法律的胚胎或种子。原始氏族公社组织和原始氏族习惯是同当时的生产力状况相适应的,但随着生产力的发展,这种制度便逐渐暴露出它的狭隘性。因而,原始公社必然走向崩溃而让位于新的社会制度,原始习惯也终将被文明社会的行为规范——法律所替代。

第二节 法 的 产 生

一、法的产生的过程

原始公社是社会生产力极度不发达条件下的产物,它注定是要走向消亡的。尽管氏族制度往往被称为人类的黄金时代,没有阶级,没有剥削和压迫,但是它得以产生和存在的基础是人们改

---

① 《马克思恩格斯选集》第3卷,人民出版社1995年版,第211页。

造和征服自然的力量极度低下,生产力水平极度不发达。随着劳动工具的改进和劳动产品数量的提高,家庭劳动和个体劳动就会代替氏族制度下的集体劳动,私有制就会代替原始公有制,氏族制度就会解体。

原始公社的解体是一个缓慢而长期演变的过程,它孕育在氏族制度从低级阶段向高级阶段发展的过程之中。"私有制和交换、财产差别、使用他人劳动力的可能性,从而阶级对立的基础等等新的社会成分,也日益发展起来;这些新的社会成分在几个世代中竭力使旧的社会制度适应新的条件,直到两者的不相容性最后导致一个彻底的变革为止。"[1]正是原始社会内部成长起来的物质生活条件为原始公社的解体准备了物质条件。这一过程包括原始社会所经历的三次社会大分工:第一次社会大分工是农业和畜牧业的分工,第二次是手工业从农牧业中分离出来,第三次是商业的出现。

这三次社会大分工之间是相互联系的。第一次社会大分工,首先是通过农业村落的分化而进行的,有些村落侧重于农业,有些侧重于畜牧业,终于出现专营农业的地区或部落以及专营畜牧的部落,其结果是农耕世界与游牧世界的对立。第二次社会大分工中出现的手工业,主要是指制陶、纺织、建筑(泥瓦匠、木匠)、冶金(铜匠)。手工业出现的条件是农业生产发展到可以提供剩余产品供养完全脱离农业生产的手工业的程度,它的标志是专业作坊的出现。第一次和第二次社会大分工,为社会交换准备了条件,同时也为第三次社会大分工准备了条件。有社会分工就有交换。在分工条件下,不同产品属于不同生产者,人们要取得对方的产品,只能通过交换,否则就只能诉诸武力。原始社会实行公有制,但在分工之后,农业生产者和畜牧业生产者要取得自己需要的产品,只有在部落、氏族之间进行产品的交换,在个人之间也是如此。而手工业的分化加速了产品的交换,这是因为手工业者

---

[1] 《马克思恩格斯选集》第4卷,人民出版社1995年版,第2页。

本身不生产粮食，必须要用自己生产的手工制品向农民交换粮食。随着交换活动的增多、交换规模的扩大、交换的地域范围的延伸，就会产生专业的交换人员，商人和商业便应运而生了。

三次社会分工得以完成背后的决定因素是生产力的发展。在新石器时代后期，人们在农业生产中已经开始使用金属工具，金属的冶炼已经开始逐渐经常化。虽然石器仍然占相当比重，但是代表生产力前进方向的铜器已经开始出现并运用于生产和战争之中。更先进的劳动工具提高了劳动生产率，足以产生更多的剩余产品，其结果是，人们可以不再依靠集体劳动，依靠个体劳动和家庭劳动就能取得衣食保障，剩余产品可以支持和供养一定脱离生产的人员，为不直接从事生产劳动而专职从事社会管理的人员的出现准备了条件。

不仅如此，社会分工和交换也促进了私有制、阶级和国家的产生。由于交换以参加交换的双方彼此承认所有权为前提，氏族或部落之间的交换要承认对方的集体所有权，"你的"、"我的"、"他的"等观念开始形成：一方面是代表氏族的首领利用自己管理和支配公共财物的优势地位而将公共财物据为己有，另一方面是整个氏族社会成员逐渐都滋生了私有观念。富人和穷人分化，前者利用财富优势剥削后者，这就使氏族成员在利益上不再具有统一性和在氏族共同体利益一致性的前提下的可调和性，富人和穷人发展成两个对立的阶级。在这种情况下，氏族社会自身无力解决对立阶级的冲突。为了不使社会和互相冲突的阶级在无谓的斗争中同归于尽，就需要一个凌驾于社会之上的力量，把这种阶级冲突控制在秩序的范围之内，这就产生了以国家强制确定社会成员的权利和义务及其界限、从而使阶级斗争得到缓和的必要。适应这样的历史发展的需要，国家的产生也就不可避免了。与此同时，作为表现国家意志、国家实行阶级统治重要工具的法律也出现了。

国家的基本职能是为社会成员设立行为标准，即行为的权利和义务，并设立解决社会争端的有组织的机制，即法庭、警察和监狱。前者是法律的内容,而后者则是法律的强制力的保障条件。国家和法律的产生,给相继发展起来的不断加速财富积累的新的形式,盖上社会普遍承认的印章,将在经济对立基础上所进行的阶级斗争,限制在合法的形式下,表现为法定的权利和义务。生产和交换行为产生于原始社会,其存在最初是由人们的习惯来保障、以整个社会成员的平等为基础的。然而,在私有制产生之后,财产和财富的生产已经成为产生价值和进行剥削的手段,共同的利益基础不再存在,在交换过程中追求更多交换价值的目的使原先以自愿和共同道德观念作为保障的自发秩序不再可能。

二、法产生的基本标志及其与原始公社氏族习惯的主要区别

(一)法产生的基本标志

法的产生经历了一个很长的历史阶段,它的最终形成以下述现象为标志。

(1)国家的产生。在原始社会中,人们在长期的共同生活中自然地形成了各种习惯规范,这种习惯规范存在于传统之中,既不是由某个专门从事管理的机构制定或认可的,也不是靠有组织的暴力来保障实施的。而法律调控则意味着:第一,有一个专门机构以全社会代表的名义认可或制定权威性的行为规范;第二,有一批被组织起来的官吏负责执行这些规范;第三,为了保证这些规范不被蔑视,违反规范者会受到有组织暴力施加的制裁。而这些,正是国家机构所具有的特点,没有此种特殊公共权力的存在,法律就不可能被创造出来,也不可能被有效地实施。

(2)诉讼与审判的出现。在原始社会中,没有诉讼与审判。氏族内部的纠纷由当事人自行解决,部落之间的纠纷则往往诉诸武力,以战争解决。而法律对社会关系和行为的调控,意味着当事人的"私力救济"被限制和"公力救济"的出现,否则任由当事人对侵犯权利的行为自行处置,便难以在利益冲突普遍化的状态下保持必要的秩序。这就要求由一个特定的机构来行使审判权,并通过一定的诉讼程序来处理纠纷。

(3) 权利与义务的分离。氏族习惯是每一位社会成员都自觉遵行的行为标准。依习惯行事,在一般情况下无所谓是行使权利还是履行义务。正如恩格斯在《家庭、私有制和国家的起源》一书中所指出的那样:"在氏族制度内部,还没有权利和义务的分别;参与公共事务,实行血族复仇或为此接受赎罪,究竟是权利还是义务这种问题,对印第安人来说是不存在的;在印第安人看来,这种问题正如吃饭、睡觉、打猎究竟是权利还是义务的问题一样荒谬"①。现在在奴隶社会的入口处,社会成员之间却出现了权利和义务的分离。这种分离首先表现为在财产归属上有了"我的"、"你的"、"他的"之区别;其次,在利益(权利)和负担(义务)的分配上出现了不平等,即出现了特权;最后,在行使权利和履行义务上出现了明显的差别,有的人权利能够得到充分实现,有的人则不能。习惯对行为的调整以利益的共同性为前提,而法律对行为的调控须以利益的分化、即权利和义务的分离为条件,这意味着:第一,法律规范要对各种行为加以明确区分,规定出什么行为可以做,什么行为不得做和什么行为必须做;第二,在各种法律关系中把相应的权利义务分别明确地分配给不同的法律关系主体。如果没有这种区分,法律就不能实现对各种行为的调控职能。

当上述三个标志完全具备之时,法律起源的过程就完成了。此时,一种与国家组织体系相匹配的法律规范体系便告完成。

(二)法与原始公社氏族习惯的区别

原始公社的氏族习惯与法律都是建立在一定经济基础之上的上层建筑,并且都作为行为规范发挥着调整人们行为的作用。但是,从原始社会氏族习惯到法律的产生与发展是社会发展的必然,是社会进步的结果。这种变化孕育于生产力的发展之中,适应了调整更为复杂的社会关系的需要,二者是两种本质上不同的社会调整方式。原始公社的氏族习惯与法的主要区别表现在以下几个方面。

---

① 《马克思恩格斯选集》第4卷,人民出版社1995年版,第159页。

（1）两者所依存的经济基础不同。原始社会氏族习惯产生并存在于原始公有制的经济基础之上，而法律产生于私有制经济基础之上，随着私有制的逐渐形成而形成。

（2）两者体现的意志不同。原始公社氏族习惯是氏族或部落全体成员在利益高度融合基础上形成的共同意志，这种共同意志也就是完全意义上的社会意志，由于他们利益的一致性，所以没有阶级性。法律是以国家意志的形式体现出来的统治阶级意志，产生并存在于阶级对立的社会之中，具有阶级性，它只是在社会中占主导地位的阶级的意志，而不是社会共同意志。

（3）两者产生的方式不同。原始公社氏族习惯是氏族或部落全体成员在共同的劳动和共同生活之中以传统的方式自发的形成和演变，它像语言一样不是任何人、任何机构有意地创造和选择的结果。法律是由统治阶级及其政治代表在行使国家权力的过程中，有意识地创立和有意识地对原有习惯加以选择、确认而形成的。

（4）两者的强制手段不同。原始公社氏族习惯的实施也需要一定的社会强制，但是，这种强制主要是来自于社会舆论和氏族首领的威信。在人们之间没有根本的利益冲突而且社会关系较为简单的情况下，它主要依靠氏族成员的自觉遵守。法律是维持一定阶级统治秩序的重要手段，是在阶级利益对立的情况下产生的，因此，法律必须依靠国家强制力来保障其实施。

（5）两者适用的范围不同。原始社会的氏族习惯所适用的范围主要是同一氏族，以血缘关系作为标准。法律的适用范围及于国家主权所管辖的全部领域。

第三节　法的起源的形式和规律

一、法起源的形式

恩格斯在《家庭、私有制和国家的起源》一书中对国家和法的起源的三种不同形式进行了研究，表明法的起源在遵循共同规律的同时,也具有多样性。

(一) 法的起源的雅典形式

雅典国家及其法的起源是非常典型的,它是在没有任何外来的或内部的暴力干涉的情况下,从氏族社会中直接产生民主共和国的一种情形。

雅典国家是在一系列改革之后形成的。首先是提修斯改革。这次改革的第一项措施是,在雅典设立了一个中央管理机关,将以前由各部落独立处理的一部分事务宣布为共同事务,移交给设在雅典的议事会管辖。由此,统一的雅典"民族"取代了部落和部落之间的军事联盟。第二项措施是,把全体人民分为贵族、农民和手工业者三个阶级,赋予贵族以担任公职的独占权,并使农民和手工业者之间的分工变得牢固。这样就摧毁了以前氏族和部落的划分,宣告了氏族社会和国家之间不可调和的矛盾,使每一氏族的成员分为特权者和非特权者,把非特权者又按照他们的职业分为两个阶级,从而使之互相对立起来。以后,雅典又经过了梭伦改革和克利斯提尼改革,特别是由于平民和贵族的斗争,使雅典民主制共和国直接从氏族制度中产生了。民主制共和国"使社会制度和政治制度所赖以建立的阶级对立,已经不再是贵族和平民之间的对立,而是奴隶和自由民之间的对立,被保护民和公民之间的对立了"[1]。

与雅典国家的起源相对应的是雅典法的起源,它也是法的起源的第一种典型形式,即在社会内部阶级对立中特别是平民和贵族的斗争过程中产生的。在提修斯改革中,随着统一的雅典民族的产生也产生了凌驾于各个部落和氏族的法权之上的一般的雅典民族法,只要是雅典的公民,即使在非自己的地区,也取得了确定的权利和新的法律保护。在梭伦改革中,进行了所谓的"梭伦立法",它通过普遍实行的措施,禁止缔结以债务人的人身作抵押的债务契约,规定了个人所能占有的土地的最大额,以便限制贵

---

[1]《马克思恩格斯选集》第4卷,人民出版社1995年版,第117页。

族对于农民土地的无限贪欲。它把公民按照他们的地产和收入分为四个阶级:500、300和150袋谷物,分别是前三个阶级的最低限度的收入额;地产少于此数或完全没有地产的人,属于第四阶级。只有三个上等阶级的人才能担任一切官职,只有第一阶级的人才能担任最高的官职,第四阶级只有在人民大会上发言和投票的权利而没有被选举和被任命的权利。公民的权利和义务是按照他们的财产的多寡来规定的,在社会制度之中便加入了私有财产这种全新的因素。于是,随着有产阶级日益获得势力,旧的血缘亲属团体也就日益遭到排斥,氏族制度遭到了新的失败。

总体上看,雅典法的产生反映了各国法产生的某些共同特征,因而是具有普遍意义的形式。

(二)法的起源的罗马形式

在氏族制度下,罗马人的重大事务是由元老院、人民大会和王来行使的,它们各自都有其权力的范围,彼此之间存在一定的分工和制约关系。罗马原始公社的社会组织结构也以氏族、胞族和部落为基础,并实行军事民主制。虽然掌握权力的显要们力图逐渐扩大自己的权力,但是,这并没有从根本上改变氏族制度的性质。罗马氏族解体的决定因素是罗马的对外扩张和征服,以及由此引起的阶级对立。在罗马对外扩张的过程中,外来的移民和被征服地区的居民不断增加。这些人不是罗马人民的组成部分,他们的人身是自由的,可以占有地产,必须纳税和服兵役,但不能担任任何官员,既不能参加人民大会,也不能参与征服得来的国有土地的分配。这些人构成了与氏族内的人相对抗的被剥夺了公权的平民,他们与贵族的斗争是罗马氏族社会后期的主要矛盾。为了解决这种矛盾,土利乌斯以希腊的改革为模本进行了改革,其主要内容是设立地区性组织,按财产多少划分阶级和确定权利义务,打破以血缘关系为基础的氏族制度,代之以一个新的、以地区划分和财产差别为基础的真正的国家制度。"公共权力在这里体现在服兵役的公民身上,它不仅被用来反对奴隶,而且被用来反对不许服兵役和不许有武装的所谓无产者。"①

罗马共和国建立以后,贵族与平民的矛盾更加尖锐,导致了《十二铜表法》的制定。这部法律是罗马最早的成文法。它的制定,大大提高了平民的权利,打破了过去氏族贵族对立法和司法权力的垄断。并且,它也是罗马国家的习惯法向成文法过渡的里程碑。罗马法的起源的特点是,罗马氏族习惯向法的转变,不是直接由氏族内部发展起来的阶级冲突和矛盾完成的,而是由氏族之外的外来人(平民)集团反对氏族贵族集团的斗争以及这一斗争的胜利完成的。或者说,外力在法的产生过程中起了极其重要的作用。这是法产生的第二种形式。

(三)法的起源的德意志形式

德意志国家是德意志人战胜罗马帝国的结果。当时,战胜者德意志人仍然生活在氏族制度下,而战败者罗马人则生活在奴隶制下。为了有效地统治被征服者,德意志人不得不改变氏族这种社会组织形式,以一种新的国家代替罗马国家来组织所征服的地区。德意志人创造了具有地区性质的马尔克公社这种国家形式,公社内部的各个国家也都逐渐变成了地区性组织。简言之,德意志人的国家是部分地改造旧的氏族机关,部分地设置新的机关,最后以真正的国家机关来取代氏族而建立起来的;同时,它又是作为征服外国广大领土的直接结果而产生的。这就决定了它是不同于希腊国家与罗马国家产生方式之外的第三种形式。

与德意志国家产生形式相对应的是法的起源的第三种典型形式。它以法兰克王国的"日耳曼法"为代表,这种法带有德意志氏族部落制度的痕迹,主要是由氏族和部落的习惯法构成的。最初的"日耳曼法"就是日耳曼人部落习惯的总称。在征服罗马之后,各日耳曼王国就将各自部落的习惯,借助于罗马法的某些术语,编纂为成文法典。这种法的产生表明,一切落后民族均可以

---

① 《马克思恩格斯选集》第4卷,人民出版社1995年版,第128页。

在自己社会内部基本矛盾运动的基础上,学习、借鉴和吸收先进民族的经验,迅速完成本民族社会制度的变革,从一种社会形态进入另一种社会形态,甚至可以跨越某一历史阶段,进入更高一级的社会形态,建立起新的政治制度和法律制度。

二、法起源的一般规律

虽然在不同地区、不同民族中法产生的时间、过程和形式各有不同,但对它们进行总体分析,可以发现法的起源仍具有共同的特征和规律性。概括起来,表现为以下方面:

(一)法的起源是一个长期的、渐进的发展过程

通过考察表明,法的起源过程开始于原始社会的父系氏族公社时期,即野蛮时代的中级阶段和高级阶段,完成于奴隶社会的建立之初,即文明时代的初级阶段。它跨越了两个性质完全不同的社会形态,经历了很长的时期,体现了法起源的长期性。而且法的起源在形态上也经历一个演变过程,即由法的萌芽,发展为法的雏形,最后才形成习惯法。这一过程不但表明了法同氏族习惯的区别,也表明了它们之间的联系。

(二)法的起源是一个从自发到自觉、由个别到一般的发展过程

由个别到一般、由自发到自觉,是人类认识发展的一条基本规律,也是法起源和发展的规律。在人类社会中,总是先有自发产生的氏族习惯,才有后来经国家自觉认可或制定的法律规范。总是先有一个又一个的个别裁决,才有后来的具有一般意义和普遍约束力的法。这一过程也符合人类智力的成长发展以及人的认识由经验到理性、由简单到复杂的演变过程。

(三)法的起源是社会调整从多种手段的浑然一体到它们的相对独立的过程

法是从氏族习惯的母体中孕育生长,而氏族习惯融合原始的道德、宗教等多种社会规范于一体,它们之间没有明确的界限。法的形成过程,实际上就是日益脱离习惯、道德和宗教规范而成

为独立的社会规范体系的过程。但这一分离在历史上从来没有达到完全纯粹的状态,法在其独立的过程中还同时受到来自习惯、道德和宗教规范、精神和观念的影响,早期国家的法甚至还带有原始氏族习惯、道德、宗教的影响。

(四) 法的起源是从习惯到习惯法再到成文法的发展过程

法的形成过程是与国家的形成过程同步的,整个过程是一个缓慢的、渐进的过程。法并不是凭空产生的,而是从原始公社的习惯逐渐演变而来的,经历了从习惯到习惯法再到成文法的过程。原始公社的调整系统经历了从个别调整到规范调整的过程。个别调整是针对具体的人和具体的事所进行的调整,在此基础上,形成了人们的共同的典型的行为规范或习惯,它规定一些典型的行为模式,调整一些同类行为和同类社会关系。原始公社之所以那样井然有序地存在、发展了数十万年,一个重要的原因就在于它本身具有独特的社会行为规范,即氏族习惯。当社会生产力的发展导致人们之间的关系发生根本变化时,人们之间的关系不再以血缘关系为基础,而是以相互对立的经济利益为基础,于是,适应社会经济生活及其关系发展的要求,人们在日常生活和经济活动中所形成的规范和秩序,日益取得法权的意义。这些规范虽然仍然没有脱离习惯的范围,但是却不再是氏族习惯,而转变成由国家的公共权力保证其实施的习惯法了。国家在调整社会关系的过程之中,采纳了某些习惯,以国家强制力来保障这些习惯的实施,因而使它成为习惯法。对于习惯法到成文法的转变,摩尔根指出,"希腊人、罗马人、希伯来人的最初的法律——在文明时代开始以后——主要只是把他们前代在习惯和风俗中的经验的成果变成法律条文"[①]。根据摩尔根的研究,成文法逐渐代替习惯法的过程大致发生在由氏族制度向文明社会的国家制度转变的历史时期。在这一时期,氏族制度逐渐消失,国家制度逐渐出现,两种制度彼此并存。由于旧的管理制度已经无能为力,

---

① 〔德〕马克思:《摩尔根〈古代社会〉一书摘要》,人民出版社1965年版,第60页。

第十章 法的起源 ★

就迫使制定成文法来代替习惯法。因此,由氏族习惯发展成为习惯法,最终发展到成文法阶段,是法的起源过程中不可忽视的一条线索。

【课后阅读文献】

恩格斯:《家庭、私有制和国家的起源》,载《马克思恩格斯选集》第 4 卷,人民出版社 1995 年版。

【思考题】

一、选择题

1. 按照摩尔根和恩格斯的研究,下列有关法的产生的表述哪一项是不正确的?

    A. 法的产生意味着在社会成员之间的财产关系上出现了"我的"、"你的"之类的观念

    B. 最早出现的法是以文字记录的习惯法

    C. 法的产生经历了从个别调整到规范性调整的过程

    D. 法的产生标志着公力救济代替了私力救济

2. 《摩奴法典》是古印度的法典,该法第 5 卷第 158 条规定:"妇女要终生耐心、忍让、热心善业、贞操,淡泊如学生,遵守关于妇女从一而终的卓越规定。"第 164 条规定:"不忠于丈夫的妇女生前遭诟辱,死后投生在豺狼腹内,或为象皮病和肺痨所苦。"第 8 卷第 417 条规定:"婆罗门贫困时,可完全问心无愧地将其奴隶首陀罗的财产据为己有,而国王不应加以处罚。"第 11 卷第 81 条规定:"坚持苦行,纯洁如学生,凝神静思,凡十二年,可以偿赎杀害一个婆罗门的罪恶。"结合材料,判断下列哪一说法是错误的?

    A. 《摩奴法典》的规定表明,人类早期的法律和道德、宗教等其他规范是浑然一体的

    B. 《摩奴法典》规定苦修可以免于处罚,说明该法缺乏强制性

    C. 《摩奴法典》公开维护人和人之间的不平等

    D. 《摩奴法典》带有浓厚的神秘色彩,与现代法律精神不相符合

二、简答题

1. 简述法产生的基本标志。

2. 法与原始公社氏族习惯的主要区别有哪些?
3. 法起源的形式有哪几种?

三、论述题

法起源的一般规律是什么?

第十一章　法律发展

☞ **本章提示**
- 法律发展的概念
- 法律发展的规律
- 法律继承的概念、根据、内容
- 法律移植的概念、条件
- 法的历史类型

第一节　法律发展概述

一、法律发展的概念

《辞海》对"发展"一词的解释是:"哲学名词。指事物由小到大,由简到繁,由低级到高级,由旧质到新质的运动变化过程。事物的发展是量变和质变的辩证统一,是事物内部矛盾斗争的结果。"发展是事物不断前进的运动变化过程。我们认为,法律发展或称法律的发展、法的发展,是指法遵循一定的规律,趋于不断进步的运动状态和过程。法律经历了一个由若干历史阶段所构成的发展过程,每一阶段的法律都是对前一阶段法律的超越与进步。

社会发展与法律发展两者是互动关系。一方面,社会发展是法律发展的基础,在通常情况下,没有社会的发展就谈不上法律的发展,法律发展是由社会发展所驱动的,是社会发展的结果。推动法律发展的社会因素有:经济因素,这主要是生产力发展和经济结构自身的变化;政治因素,例如国家结构、政体的变化、政党斗争等;文化因素,包括思维方式、法律观念、法学研究和教育的方式、宗教内容的变化及本身地位的升降等。另一方面,法律发展对社会发展起着引导、保障和推动作用。社会需要法律,社会发展需要发展的法律,正是法律发展才使社会发展有可能健康、有序、富有生机地进行。

二、法律发展的规律

尽管世界上不同国家的法律发展由于其历史传统、政治经济文化条件等因素的不同而呈现出不同的样态和模式,但就整个世界法律发展史而言,呈现出以下规律:

(一) 从神法向人法发展

宗教的起源在时间上早于正式法律的产生。早期法律的成长过程与宗教密切关联,法律往往披上宗教的外衣,借助神灵的力量获得权威。例如,法律被奉为神灵对世人的命令,是神意借助其代言人向世人的传达,这些代言人也因此而具有了神性和权威性;法律的实施也借助神的权威,宣誓证言、神明裁判是古代常用的解决纠纷的方式和途径。随着人类社会和法律的发展,神灵之法逐渐让位于人世之法,其根本性的转变始于近代社会。近代西方经过文艺复兴、宗教改革和启蒙运动的洗礼后,大多数政教合一的国家改变成为政教分离的世俗政府,社会从神本主义逐渐转向人本主义,法律也逐渐脱离宗教而成为世俗的人事之法。主要表现为:法律不再被当作神的意志而是人民意志的表达,人民主权是法律权威的终极来源;世俗的司法诉讼取代了神明裁判,成为社会解决纠纷的最为重要的形式。

(二) 从"身份的法"向"契约的法"发展

把法的演进看做是一个"从身份到契约"的运动的学者是亨利·梅因。梅因通过对古罗马父系氏族法律发展历史的研究,发现古代法所调整的单位是家族而不是独立的个人,个人权利的获取和义务的承担以其在家族中的身份而定,身份各不相同的人所享有的法律权利义务是极不相同的,甚至出现了权利义务在不同社会主体之间的分离。在古罗马之前的古希腊,以血统或以财产为标准,公民被分成了不同的等级,其法律权利义务也因此而显示出差异。古代的身份法是不平等的法,随着社会的发展进步,

"'个人'不断地代替了'家族',成为民事法律所考虑的单位"①,现代法所调整的单位不再是家族,而是独立的个人。在新的社会秩序中,人与人之间的关系是因个人的自由合意而产生的契约关系,契约的本质是自由和平等,这就决定了现代法律的平等性。当然,现代法律也在一定程度上允许基于身份的不同而存在权利义务的差异,例如对妇女、儿童、老人、残疾人、少数民族等弱势群体的特殊关照,但其价值取向恰恰是为了实现平等。

(三)从古代民主法治型法,经人治型法最终向现代民主法治型法发展

现代民主与法治的源头可以追溯至古希腊。古雅典在梭伦改革之后,即进入了"优鲁米亚"(法治)时代。古罗马平民则在保民官的领导下,经过与贵族激烈而不懈的斗争,于公元前449年最终产生了可以限制贵族恣意行为的成文法——《十二铜表法》。历史进入近代以后,专制统治成为主要政治形态,与专制社会相对应的法是人治型法,它通常是由处于社会统治地位的握有权力的个人或者少数人制定,只用来针对老百姓,对统治阶级不具有限制力。这种类型的法律具有强者的命令的性质,法律的正当性依据是权力甚至霸权,法律的内容以确认阶级对立、对被统治阶级进行人格贬损和权利剥夺为特征,通过严刑峻法、酷刑来保证法律的实现。资产阶级革命的胜利,宣告了人治型法律的结束,代之而起的是现代民主法治型法律。古代民主与现代民主的差异在于:第一,民主实现的范围不同。古代民主即使发展到极致时,权利主体的范围也是有限的,为数众多的奴隶不享有政治权利;现代国家全体人民都一致平等地享有政治权利。第二,民主实现的方式不同。古代的民主是直接民主,所有公民都参与法律制定的讨论和参与国家事务的管理;现代民主是代议民主制,在古代民主的基础上加入了精英政治的要素。与古代民主和现代民主的差异相对应,古代法治与现代法治也有区别,主要表现

---

① 〔英〕梅因:《古代法》,沈景一译,商务印书馆1959年版,第96页。

为:古代法治国家(或城邦)里,法律只用来限制最高权力拥有者的恣意,人民意志是不受法律制约的,那时也没有违宪审查和宪法救济的存在,多数人决定就有导致多数人专制甚至多数人暴政的危险;在现代民主国家,法律的制定权由民选的代议机构掌握,现代法治的宪政精神、形式合理性要求为民主的极端化倾向设置了防线。因此,尽管同样都具有民主法治要素,但古代与现代还是有着极大的差异,从古代的民主法治型法律发展到现代民主法治型法律是法律发展史上的一个巨大进步。

(四)从不成文法向成文法发展

这一发展规律的得出来自于这样两方面的依据:首先,从法律起源的过程来看,法律在起源之初是以习惯法为其主要表现形式的,至于成文法的出现,则是法律实践和人们的抽象思维能力达到一定程度的产物,是法律发展到稍后阶段的事情。其次,在英美法系和大陆法系两大法系相互融合的过程中,不成文法与成文法的地位逐渐显示出了不同:大陆法系虽然在完善制定法的同时,也日益重视判例的作用,但是,在这一变化过程中判例法并未能取代制定法而居于主导地位。但是在英美法系,情况却是颠覆性的。19世纪以前,制定法只是英美法系中地位次于普通法与衡平法的第三个主要历史渊源,但在此之后,制定法却从一种主要用于引导普通法发展的完全次要的法律渊源而跃居成为一种凌驾于普通法与衡平法之上的主要法律渊源。20世纪以来,这种演变在继续:一方面,制定法的数量继续增加;另一方面,制定法的地位变得越来越重要。

(五)从族群之法向世界之法发展

古代的法律起源于氏族的习惯,带有浓厚的民族和地方特色。整个古代,由于受经济发展水平以及由此而决定的政治文化发展状况的影响,各民族都带有极大的封闭性。生活的封闭导致了观念的保守和顽固,各不同种族之间在社会生活的各个方面,包括法律方面,都强烈地排外,因此,根源于各民族不同的生活方式的法律也呈现出极大的差异性和不可融合性。但是,人类社会在后来的发展中,通过宗教扩张、武力征服和文化传播等方式,包括法律在内的诸文明出现了相互影响与融合的趋势。19世纪以来,英美法德等西方发达资本主义国家通过殖民地扩张,强制推行它们的法律观念和制度,在世界上形成了占绝对优势地位的两大法系。第二次世界大战以后,特别是20世纪60年代西方国家通过"法律与发展"运动,向发展中国家移植了大量的西方法律制度。20世纪70年代以后,发展中国家为了谋求经济的快速发展,自觉主动地移植西方先进法律制度,力图尽快实现本国法律的现代化和世界化。当代世界经济一体化导致在商业贸易等私法领域,法律也呈现出一体化趋势。

第二节 法律继承

在当代中国,为了加快法治的进程,实现社会主义法治国家的建设目标,我们应当以邓小平建设有中国特色社会主义理论为指导,分析和吸纳不同理论的合理因素,借鉴他国法律发展的成功经验,走建设有中国特色社会主义法治的道路。基于这种指导思想,我们认为,继承、移植和改革则是当代中国法律发展的基本途径和方法。

哲学上的"继承"是新事物在否定旧事物过程中对旧事物中积极因素的吸收与保留,并使之成为新事物的一部分。法律作为文化现象,其发展表现为文化积累、更新的过程,那么,新法对旧法有所继承自然是不可避免的,只是在不同的社会环境下对继承的内容上各有侧重。

一、法律继承的含义

法律继承,是指在法律发展过程中,新法有选择、有批判地吸收或改造旧法中合理、适当的因素,使之成为新法的有机组成部分的法律现象。从法律发展的客观过程来看,在法律发展过程中,每一种新法对于旧法来说都是一种否定,但又不是一种单纯的否定或完全抛弃,而是否定中包含着肯定,从而使法律发展过程呈现出对旧法既有抛弃又有保存的性质。如此理解的法律继承可以有效地分清两个对立面,一是不加分析,抄袭或复制旧法的拿来主义,一是否定新法与旧法之间存在历史联系和继承关系的虚无主义。可见,法律继承表明了具有时间先后关系的新法与旧法的某种联系,表明了法律发展的连续性,即新法与旧法之间具有承续关系。

应当指出,法律继承主要发生在新旧法交替过程之中,每一种新法律(奴隶制法除外,它是在原始社会氏族习惯的基础上演化而来的)往往都是以先前的法律作为起点和阶梯而产生的。由于新法对旧法的继承不是全盘地、机械地、无原则地抄袭或复制,而是批判地吸取旧法中某些依然可用的内容和形式,因而就必须对旧法进行选择、改造、加工。所以法律继承往往是局部的、零星的承接和继受,而且要受到诸多条件的制约。

在社会主义法的继承问题上,人们曾经只承认相同性质的法律之间可以继承,即相同社会制度条件下的法之间的继承,包括奴隶制法之间、封建制法之间、资本主义法之间、社会主义法之间的继承。这种认识表现在新中国社会主义法的创制过程中,则是大量继承了革命根据地时期解放区政权的法,而且还大量吸收了苏联社会主义国家的法,坚决不继承国民党统治时期的法律。只承认相同性质的法之间可以继承而否定不同性质的法之间存在继承性,这是用法的阶级性否定了不同类型法的继承性,其实异质法之间的继承同样是法律继承的一个重要内容,是法律发展进程中的一个不可忽视的现象。如英国的资产阶级革命是以资产阶级和封建贵族的相互妥协而告终的,因而是不彻底的革命。这一妥协的特征在法律领域中体现为革命以前的诉讼程序和封建法律形式,在革命中被保存下来并得到继续应用。虽然英国资产阶级在其统治巩固后对封建时代的诉讼程序和其他法律形式曾多次进行改革,即使在进入20世纪后也仍然在改革,然而,某些封建法律形式至今仍然在应用。与同质法的继承相比,异质法的继承在内容和形式上要受到更多条件的制约,在继承的普遍性、广泛性上,相对较小。但是,奴隶制法、封建制法、资本主义法由于都是建立在一定的生产资料私有制基础之上,它们之间的继承比起以公有制为特征的社会主义法对私有制法的继承有着更为丰富的内容。

二、法律继承的根据

新法之所以可以而且必然批判地继承旧法中的某些因素,主要的根据和理由在于:

(1) 社会物质生活条件的历史延续性决定了法律的继承性。从根本上说,法律继承性的依据在于社会物质生活条件的延续性及继承性。人类社会每一个新的历史阶段开始时,都不可避免地要从过去的历史阶段中继承下来许多既定的成分,生活于现实社会的一代人只能在历史留给他们的既定条件所允许的范围内改造社会的形象和创造他们自己的历史。法律决定于物质生活条件,尽管法律的制定者在表现社会生活条件时有一定范围的选择自由,但是,只要那些延续下来的生活条件在现实的社会中具有普遍意义,那么,反映这些生活条件的既有规则就会或多或少地被继承下来并被纳入新的法律体系之中。在我国,由于生产力发展水平还比较低,经济领域中的私营经济、个体经济等非公有制经济的大量存在决定了建立在该经济基础之上以调控经济关系的法律也必然要保留资本主义法的某些合理因素来规范相应的经济关系。

(2) 人类文明发展的连续性,决定了法律继承是不可避免的。任何文明的产生发展,都无法割断自己的历史,而是对过去文明的继承和创新。法律作为社会调整或控制的技术,是人类对自身社会的性质、经济、政治、文化以及其他社会关系及其客观规律的科学认识的结晶,是人类认识的成果和人类文明的宝贵财富,具有超越时空的科学性、真理性和实践价值。任何后继的法律制度绝不可能是在世界法律文明发展的大道之外产生的,而是人类以往法律制度、法律思想、法律技术的继续和发展。其实,与法律制度相比较,法律意识、法律精神则具有更强的继承性。任何一种新的法律意识、法律精神,都会打上旧的法律意识、法律精神的烙印。而任何一种新的法律在创制时,都离不开过去的法律意识、法律精神的影响。因此法律制度、法律意识、法律精神的历史继承性,也决定了新法创制时必然要对旧法有所继承。

(3)法律的相对独立性决定了法律发展过程的延续性和继承性。在法律发展过程中,虽然要受到社会政治、经济、文化等条件的制约,但是法律作为一种社会现象,又有其相对的独立性,即具有自身的能动性和独特的发展规律。每一种新型法律的产生都是法律发展过程中一个环节,它无法割断与旧法的联系,脱离法律发展的规律,总要以旧法为某种根基,根据新的认识、思想和社会需要对旧法所提供的法律知识、技术、术语、概念、原则、制度、理论等内容加以改造、补充和发展,吸收为新型法律的有机组成部分。可见任何一种新法律的产生过程必然伴随着对旧法的吸收、改造过程,它不可能在全盘否定旧法的情况下凭空创造,而只能是"在直接碰到的、既定的、从过去继承下来的条件下创造"①。因此,法的自身独立发展规律也决定了法的继承是必然的。

(4)法律发展的历史事实验证了法律继承性。法律继承不只是一个理论上可以说明的问题,也是一个实践上可以验证的问题。以罗马法的继受为例。从12世纪罗马法的复兴,到欧洲资产阶级革命,查士丁尼《民法大全》经过各个学派的传播,被欧洲国家广泛地继受。有的国家通过办大学,聘请法学家讲授罗马法。那些曾在意大利、法国学习罗马法的学生和法律工作者将他们所学到的罗马法知识带回去,并适用到司法实践中。受过罗马法训练的人普遍受到重用,许多法学博士被任命为司法、行政官吏,有的担任王室的顾问。德国1495年的法令规定帝国法院必须有一半以上的成员是民法(即罗马法)博士。在欧洲国家资产阶级革命以前,就整体而言,罗马法不可能是封建专制国家占统治地位的法律。只在王国的法律敕令中及地方习惯法中找不到

---

① 《马克思恩格斯选集》第1卷,人民出版社1995年版,第585页。

可以适用的条文时,法官才求之于罗马法。在 17、18 世纪资产阶级革命取得胜利以后,罗马法成为《法国民法典》和以后《德国民法典》的蓝本。欧洲大多数国家也都直接、间接地继受罗马法。即使在英国,罗马法关于法的概念、契约原则以及遗嘱制度,也都产生了一定的影响。英国过去的法官在判案中,经常运用罗马法的知识,参考罗马法的有关原则。其他的法律继承的例证不胜枚举,实际上,法律继承贯穿于人类法律发展史的各个时期,是法律发展的一个固有特征。

三、法律继承的内容

法律继承是一种普遍存在的法律现象,它贯穿于法律发展进程的始终。从法律内容的构成来看,任何一种新法律几乎都是法律的继承内容和其他内容的有机组合。至于新法律要继承什么内容,继承内容的多少,则完全取决于新法律对社会关系调整的需要,取决于社会政治、经济、文化等诸多因素的制约,也取决于法律制定者的价值观念、目的追求和主观愿望。因而法律继承既是主动的自由选择,又受到客观条件的严格限制。

一般来说,对旧法表现形式的继承更多体现了意志自由,而对内容的继承则更多体现了客观需要。大致归纳起来,法的继承内容主要有:

(1)法律术语的继承。法律术语的继承主要是指新法对旧法中既定或专门的法律名称和概念的沿用。法律术语不是一般的日常用语,它往往在法律中表达特殊或特定的含义。任何新法律的产生都离不开一套完整准确的法律术语,其中一部分法律术语可根据表达法律内容的需要而新创,另一部分则要从旧法中继承而来,如当前我国一系列法律专门术语:"假释"、"自首"、"标的"、"诉讼保全"等就是从旧法中继承而来的。

(2)法律技术的继承。法律技术的继承是指新法对旧法的制定、实施、监督、解释等方法和技巧进行有选择、有批判地吸收和沿用。法律技术包括立法程序、法典编纂、法律汇编、法律规范的构成及其分类、法律的解释方法、法律机构的设置、法律体系的结构、形式多样的诉讼程序等。法律技术的继承在法的继承中存在着普遍性和广泛性,它对解决法律体系的内部矛盾和混乱,提高法律制定、实施、监督、解释等的效率有重要意义。

(3)法律原则的继承。法律原则是法律的重要组成部分,一些公理性原则往往成为法律继承的必要内容,如在罗马法中就存在的自愿、公平、等价有偿、诚实信用的民事法律原则后来被资本主义民商法律普遍接受,现在已成为普遍原则。无罪推定原则、罪刑法定原则、罪刑相适应原则、法不溯及既往原则、公民在法律面前一律平等原则、法院独立审判原则等资本主义法律原则均被我国借鉴吸收。

(4)法律规范的继承。作为法律要素之一的法律规范,也是法律继承的重要内容之一。如美国侵权行为法是在英国法的基础上发展起来的,其中规定的故意侵权行为,基本上保留了英国法中关于传统侵权行为的规定,如殴打、侵占、非法拘禁及越权等。

(5)法律制度的继承。具体法律制度的继承在法律发展中大量存在,以我国为例,行政诉讼法律制度、国家赔偿制度就是从本国国情出发,在大量借鉴吸收其他国家已经相当成熟的行政诉讼制度和国家赔偿制度的基础上建立起来的。

此外,反映市场经济规律的法律原则和规范、反映民主政治的法律原则和规范、有关社会公共事务的法律规定等,均可为现代社会的法律借鉴和采纳。

第三节 法律移植

一、法律移植的含义

法律移植是一个国家或地区主动地、有选择地自愿采纳和接受同时代其他国家或地区法律的过程。很显然,法律移植同主体一定的有意志有目的的活动密切联系在一起。一定国家的立法者根据对本国或本地区社会生活条件及其需要的认识,主动自觉地选择同时代其他国家或地区的某些法律,直接或间接地移入本国相应的法律之中,使之成为本国法律的有机组成部分。

法律移植与法律继承都是法律发展的具体形式和途径,与法律继承等相比,法律移植又有其不同之处:法律移植反映不同国家法律之间的横向关系即横向交流,而法律继承则反映不同法律之间的纵向关系或先后关系;法律的移植是一个国家对同时代的其他国家法律的借鉴、吸收、引进,而法律继承则是体现两种法律制度之间存在时间的先后关系即新法对旧法的借鉴吸收。即法律继承侧重研究新法与旧法之间的继受关系,而法律移植侧重研究本国法律文化和外国法律文化之间的引进关系。

二、法律移植的条件

法律移植是一个经济的方法,将别人的经验适当整理为我所用,可节约大量的人力物力,但是移植法律并不等于可以不加选择地盲目照搬。由于社会生活是千变万化、复杂多样的,各种主体对移植法律的社会需求和实现机制的把握是不尽相同的,因而常常会出现移植法律的实际效果与主体的预期目的不一致的情况。有的如愿以偿地实现了,如欧洲大陆国家移植法国的行政法院制度,很多民法法系国家移植《法国民法典》和《德国民法典》等;有的则如水中捞月般地落空了,明显的有 19 世纪欧洲大陆移植英国的陪审制,英国保守党仿效美国的劳资关系法而通过的《工业关系法》等;有的移植的法律在开始时收效不佳,但从长远看,却有很大发展。因此,法律移植既有其客观的方面,又具有明显的主观性,这就使法律移植的过程有时呈现出令人困惑、无所适从的一面,因此,需要尽可能谨慎、客观地研究法律移植的条件,提高法律移植的成功率。

法律移植应着重考虑的两个问题:

第一,首先要注意移入国与移出国的法律之间具有同构性和兼容性。被移植法律的立法精神、法律原则不能与移入国的立法精神、法律原则的发展要求相抵触,被移植的法律的地位、调整对象、范围应适合于移入国,被移植法律的法律规范的结构应与移入国法律规范的结构基本相符,被移植的法律应与移入国的其他法律协调一致,能够良好运行。

第二,移植的时候,要对被移植法律进行必要的改进,以使其符合移入国的社会条件。要做到以上两方面,前提是对被移植法律开展比较研究,对被移植的法律有充分了解和深刻理解,有科学的鉴别和真实的评价,在此基础上进行理性选择后大胆移植。

法律移植主要有两类情况:

第一类,经济、文化和政治处于相同或基本相同发展阶段和发展水平的国家相互吸收对方的法律,以致融合和趋同。如本世纪以来,以判例法为主的英美法系各国大量采纳以成文法为传统的大陆法系各国的立法技术、法律概念,制定成文法典和法规;大陆法系各国则越来越倾向于把判例作为法律的渊源之一或必要的补充,从而引进英美法系的技术,对典型判例进行整理、编纂和规则或原则的抽象。

第二类,落后国家或后发展国家直接采纳先进国家或发达国家的法律,如古代日本对盛唐法律的全盘吸收,近代对西方法律制度的引进和采用,第二次世界大战后许多发展中国家大量引进、接受西方国家的法律。

三、法律移植的必要性

(1)社会发展和法律发展的不平衡性决定了移植的必然性。同一时期不同国家的发展是不平衡的,它们或者处于不同的社会形态,或者处于同一社会形态的不同发展阶段。在这种情况下,比较落后的或后发达国家为了赶上先进国家,有必要移植先进国家的某些法律,以保障和促进社会发展。世界法律的发展史表明,这是落后国家加速发展的必由之路。

(2)市场经济的客观规律和基本特征决定了法律移植的必然性和必要性。市场经济是迄今为止人类发现的最为有效的资源配置方式。尽管市场经济在不同的社会制度下会有不同特点,但其内在的发展规律,如价值规律、供求规律、优胜劣汰等,却是相同的。这就决定了一个国家在构建自己的法律体系和经济立法中,可以直接采纳和移植市场经济发达国家的立法经验。况且,市场经济本质上是开放型经济,它要求冲破一切地域的限制,实现国内市场和国际市场的对接,这就要求市场经济立法必须与国际有关法律和国际惯例相衔接。法律移植有助于减少国家之间的法律抵触和冲突,减少经济摩擦和损失、降低交易成本。

(3)法律移植是对外开放的应有内容。在当代,任何一个国家要发展自己,都必须对外开放。对外开放反映了世界经济、政治和文化发展的客观规律。特别是像中国这样经济和文化都比较落后的发展中国家,更有必要实行对外开放。不仅如此,经济国际化使得一国的国内法越来越具有涉外性和外向型,法律在处理涉外问题和跨国问题的过程中,必须逐步与国际社会通行的法律和惯例接轨。

(4)法律移植是法制现代化的必然需要。在当今世界,法律制度之间的差异,不只是方法和技术上的差异,也是法的时代精神和价值理念的差异。对于法律制度仍处于传统型和落后状态的国家来说,要加速法制现代化进程,必须适量移植发达国家的法律,尤其是吸收和借鉴发达国家法律制度中反映市场经济和社会发展共同的客观规律的法律观念和法律原则。

第四节 法的历史类型

法的历史类型是与社会形态相联系的概念,是依据法所赖以存在的经济基础及其体现的国家意志的性质的不同而对各种社会的法律制度所作的分类。

一、古代社会法律制度

奴隶制法和封建制法都是古代的法律制度。"它们或者以个人尚未成熟,尚未脱掉同其他人的自然血缘联系的脐带为基础,或者以直接的统治和服从的关系为基础。"①人们彼此之间以及他们同自然之间的关系是很狭隘的,这种狭隘性使"人们在劳动中的社会关系始终表现为他们本身之间的个人的关系,而没有披上物之间即劳动产品之间的社会关系的外衣"②。

这种法律形态所注重的是社会等级和人身依附,法的关系的核心要素不是权利本位而是义务本位,法律调整以确认等级依附关系为基本价值目标。③

(一) 身份法

"身份"是指一个人从其出生的家族所产生的社会"权力和特权"或"人格状态"。梅因指出:"在'人法'中所提到的一切形式的'身份'都起源于属于'家族'所有的权力和特权,并且在某种程度上,到现在仍旧带有这种色彩。"④因此,我们把身份这个名词用来仅仅表示一些人格状态,并避免把这个名词适用于作为合意的直接或间接结果的那种状态。身份法规定了在人出生时就无可改变地确定了一个人的社会地位,并根据这种身份地位来确定他在法律上的权利和义务。一个人如果出生贵族或者在家族关系中处于长辈的地位,则他就享有较高的社会地位,从而在法律上享有较多的权利,承担较少的法律义务和责任;相反,如果他的父母是奴隶,则他终身为奴,就是会说话的工具,不可能成为法律上的主体;在家族关系中,如果他的辈分较低,则社会地位也就低,法律上的权利就少,义务和责任也就较多。在以人的依附关系为基础的社会中,由于生产力发展水平较低,人们尚未脱掉同其他人的自然血缘关系联系的脐带,血缘亲属关系在社会关系中占有十分重要的地位。

---

① 《马克思恩格斯全集》第23卷,人民出版社1972年版,第96页。
② 《资本论》第1卷,人民出版社1975年版,第94页。
③ 关于奴隶制法和封建制法的特征,详见《法理学》(第二版),张文显主编,高等教育出版社2003年版,第178—182页。
④ 〔英〕梅因:《古代法》,沈景一译,商务印书馆1984年版,第97页。

(二) 等级特权法

以人身依附和等级特权为特征的身份社会的社会关系的结构必然要求在法律上公开确认不同社会主体在法律上的不平等地位,依据人的身份在配置法律权利义务时坚持不平等对待的原则。在西方,它主要表现为法律明确规定领主与封臣、贵族与平民、庄园主与农奴、不同宗教、家庭内部等关系的不平等;在印度,主要表现为婆罗门、刹帝利、吠舍和首陀罗不同种姓之间的等级差别;在中国,则主要表现为官民不平等,士、农、工、商不同职业之间的不平等,以及宗族内部不同辈分的人之间不平等;此外,还有不同性别、种族、民族等方面的不平等。实际上,这种等级特权关系体现在社会的各个领域。总之,古代社会法律制度从立法到法律适用,从实体法到程序法都贯彻了人身依附关系和社会等级关系的要求,是典型的特权法与等级法。

(三) 义务本位和权力本位的法

在古代社会,赋予社会主体行为自由的权利性规范处于次要地位,大量的法律规范表现为繁多的禁忌和作为义务,并构成法律的核心内容;与义务相比,权利无足轻重,远不如义务重要。在这样的法律类型的作用和影响下,人们"不要求什么权利,要的只是和睦相处与和谐"。与义务本位相联系的是"权力本位",即在权力与法律的关系中,法律依附于权力,是权力主体用来控制民众的政治工具,掌权者利用手中的权力可以任意剥夺人民的法律权利,对"官"的追求成为人们最重要的人生目标。因此,现代宪政观念和控制权力的行政法观念无从发生,而官制法和刑法却非常发达。

(四) 法律尚未与其他社会调整体系相分离,呈现出"混合法"的特质

在西欧,"无论在俗界还是在教界,法律都没有完全与社会控制的其他过程相分离,也没有与其他类型的知识形态相分离。完整的世俗法并没有从一般部落习惯、地方习惯和封建习惯中,或

者从王室和皇室的一般习惯中发掘出来"①。

在中国,从西汉到清末的两千年,是中国传统法律文化最重要的发展时期,"在法律思想领域形成了最突出的特点:'法礼合治'……即维护中央集权的君主专制国家的'法'和维护宗法家族秩序的'礼'两者合而为一。在法律实践上,是'成文法'与'判例法'相结合,形成'混合法'的法律样式"②。

二、资本主义法律制度

建立在高度发达的商品经济以及市民社会与政治国家的二元对立的社会结构之上的资本主义法律必然要集中反映体现近代商品经济的法律精神,表征近代市民社会中的个人利益的合理性和神圣性,并用规范化的法律架构加以确认和保障。资本主义法律制度的一个总体特征就是按资本主义市场经济和民主政治的本质要求,建立了资本主义的法治国家,这一特征集中体现在以下方面:

(1) 公开宣称资产阶级的财产私有权神圣不可侵犯。如前所述,资本主义的财产私有权是近代商品交换关系的前提和基础。财产所有权是市民社会个人利益追逐的最重要的核心内容。因此,资本主义法律必然要将财产私有权作为其保护的最为主要的对象,财产私有权不可侵犯成为资本主义法的一项基本原则。例如,法国《人权宣言》第17条规定:"财产是神圣不可侵犯的权利,除非当合法认定的公共需要所显然必需时,且在公平而预先赔偿的条件下,任何人的财产不得受到剥夺。"美国宪法第四修正案也明确规定:"公民的人身、住宅、文件和财产不受无理搜查和扣押的权利,不得侵犯。除非可能的理由,以宣誓或代誓言证实,并详细地写明搜查地点和扣押的人或物,不得发出搜查和扣押状。"资本主义法保护财产权的特点主要表现在:民法特别发达,

---

① 〔美〕伯尔曼:《法律与革命——西方法律传统的形成》,贺卫方等译,中国大百科全书出版社1993年版,第101页。
② 武树臣等:《中国传统法律文化》,北京大学出版社1994年版,第345页。

在民法中有完备的产权制度;与市民社会和政治国家相分离的社会结构相适应,财产权独立于国家权力,国家非依法不能干涉;但另一方面,保护财产权并不意味着行使财产权利不受限制,相反,现代西方资本主义的法律对财产权使用的范围和限度一般都明确规定不得损害公共利益。如 1946 年日本《宪法》第 29 条明确规定:"财产权不得侵犯。财产权的内容应符合公共福祉,以法律规定之。私有财产在正当补偿下得收为公用。"1947 年意大利共和国《宪法》规定:"法律承认并保障私有财产,但法律为了保障私有财产能履行其社会职能并使其为人人均可享有,得规定获得与使用私有财产的办法以及私有财产的范围。为了公共利益,私有财产在法定情况下得有偿征收之。"财产所有权由不受限制的绝对权利向符合公共福利为限度的相对财产权的转变,是近代财产权制度向现代财产权制度转变的重要趋势和基本走向。

(2) 维护契约自由的原则。商品交换关系是一种具有契约性质的法权关系。契约自由是市民社会实现个人利益与社会利益整合,解决利益的特殊性和普遍性矛盾的基本机制。市民社会的市场规定性(市场是交换的场所),决定了市民社会中所具有的外在价值都被认为可以通过契约并依照契约性、规则性进行交换和让渡。对于商品交换关系的买卖双方来说,契约是他们的意志得到共同的法律表现的最后结果。因此,没有契约自由就没有高度发达的资本主义商品经济,契约自由是合同法的基石。所谓契约,《法国民法典》第 1101 条规定:契约为一种合意,依此合意,一人或数人对于其他一人或数人负担给付、作为或不作为的债务。而契约自由的基本含义是指:缔约者是独立自由的当事人、是否签约、契约内容悉由当事人自由意思决定;契约一经成立,当事人的财产甚至人身都要成为履约的保证。但是,法律上保障契约自由,并不意味着契约自由没有限制,事实上、现代法律都对契约自由作一定的限制,以保护弱者的利益。例如,依照契约自由的一般原则,工资可由劳务合同自由规定,但事实上雇主处于优越地位,于工人不利。所以法律有最低工资的规定,限制契约自由。

从契约绝对自由向契约相对自由的转变是现代法律发展的一个基本走向。

(3) 确认和维护在法律面前人人平等。平等与自由一样,是商品交换得以顺利进行的基本要素,它意味着契约双方在地位、人格和表达意志方面的无差别状态。平等排除了任何一方的任性和专横,也排除了一方对另一方的屈从和迁就。资产阶级法律明确规定公民在法律面前人人平等的原则,确认和保障公民的平等权。法国《人权宣言》第1条明确规定:"在权利方面,人们生来是而且始终是自由平等的,只有在公共利用上面才显示出社会上的差别。"美国《独立宣言》开宗明义:"我们认为这些真理是不言而喻的:人人生而平等,他们都从'造物主'那边被赋予了某些不可转让的权利,其中包括生命权、自由权和追求幸福的权利。"

(4) 确认资产阶级民主制度。西方资产阶级民主制度有两个方面的内容:一是明确规定"主权在民"。主权是国家的基本要素,这是指国家的对内最高统治权和对外交往权。主权归属问题是国家制度的根本内容之一。在资产阶级革命时期,资产阶级启蒙学者所提出的"主权在民"的观念深入人心,并得到广泛传播,在各国宪法中都得到明确体现。如1958年法国《宪法》明确规定:"法兰西是不可分的、世俗的、民主的和社会的共和国。""国家主权属于人民,由人民通过其代表和通过公民投票的方式行使主权。任何一部分人民或者任何个人都不得擅自行使国家主权。"二是实行三权分立和权力制衡。孟德斯鸠是资产阶级三权分立理论的设计者,他认为,每个国家有三种权力:立法权、有关国际法事项的行政权力和有关民政法规事项的行政权力。他简单地称第二种为行政权,第三种为司法权。"如果同一个人或是由重要人物、贵族或平民组成的同一个机关行使这三种权力,即制定法律权、执行公共决议权和裁判私人犯罪或争讼权,则使一切都完了。""在那里,一切权力合而为一,虽然没有专制君主的外观,但人们却时时感到君主专制的存在。"①由此他主张"以权力制约权力",实现权力制衡。孟氏的分权制衡理论在西方近现代宪法中得到了体现。它们差不多都把国家机关分为立法机关(议会)、行政机关(总统或内阁)和司法机关(法院)三种,把立法权、行政权、司法权分别载入一个文件之内,这个原则最彻底的表现就是美国宪法。

资本主义法律制度较之古代社会法律制度是一个重大的历史进步。但是,这种法以资本主义发达的商品经济与市民社会和政治国家分离的社会结构为基础,因而带有形式主义的特征。由于它以资产阶级的私有制为基础,所谓人权归根到底不过是资产阶级所有权的法律表现。因此,它集中体现的是资产阶级的愿望和利益要求。"现在我们知道,这个理性的王国不过是资产阶级理想化的王国;永恒的正义在资产阶级的司法中得到实现;平等归结为法律面前的资产阶级的平等;被宣布为最主要的人权之一的是资产阶级的所有权;而理性的国家、卢梭的社会契约在实践中表现为,而且也只能表现为资产阶级的民主共和国。"②

三、当代中国法律制度

当代中国的法律制度与奴隶制、封建制和资本主义法律制度分别属于不同历史类型,同时,它还是具有中国特色的社会主义法律制度,这就决定了它具有许多方面的特征,这些特征最主要的表现有以下几点:

(1)阶级性与人民性的统一。我国的社会主义法律制度在本质上仍然具有阶级性,它是取得政权的工人阶级及其领导下的农民阶级和其他人民群众意志和利益的体现。在具有阶级性这一点上,我国法律制度与其他历史类型法律制度是一致的,但是,阶级性的内容及其与人民性的关系却已经发生了质的变化。其

---

① 〔法〕孟德斯鸠:《论法的精神》(上),张雁深译,商务印书馆1961年版,第156—157页。
② 《马克思恩格斯选集》第3卷,人民出版社1995年版,第720页。

他历史类型的法律制度的本质属性只是阶级性,在本质属性的意义上,人民性是受排斥的,充其量也只是在局部范围和形式上具有某些程度有限的人民性。我国法律制度则不同,它的阶级性和人民性不是对立关系,而是一致关系,它的阶级性正是通过对全体人民的共同意志和利益加以确认而表现出来的。

(2) 国家意志与客观规律的统一。任何历史类型的法律都是国家意志的表现形式,但是,它能否始终反映社会历史发展的客观规律,则不能一概而论。剥削阶级类型的法律制度只是在该阶级处于上升时期才能与客观规律在实质上相一致,此后受少数人利益所局限,法律制度便日渐与历史发展的根本趋势相背离。我国社会主义法律制度反映的不是少数人狭隘的特殊利益,而是全体人民的共同利益,而这种共同利益的具体内容随着社会的发展变化也在相应地发展变化,它与历史发展的基本方向和基本规律是一致的。因此,国家意志和客观规律就能够始终在社会发展过程中保持一种实质的动态性统一。

(3) 权利确认与权利保障的统一。在古代法律制度中,广大人民在法律上不能享有与少数统治阶级成员平等的权利。在现代资本主义法律制度中,这种情况得到了改变,在法律上所有公民的基本权利都得到平等的确认,但是,保障权利得以实现的各种资源仍然被按严重的不平等方式加以分配和占有。对于普通劳动者而言,法律上的平等权利往往因得不到平等的实现条件而失去实际意义。我国的法律制度是建立在社会主义经济基础之上的,因此,它一方面能够确认每个公民的平等权利,另一方面也能够为实现这种平等权利提供大体平等的保障条件。当然,由于我国目前还处于社会主义初级阶段,在为平等权利提供平等实现条件时尚受到种种因素的制约,不过,在社会不断进步的过程中,这些问题都可以得到逐步解决。

(4) 强制实施与自觉遵守的统一。任何社会的法律,都必须以国家强制力作为实施的最后保障,但是,在剥削者类型的法律制度中,尤其是在阶级矛盾比较尖锐的状态下,国家强制力即有组织暴力的运用就显得相对突出。我国法律制度则不同,由于它体现了人民群众的共同意志和利益,因而,在一般情况下,多数人民群众都能自觉遵守,只是针对少数人的违法行为,国家强制力才会出现。虽然在社会治安状况和经济秩序问题较多的特定时期,社会主义法律制度对国家强制力的运用频率较高,但是,这同剥削阶级法律制度每隔一定时期便出现大规模反抗、暴动和起义,因而大面积地使用暴力手段的现象是不可同日而语的。

(5)一国与两制的统一。自香港、澳门回归祖国后,在一个中国的前提下,两种历史类型的法律制度并存,这是当代中国法律制度的最具独特性的重要特征。即以一个社会主义的中华人民共和国政权为统一前提,以大陆社会主义法律制度为主体,形成在香港实行具有英美法系传统的资本主义法律制度,在澳门实行具有大陆法系传统的资本主义法律制度的格局。在一个统一的国家主权之下,两种历史类型的法律制度和平共处,这是世界各国法律史上前所未有的状况,它既对中国法律制度的发展与完善提出了挑战,同时,也提供了互相取长补短的巨大机遇。

(6)国情与公理的统一。在当代世界政治、经济格局中,中国是一个社会主义国家、一个发展中国家、一个具有悠久历史传统的东方古国,这就是中国的特殊国情。任何能够有效运转的法律制度都必须以适应该社会的现实条件和实际状况为前提。因此,当代中国的法律制度必须反映并适合中国的国情,所谓法律要符合客观规律,首先就体现在这一点上,否则,设计得再完美的法律制度也不能真正发挥作用。同时,中国又是实行市场经济和民主政治的国家,而市场经济和民主政治都具有内在的一般规律,例如,任何社会的市场经济都要求依法保障交易安全,任何社会的民主政治都要求政府依法行政等等。这就决定了当代中国法律制度在发展和完善的过程中必须把反映国情和反映现代法制公理统一起来。

【课后阅读文献】

一、沈宗灵:《论法律移植与比较法学》,载《中外法译评》1995年第1期。

二、张文显:《论立法中的法律移植》,载《法学》1996年第1期。

【思考题】

一、选择题

1. "社会的发展是法产生的社会根源。社会的发展,文明的进步,需要新的社会规范来解决社会资源有限与人的欲求无限之间的矛盾,解决社会冲突,分配社会资源,维持社会秩序。适应这种社会结构和社会需要,国家和法这一新的社会组织和社会规范就出现了。"关于这段话的理解,下列哪些选项是正确的?

    A. 社会不是以法律为基础,相反,法律应以社会为基础

    B. 法律的起源与社会发展的进程相一致

    C. 马克思主义的法律观认为,法律产生的根本原因在于社会资源有限与人的欲求无限之间的矛盾

    D. 解决社会冲突,分配社会资源,维持社会秩序属于法的规范作用

2. "法的继承体现时间上的先后关系,法的移植则反映一个国家对同时代其他国家法律制度的吸收和借鉴,法的移植的范围除了外国的法律外,还包括国际法律和惯例。"据此,下列哪些说法是正确的?

    A. 1804年《法国民法典》是对罗马法制度、原则的继承

    B. 国内法不可以继承国际法

    C. 法的移植不反映时间关系,仅体现空间关系

    D. 法的移植的范围除了制定法,还包括习惯法

二、名词解释

1. 法律发展
2. 法律继承
3. 法律移植
4. 法的历史类型

三、简答题

1. 简述法律继承的根据、内容。
2. 简述法律移植的条件。
3. 简述法律继承与法律移植的区别。
4. 简述法律发展的规律。

第十二章 法 系

☞ **本章提示**
- 法系的概念、分类
- 民法法系的概念、特点
- 普通法法系的概念、特点
- 两大法系的区别
- 伊斯兰法系的概念、特点
- 中华法系的概念、特点

第一节 法系概述

一、法系的概念

在法学研究中,人们将具有某种共性或共同传统和特征的法律归为一类,作为一个系统来观察分析,比较法学家们在进行这种研究时经常使用的一个最基本的概念是"法系"。正如法国比较法学家达维德所说的,尽管各国法律极为繁多,但"正如神学家和政治科学家承认宗教或政体类型一样,比较法学家也可以将法律简化为少数几个(families)"[①]。在西文中,法系的用语并不统一,仅以英文为例,legal genealogy, legal family, legal system,这三个词组都可以称为法系,其中 legal system 可以译为法律制度或法律体系。也有学者愿意使用法律传统来表达与法系类似的意思。例如,美国学者梅里曼就用法律传统代替法系。他说,"现代世界有三个主要法律传统:民法传统、普通法传统和社会主义法传统"[②]。

---

① 转引自沈宗灵:《比较法研究》,北京大学出版社2002年版,第53页。
② 转引自刘兆兴:《比较法学》,社会科学文献出版社2004年版,第53页。

可见,法系的定义并不确定,它与法的体系或法律体系似乎是可以相通的,但这些概念的混用将会导致一些不良后果,特别是概念边界的模糊会出现概念泛化之虞,最后会导致概念的虚无。

那么,究竟何谓法系呢?沈宗灵教授认为,"法系并不是指一个国家的法律的总称,而是指一些国家或地区的法律总称,是指同一类法律的总称,此其一;这些国家或地区的法律之所以构成一类,是因为从某种标准来说,它们具有一种共性或共同的传统,此其二"①。而德国的茨威格特认为,必须从"(1)一个法律秩序在历史上的来源与发展,(2)在法律方面占统治地位的特别的法学思想方法,(3)特别具有特征性的法律制度,(4)法源的种类及其解释,(5)思想意识因素"②五个方面来考虑法系的定义以及样式构成。

综合中外流行的观点,可以发现,法系的实质就是一个划分标准问题。如果要给出一个概念的话,我们认为,法系是具有共同法律传统的若干国家和地区的法律,它是一种超越若干国家和地区的法律现象的总称。也可以说,这个概念基本上是对法律现象形式特点的某种认识。

对于法系这一概念,我们有必要作以下说明:第一,法系并不是一个国家的法律的总称,而是指一些国家或地区的法律的总称,是指同一类法律的总称。第二,这些国家或地区的法律之所以构成一类,是因为按照某种标准,它们具有一种共性或共同的传统。第三,在一个法系中,每个国家的法律体系都属于某种社会制度,但我们不能就此将法系与社会制度相等同。世界上每个国家都有自己的法律,呈现出丰富性和多样性。作为不同国家法律体系的比较与归类标准的要素应该更基本、更稳定,用这些要素可以解释、说明并评价不同国家法律体系之间的共性与差异。

---

① 沈宗灵:《比较法研究》,北京大学出版社2002年版,第53页。
② 〔德〕茨威格特、克茨:《比较法总论》,潘汉典等译,法律出版社2003年版,第108页。

二、法系的分类

由于人们从法律文化或法律传统不同角度的理解,导致了法学家们对世界法律体系的不同确认和划分。有一种观点认为,世界上有多少种文明,就有多少种法律文化或法律体系,这是由文化出发的一种划分。

早在1884年,日本东京大学法学教授穗积陈重就发表文章,将世界各国法律划分为五族:印度法、中国法、伊斯兰法(回回法)、英国法和罗马法。后又将原来提出的五个法族,增补了斯拉夫法和日耳曼法,从而划分为七大法系。

第二次世界大战以后,法国的达维德和德国的茨威格特的划分最受人注意。达维德认为,当代世界有三个法系占主要地位,即:罗马—日耳曼法系、普通法法系、社会主义法系,而这三者都为西方法系,在非西方,还存在着诸如伊斯兰法、印度教法、犹太法以及远东法(中国和日本)、撒哈拉沙漠以南黑非洲的法律。而茨威格特的划分与达氏有较大区别,他主张,可以分为以下八个法系:罗马法、日耳曼、北欧、普通法、社会主义、伊斯兰、远东、印度教。①

由是观之,划分法系的关键问题是怎样确定划分标准,以及可否将两个或两个以上标准结合起来区别主要法系和次要法系。这样,有的国家或地区可以算作是兼有两个法系特征的"混合法系"。还有一种观点也具有一定的启发性,即在承认民法法系与普通法法系的基础上,进一步划分"支系"、"子派"或"法域"。比如,民法法系是以法国和德国为主的,所以可以分为法国和德国两个支系:前者包括拉丁语系国家,后者包括日耳曼语系各国;而普通法法系是以英国和美国为主的,所以可以分出英国法和美国法,并且可以体现现代普通法法系中较为全面和准确的特色。

---

① 沈宗灵:《比较法研究》,北京大学出版社2002年版,第56页。

第二节 民法法系

民法法系是西方国家两大法系之一,是历史最为悠久和影响最广的一种法律传统。

一、民法法系概述

(一) 民法法系的概念

《牛津法律指南》关于"民法法系"的释义是:"主要是在西罗马帝国废墟上出现、西欧国家中发展起来的法律制度的总称。来自罗马法的概念和原则对它有强烈影响。"[1]很多比较法学家也强调民法法系的这一特征。民法法系又称为罗马法系、法典法系或罗马日耳曼法系,是指起源于古代罗马法并自中世纪起,在西欧大陆各国以罗马法为基础形成的,以《法国民法典》和《德国民法典》为代表的法律制度以及其他在这种法律制度影响下的国家和地区法律制度的总称。

民法法系是以古代罗马法为基础而发展起来的。这一法系的形成经历了自罗马法至19世纪长达十几个世纪的过程。在这一过程中,它也受到了罗马法以外的其他法律的影响,如日耳曼法、习惯法、教会法、商法、封建法、城市法等。同时,民法法系的形成与其他一些历史事件也是不可分的,如中世纪罗马法的复兴,18世纪法国革命及其理性主义思潮的冲击,19世纪欧洲大陆的法典编纂,特别是19世纪初《法国民法典》和19世纪末《德国民法典》的编纂,它们对民法法系的发展都具有巨大的推动作用。

(二) 民法法系的地理分布

民法法系是西方两大法系之一,它的分布范围极为广泛,以欧洲大陆为中心,遍布全世界广大地区。在探讨民法法系的分布范围时,首先要明确这一法系是以法国和德国为主的。这两个国

---

[1] 〔英〕戴维·沃克:《牛津法律大辞典》,李双元等译,法律出版社2003年版,第204页。

家的法律都是在罗马法的基础上发展起来的,它们的法律和法律思想对民法法系的形成具有重要作用。其中,最为著名的是1804年《法国民法典》。法国的几部法典曾被强加给比利时和卢森堡,并被荷兰、意大利、西班牙各国借鉴和仿效。

《法国民法典》对欧洲以外广大地区也有重大影响。在近东、亚洲、非洲,特别是中、南美洲,由于法、西、葡、荷诸国的殖民征服和对外扩张,这些地区都接受了《法国民法典》的模式。

德国在诉讼法和行政法方面深受法国法律影响,19世纪末制定的民法典,与《法国民法典》有很大差别。由于《德国民法典》是在《法国民法典》制定后几乎一个世纪才出现的,当时许多国家都已仿照法国模式,再加上《德国民法典》及其"学说汇纂派"的法律思想的特色,使这一法典较难取得《法国民法典》那样的优势。也应注意,"即使《德国民法典》并不较迟出现,它的高度技术性和极端复杂性大概也使它在其他地区的移植发生困难"[1]。但《德国民法典》对1940年《希腊民法典》、1916年《巴西民法典》,1898年《日本民法典》以及韩国和中国国民党政府时期的民法典都有影响。

以法德两国为代表的民法法系,特别是《法国民法典》,对其他地区之所以有重大的影响,部分原因是由于法国对其他国家或地区的军事占领,以及法、西、葡、荷的殖民征服。但另一方面,也由于《法国民法典》本身的吸引力。

世界上还存在着西方两大法系之间或与宗教法系相互交错并存的一些法律制度。这种现象主要是在各种不同的历史条件下形成的。这种法律制度在比较法学中通常称为"混合法"。

苏格兰虽然属于英国,但它的法律在历史上与英格兰有所不同,受罗马法影响较大,因而它的法律可谓民法法系和普通法法系的混合。

北欧各国即挪威、瑞典、丹麦、芬兰和冰岛的法律,通称为斯

---

[1] 转引自沈宗灵:《比较法研究》,北京大学出版社2002年版,第67页。

堪的纳维亚法律，既不同于民法法系也不同于普通法法系，但相比之下，更接近民法法系。

在美洲，西班牙、葡萄牙、荷兰、法国四国的前殖民地地区，一般推行民法法系传统。有些曾是欧洲大陆国家的殖民地以后又转归英国和美国管辖的一些地区，如波多黎各、美国的路易斯安那州、加拿大的魁北克省的法律，都成为民法法系和普通法法系相互渗透的产物。美国的佛罗里达、加利福尼亚、新墨西哥、亚利桑那、得克萨斯等州，虽然以前曾是法国、西班牙的殖民地，但以后的法律制度，仅在某些方面（如家庭财产法领域）仍有法国、西班牙法律的影响。总的来说，这些州的法律属于普通法传统。

在亚洲，属于民法法系范围的法律，包括土耳其自第一次世界大战以来的法律。近东一些阿拉伯国家（如叙利亚、伊拉克、约旦等国）的法律可以说是民法法系和伊斯兰教法的混合。日本自1868年"明治维新"以来的法律以及泰国等国法律，全属民法法系，但日本自第二次世界大战结束后的法律，又受到了美国法律的强烈影响。菲律宾由于曾先后沦为西班牙和美国的殖民地，它的法律也带有西方两大法系混合的特色。印尼由于遭受荷兰殖民统治，它的法律就深受荷兰法的影响，又兼有伊斯兰教法的因素。

在非洲，如刚果、卢旺达、布隆迪等国法律，由于以前殖民地的历史，属于民法法系；埃塞俄比亚的法律与民法法系极为接近。南非曾先后是荷兰和英国的殖民地，因此，南非及其毗邻的津巴布韦、博茨瓦纳、莱索托、斯威士兰等国的法律也构成西方两大法系的混合物。北非各国的法律，如阿尔及利亚、摩洛哥、突尼斯等阿拉伯国家的法律，由于与法国、意大利的历史联系，兼具民法法系和伊斯兰教法两种因素。

二、民法法系的特点

民法法系的特点主要可以概括为以下几个方面：

（一）强调私法、保障私权

民法法系制度最初的基本分类是公法和私法，此划分为罗马法首创。但罗马公法与私法的发展进程中,私法要发达得多,故今言之罗马法,主要指私法而非公法。古罗马关于公法、私法划分的理论与实践为后世西方一些法学和法律制度所继承,并成为民法法系的主要分类方法之一,对于人的权利的保障具有划时代的意义。罗马公权相对较弱,个人权利不易受到侵害。法律的主要功能是对私权利无微不至的保护,而不是对国家公共权力的限制。接下来北方蛮族在入侵西罗马帝国后,在建国的过程中将原来的部落习惯逐渐发展成为日耳曼法。在彼时的欧洲,采邑领主制盛行,国王和大小领主以及骑士形成权力金字塔。而从某种意义上来说,正是这种泾渭分明的法律地位使得个人的私权利在相当程度上得到了有效的保护。与此同时,以《圣经》为主要渊源的教会法强调上帝面前人人平等,强调诚实信用,注重交易安全,并在私法的婚姻、家庭和继承方面对后世产生了深刻影响。文艺复兴以来,以人为本的思想深入人心,使得近代的私法从制度方面得到完善。如果说《法国民法典》树起了权利的旗帜,《德国民法典》则书写了权利的新篇,那么《日本民法典》则成为继受的典范。总之,近代的私法对私权利的保护得到进一步加强。

(二) 强调理性与哲理

上文已经讲到,罗马法对整个欧洲大陆的影响极为深远,随着殖民扩张,其影响又被扩展到了美洲、非洲、亚洲许多国家和地区。罗马帝国早已灰飞烟灭,罗马法何以绵延千余载而生生不息?这就要归功于罗马法的精神支柱,一种人类社会一直上下求索的,也是构成民法法系哲学传统的一种基本精神——理性主义。

在哲学上,理性是指人所内在具有的区别于感性的认知、行为方式的另外一种认知方式和对行为控制、驱动的思维模式。现代西方文明的两个源泉之一的希腊文化,给予了欧洲大陆法律以启迪。古希腊的理性思想先是通过罗马法将其私法化,形成一个理性思想的私法体系;中世纪的阿奎那等在形式上将其神学化,但理性的光辉仍时时显现;中世纪后期和近代前期,随着商品经济的发展和国家—社会的二元分立,从古希腊和古罗马传承下来的理性思想(古希腊)和理性法(古罗马)在新的历史条件下再度融合,转化为完整而体系化的古典自然法学说(区别于新自然法学说),有机地完善了民法法系的私法原则并形成公法的基本理论,从而树立起了民法法系的精神支柱。理性主义的载体就是自然法思想。从斯多葛学派到西塞罗,从阿奎那到洛克、卢梭、孟德斯鸠,从自然理性到神性再到人的理性,自然法被认为是由理性所认识的人的自然本性的必然要求。

(三) 法学家的重要作用

民法法系国家,由于秉持理性主义思维方式并深受自然法思想的影响,法被看做是根据正义观念而被公认的权利义务的学说体系。反映在立法上,民法法系依循一定法律学说的指导通过立法机关来表达一般的抽象原则,法学家自然在立法中起指导作用。另一方面,自从亚里士多德研究了演绎法以来,这种推理经由斯多葛学派传给古罗马法学家并运用于罗马法,中世纪的经院哲学家们也乐此不疲广为运用。近代自然科学的发展,人们进而认为一切知识都可由不证自明的公理推断而来。近代理性主义进一步发展了演绎法。在法观念上,人们认为理性是唯一可靠的(经验则相反)认知方法,通过理性力量,人们可以发现一个理想的法律体系,并以此建立各种规则和原则,将其作为法典的指导。从这里我们可以看到,法学家的作用就至关重要。远在古罗马时代,乌尔比安等法学家就在一定程度上起着立法者的作用,他们的学说可以直接用于司法断案,具有和皇帝敕令同等的法律效力;而民法法系的许多基本原则,就是大学里的法学家们制定的,例如中世纪的注释法学派、评论法学派,17世纪古典自然法学家的理论以及德国的学说汇纂派的理论,都对民法法系的形成与发展起到了重大作用。

(四) 法律法典化及其独特的法源

有无法典存在并不是区别民法法系和普通法法系的依据。民法法系大多数国家固然有法典,但在普通法法系国家中,系统化的法典也充斥着各个法律部门。从表面上看此法典与彼法典并无不同。那么,如何看待法律法典化是民法法系的特点之一呢?这就要从"对某种思想的表示"来理解并弄清它为什么要通过法典的形式表现出来,借此我们就可以理解法典在民法法系中的独特意义。

纵览民法法系发展的历程,可以发现,民法法系的形成大都是与富有激情的法律改革思想同步的。在发展的各个阶段,都有一种革命性的思想支配着法律的变更,这种革命性的思想对法典成为民法法系的核心和支柱起到了决定性的作用。不论是查士丁尼的《民法大全》,《法国民法典》,还是《德国民法典》概莫能外。法典成为革命成功的某种象征。与此相对照的是在普通法法系适用法典的地区,人们并不将法典视为一种神圣无缺之物,法官更多的是到判例中寻求断案的依据。而且,这些法典并不是要否定过去的法规,仅仅是通过补充使其完善化,体现的是一种保守的倾向。当然,大陆法系法典中的革命性也不是彻底铲除,其中仍深深散发出传统的浓重气息。

第三节 普通法法系

普通法法系是西方资本主义国家中与民法法系并列的一种法律传统,它的历史和影响也相当悠久和广泛。

一、普通法法系概述

(一) 普通法法系的概念

普通法法系又称为英美法系、英国法系或判例法系,是指以英国中世纪以来的法律,特别是它的普通法为基础的,与以罗马法为基础的民法法系相对比的一种法律制度。

普通法法系以英国的普通法为基础。在英国的三种法律即普通法、衡平法和制定法中,普通法最早发展并长期具有重大影响,衡平法和制定法对普通法法系的形成也有影响,但不及普通法。普通法法系以英国法为基础,故又名英国法系。但英国法(English Law)这一用语,现在可以泛指大不列颠及北爱尔兰联合王国,即包括英格兰、苏格兰、威尔士和北爱尔兰四个地区法律的总称。但如果将英国法一词作狭义解,仅指英格兰和威尔士的法律,而不包括苏格兰,由于1707年苏格兰在与英格兰合并前,曾依靠罗马法建立了自己的独特法律制度。英格兰法和苏格兰法在形式和实质方面有很大差别。尽管在现代,苏格兰法已受英格兰法很大影响,它仍然以罗马法或民法的原则以及教会的、封建的和习惯法渊源的规则作为基础。可以说,在很多方面,苏格兰法处于民法法系与普通法法系之间的中间地位。美国法律作为一个整体来说,属于普通法法系,但它有自己的,不同于英国法的很多特征。就像民法法系以法、德两国法律为代表,分为两个支系一样,普通法法系可以英、美两国法律为代表,分为英国法和美国法两个支系。普通法法系又可称为英美法系。

应当注意,美国法律自19世纪后期起,就离开英国法律独立发展起来。在第二次世界大战后,美国法律独立发展的倾向日益加强。美国法律这种变化是由许多因素造成的。首先,第二次世界大战后,美国成为西方发达国家中最强大的国家。其次,西方国家法律在理智上的领导地位发生了改变。再次,第二次世界大战后,美国的法律制度与法学思想、法律教育对其他西方国家有相当大的影响。最后,美国是一个建国仅二百多年的联邦制国家,它的法律颇为复杂又有颇多特点,这也是使人注意的一个原因。

(二) 普通法法系的地理分布

自17世纪英国开始对外进行殖民扩张以后,英国法也随之在英国国外传播。18—19世纪,英国法本身经历了重大改革,逐步地从封建法律转变为资本主义法律。与此同时,它对英国国外的影响也随着英国殖民扩张的急剧发展而伸展到美洲、亚洲、大洋洲和非洲的广大地区,普通法法系作为西方世界主要法系之一的地位终于确立。

在这些殖民地或附属国地区,英国法的影响主要通过以下这些形式进行:第一,强行实施英国的法律(包括判例法和制定法);第二,通过英国殖民当局官员、英国移民或殖民地中受过英国法训练的人,在殖民地附属国地区建立以英国法为模式的,适合当地情况的法律制度;第三,英国殖民当局有意识地保留了该地区原有的一些法律制度,使它与英国法传统相互并存。例如在加拿大的魁北克省仍保留原有的民法法系传统,在某些亚、非地区仍保留古老的习惯法、宗教法(如印度教法、伊斯兰教法)传统,从而使这些地区的法律逐步演变为普通法法系和其他法律传统的混合物。

现在普通法法系的分布范围大体上包括英国本土(苏格兰除外),爱尔兰以及曾作为英国殖民地、附属国的许多国家和地区,其中包括北美的加拿大(魁北克省除外)、美国(路易斯安那州除外),大洋洲的澳大利亚、新西兰、亚洲的印度、巴基斯坦、孟加拉、缅甸、马来西亚、新加坡,西非的塞拉利昂、加纳、尼日利亚,东非的肯尼亚、乌干达和坦桑尼亚等。苏格兰、路易斯安那州和魁北克省以及南非和以色列则属于普通法法系与民法法系交织的混合法国家。印度教法和伊斯兰教法在印度、巴基斯坦等国的法律中也有不同程度的影响。

英国法学家戴西(A. V. Dicey)认为,英国普通法在世界上的扩展有三种类型:第一种是"被种植"(seeded,如印度、香港);第二种是"被移居"(settled,如美国);第三种是"被征服"(conquered,如南非)。① 至于具体的形式,德国比较法学家茨威格特和克茨认为,从历史角度来看,人们可以将英国殖民地分作两类:一类包括这种地区,即在殖民者第一次移居时尚未由人占有或仅由尚处于文明发展早期、政治上未组织的土著人所占有,这些殖民地,可称为"被移居殖民地",例如澳大利亚、新西兰和北美。一般地说,新移民者自动地在那里适用普通法。另一类殖民地包括

---

① 转引自沈宗灵:《比较法研究》,北京大学出版社2002年版,第171页。

其土地已由土著贵族或其他欧洲殖民国家所控制,它们又通过征服或割让而处于英国控制之下,可称为"被征服"或"被割让"殖民地。例如英国对法属加拿大领地和对荷兰所属南非领地的控制。在这些殖民地,英国一般并不立即取缔原先法律,因而使这些地区的法律以后逐步变成几种法系交织的"混合"法律。

二、普通法法系的特点

(一)判例法为主的独特法源

毋庸置疑,判决会产生"既决事项不再理"的司法效力。在英美法中,判决还具有另一种司法效力:一项判决可以成为先例,在法律渊源的意义上对以后相同或相类似的案件具有或强或弱的拘束力。这种效力使得判例在英美法的创制与发展上具有了非常重要的意义。人在行为处世时,有自觉不自觉遵从权威或效法前人的倾向。这种倾向反映在司法实践中就是:遵循先例。当判决成为先例之日,也就是它获得权威之时。也就是说,上级法院所作的现行判决,如果它所确立的原则是清楚的、确定的,并且可以适用当前案件的事实,这些判决不论法官们喜欢与否,都具有拘束力。继而,法官通过司法判例创立和发展起来了判例法。在英美法中,判例法作为法律渊源是与制定法相对应的概念,包括普通法与衡平法。不管是高度集权要求下催生的普通法还是晚近抗衡于它的衡平法,都表现出逐案处理的特点,但它绝对不是随心所欲的。公平和正义的观念孕育了对相同案件同样对待的基本原则。所以,尽管没有法典,法官们还是发现了使自己判决有法律依据的途径:依照法院系统的一定等级,遵循上级法院对相似案件所做的判决。法官充任了造法者的角色,判例法又被称为"法官造的法"(judge-made-law)。

(二)司法为中心与法官造法

必须指出,英美法系的许多制度创新和社会变革都是通过司法而非立法完成的。在制度创新方面,比如信托制的产生、侵权行为归责原则的变迁、商法制度的引进等,都是通过法官的具体判例确立的,尔后由后来者予以遵循。在社会变革方面,比如法治传统的确立、英美法系对于国王专制的制约等,也是其与法律共同体奋力抗争的结果,其中,法官可谓功莫大焉。英美法素有"法官法"之称。在西方许多国家,法官须从优秀并资深的律师中选任,因而可以说,法官具有更高的素质和能力。英美法系国家中法官的地位更是崇高而显赫。他们既具有扎实的理论基础,更具有丰富的司法实践经验。同时又由于英美法系国家实行遵循先例的原则,对法官通过司法判例创立起来的法律非常推崇,形成法官在法律体系中占有重要一席的局面。自普通法形成之初,援引先例的局面就相当普遍,至 19 世纪末,遵循先例的原则正式确立。法官们在审判中追随其前辈,用同样的方法和原则判决类似的案件。当受理的案件有不同因素时,法官们又通过区别技术(distinguishing technique),对其进行扩大或限制性解释,从而发展先例中的规则,如果案件是全新的,无任何先例可循,法官就可以创造先例了,从而又为以后的案件提供了先例。从而每一类相似的案件判决都形成了前后相联系的链条,保证了英国法制的统一性和稳定性。但要注意,遵循先例并不是遵循判决本身,而是其中的法律原则。英美法系把法官造法称之为发现法律(discover),但其实,法官的判决起着立法的作用。法官造法是法官共同经验的产物,这与英国人坚守经验主义立场有关。霍姆斯为此作了一个最恰当的注解:"法律的生命在于经验而不在于逻辑。"这也反映了法官对法律历史的尊重和保守主义(conservatism)的传统。

（三）法的独特分类

不同于民法法系将法分为公法与私法,在普通法系国家,就法律部门来说,基本的分类是普通法与衡平法。公元 11 世纪诺曼底公爵威廉征服英国以后,公开宣布保留原有的习惯法,以示其为英国王位的合法继承人。但原有的习惯法极其分散,不利于国家的统一管理,于是国王便设立了中央司法机关——王室法院,派出巡回法官定期到各地进行巡回审判,并对各地方的司法和行政活动进行监督。巡回法官在各地审判案件时,除遵循王室法令外,主要依据当地的习惯法。在强大的中央政权的支持下,通过长期的巡回审判实践,以判例的形式,把全国各地分散的习惯法逐步统一起来,大约从公元13世纪起就形成了全英国普遍适用的共同的习惯法,这就是普通法。普通法是一种判例法,普通法的规范和原则都包含在大量的判例之中。公元12—13世纪,英国的经济迅速发展,出现了普通法所没有规定的新的社会关系和社会现象,急需由与其相适应的新的法律予以调整。于是,按照自古以来的习惯,臣民直接请求国王保护,由大法官依据其个人良心所认为"公平"、"正义"的原则处理。这样,在普通法之外,就产生了对普通法起补充作用的具有英国特色的衡平法。公元14世纪专门设立了衡平法院(或称大法官法院),衡平法与普通法一样采取先例主义原则,成为英国特有的一种法律形式。衡平法也是一种不成文的判例法。在英国法中,普通法与衡平法并存,但是,这两种法律体制并不是相对立的,而是互相配合,相互补充,相辅相成的。

(四)注重程序,实行对抗制诉讼

普通法法系的重程序传统是指以司法救济为出发点而设计运行的一套法律体系。这区别于以立法为中心的民法法系。以救济为中心意味着只有在权利义务的平衡被打破时法律才出面干预、救济,而在此之前似乎并不关心权利义务的具体分配。可以说,普通法法系并不排斥民法法系的相关内容,它与民法法系的差别毋宁说是一种治理观念和出发点上的差别,一个力图为每一种行为提供模式,另一个则将行为方式的选择权交给了当事人自己而只在行为模式的选择出现偏差时予以纠正。普通法法系国家一开始就注重诉讼程序和程序法。其中一个亮点,就是对抗制诉讼。对抗制诉讼,又称"辩论式诉讼",或"当事人主义诉讼",其特点是在民刑事案件中,当事人双方及其律师通过在法庭上的辩论和询问证人澄清事实。法官不主动询问证人和收集证据,而是站在中立的立场上充当冲突双方的公断人。可以说,对抗制诉讼是英美法中最具特色与魅力的制度之一。英美法的对抗诉讼由来已久。具体产生过程尚不明了,但可以肯定,对抗制诉讼源于英国古老的诉讼程序。在近现代的司法改革中,以令状制(有人曾概括为无令状无权利,无权利无救济;也可以说,救济先于权利)为基础的传统诉讼形式被废除了,但对抗诉讼方式却被保留下来,并被赋予新的含义与意义,此后又深深影响了美国的诉讼制度。

自古以来,公正是人类孜孜不倦的追求,但在许多国家许多世纪以来,人们更多地关注终极结果即实体公正。导致这一结果的程序常常被有意无意地忽略了。而英美法的基础和核心——普通法素以注重程序而著名。尽管近现代的司法改革主要针对繁琐、僵化、复杂的程序,但程序中的合理内核——对抗诉讼却得到了发展。这是因为人们认为,程序公正维护着实体的正当性,而且程序公正本身的独立价值非常必要。对抗制作为程序法的一部分,保障当事人的权利得以充分实现。

三、两大法系的区别

民法法系与普通法法系都渊源于西方国家,并且,受其影响的国家也主要是资本主义国家以及工业化国家。因此,它们有许多共同之处,例如在经济基础、阶级本质上是相同的,都重视法治等。但因各自的传统不同,它们之间又有一定的区别。从它们的区别中,可以进一步掌握两者的特点。

第一,在法律思维方式的特点方面,民法法系属于演绎型思维,而普通法系属于归纳式思维。在民法法系,人们首先确立法律的一般规定,然后根据一般规定,寻找适用于个别案件的处理办法。因此,比较强调"理性"在法律制定中的地位和作用,强调法律本身的合理性,要求一切法律活动都必须建立在国家制定法的基础上;而在普通法系,则是从个别案件中抽象、总结出一般规定。法官、律师更具有"职业"特点,对他们来说,重要的是以往的判决中是否包含了能够适用于本案的原则。因此,更重视"经验"

的作用。

第二,在法的渊源方面,民法法系中法的正式渊源只是制定法,而普通法系中制定法、判例法都是法的正式渊源。在民法法系中,只有制定法才是法的正式渊源,如宪法、法律。法理、判例最多具有说服力,但没有法律上的拘束力,不产生法律上的强制效力。普通法法系则有所不同,传统的法的正式渊源就是判例法,近代以来才出现了一定的制定法并在法律改革中发挥主导作用。但就制定法与判例法的关系而言,普通法法系的法官仍然更愿意适用判例法。值得注意的是,由于民法法系上诉制度的存在,下级法院法官必然会考虑上级法院法官对类似案件的判决意见,因此,判例的说服力在民法法系也就具有了一定的"强制"色彩。但在理论上、法律上,这一差别仍然是两大法系的主要区别之一。

第三,在法律的分类方面,民法法系国家一般都将公法与私法的划分作为法律分类的基础,而普通法法系则是以普通法与衡平法作为法的基本分类。民法法系国家中,公法和私法是基本的法律分类,在此基础上将宪法、刑法、行政法、诉讼法等归为公法,属于私法的则是民法、商法等。进入20世纪以来,还出现了一个新的现象,即兼具公法、私法特征的社会法,成为与公法、私法并列的法律分类。在普通法法系国家,从法的渊源上看有制定法与判例法的划分,就法律部门来说,基本的分类则是普通法与衡平法。而且,普通法与衡平法之间从程序到概念都是不同的。普通法法系没有公法与私法的划分,也没有刑法学家、民法学家等类似称谓。

第四,在诉讼程序方面,民法法系与教会法程序接近,属于纠问制诉讼,普通法法系则采用对抗制诉讼程序。民法法系中,法官一般处于主导地位。而普通法法系中,法官的作用则相对比较消极,处于中立的仲裁人地位。在法庭上,民事诉讼中由双方律师,刑事诉讼中由公诉人与被告的律师担当主要角色,双方进行辩论。所有的证据都要当庭质证。在部分重大案件的审理上,设有陪审团制度①,由陪审团对事实部分加以判断。

第五,在法典编纂方面,民法法系的主要发展阶段都有代表性的法典,特别是近代以来,进行了大规模的法典编纂活动,如1804年的《法国民法典》。普通法法系在都铎王朝时期曾进行过较大规模的立法活动,近代以来制定法的数量也在增加,但总体上看,其制定法主要为单行法,不倾向于进行系统的法典编纂。

另外,两大法系在法院体系、法律概念、法律适用技术及法律观念等方面还存在许多差别。

在世界性的法的区域化、一体化的过程中,两大法系之间的差别正在逐渐缩小。但由于两大法系的形成源于各自悠久的历史传统和不同的法律文化背景,这些差别短时间内也就不会发生根本变化。需要说明的是,两大法系在将秩序建立在法律的基础上这一问题方面是一致的,所不同的只是实现法治的方式、方法。正因为如此,两大法系又可以作为一个法律文化共同体与其他法律文化共同体进行比较。

第四节 其他法系

一、伊斯兰法系

(一)伊斯兰法系的概念及其分布范围

伊斯兰教是世界三大宗教之一,又称穆斯林教,是公元7世纪阿拉伯先知穆罕默德所创、所传的一种宗教。伊斯兰教传播范围非常广泛,现在它拥有全世界一百个左右国家和地区的大量教徒。伊斯兰法——阿拉伯语为"沙里阿"——是来源于神的启示的规则的总体,泛指以伊斯兰教义为基础的法律,而伊斯兰法系

---

① 陪审制度形成于英国。在英美法系,陪审制度非但对案件审理起到了重要作用,而且对程序的其他方面也产生了重大影响,而在大陆法系国家,陪审制基本上沦为形式。英美法系国家采取的是陪审团制,而大陆法系国家采取的是陪审员与法官共同组成混合庭的形式。参见左卫民、周云帆:《国外陪审制的比较与评析》,载《法学评论》1995年第3期。

则是指所有伊斯兰教法(伊斯兰法)的总称。它支配一切的生活领域,而不仅是有关国家和社会的领域。

较之犹太教、基督教而言,伊斯兰教是最为年轻的一个,但这丝毫不影响它的广泛传播。伊斯兰教随着阿拉伯部落的扩张而传播,具体分布情况是:阿拉伯文明发祥之地阿拉伯半岛,也就是含沙特阿拉伯、科威特、伊拉克、巴林、阿曼、也门、阿联酋等国,这是伊斯兰法系的传统的也是最重要的区域;阿拉伯半岛以东的西亚和中亚,包括伊朗、阿富汗、乌兹别克斯坦、吉尔吉斯斯坦、哈萨克斯坦、塔吉克斯坦、土库曼斯坦以及阿塞拜疆等国;喜马拉雅南麓的巴基斯坦以及东南亚的印度尼西亚、马来西亚、文莱等国;撒哈拉沙漠以北的北非,如埃及、突尼斯、利比亚、阿尔及利亚、摩洛哥等国;撒哈拉沙漠以南地区,如索马里、乌干达、塞内加尔、塞拉利昂、坦桑尼亚、埃塞俄比亚等国。此外,东南欧、北美也有相当数量的穆斯林,这多半是现代以来进行移民的结果。

(二) 伊斯兰法的渊源

伊斯兰法的渊源主要由四部分构成:

首先是《古兰经》,或真主的启示,由穆罕默德颁布。伊斯兰教的法律体系根源于《古兰经》,如同犹太教的法律体系根源于《圣经》一样。

其次是圣训。《古兰经》里的法律内容毕竟很少,伊斯兰教法的第二大渊源就需要从穆罕默德的训示及自身的行为中去发掘,圣训很好地体现了穆罕默德关于生活和正义的哲学,具有相当高的价值。

再次是法学家的论述。作为政治首领和司法长官,穆罕默德的身体力行无疑具有强制性的感召力。但谨守教法的阿拉伯民族还具有潜在的法律天赋,阿拉伯人不仅将司法和法学从行政中完全分离出来,职业的法律专家阶层开始形成,经过众多法学家的不懈努力,建立起了完善的法律理论体系。因此,法学家的论述构成了伊斯兰法系的第三大渊源。

最后是类比。法律问题复杂多样,连法学家的一致意见也不足以应付时,类比的合法性得到一致的认可。当然类比涉及的只是对伊斯兰教法的字面解释,并非对伊斯兰法规则的创新与发展。

(三)伊斯兰法系的基本特点

作为最古老的、连绵不断存续了一千三百多年的宗教法系,与世俗法系相比,伊斯兰法系具有以下特点:

第一,原则上的不变性。伊斯兰法的正当性的唯一根据是:伊斯兰法是神所启示的意志,它并不是以人间的法律创造者的权威为基础的。这种差异所产生的结果之一就是它在原则上是不变的。这与西方法律秩序所承认的法的内容是变化的有明显区别。

第二,法学家的著作。由于神启性导致了原则的不变性,就需要用法源的多样性来克服可能产生的僵化。在这个过程中,法学家的解释、类比起到了非比寻常的作用,其结果是,伊斯兰法学家的著作成了伊斯兰法的化身。

第三,法律与宗教的合一。在近代以前,很多伊斯兰国家采用政教合一体制。在现代,虽然许多国家实行了政教分离,但在宗教和法律的关系上,仍保持了二者的合一。换言之,法律只是宗教的一个方面,法律附属于或依赖于宗教。这方面,与犹太教的律法大致相同。在今天,由于宗教、文化认同方面的差异导致的区域紧张局势,使得一些伊斯兰国家更加强化这一合一的特点。

二、中华法系

中华法系是最早产生在东亚大陆中国的古代法律体系,以中国专制制度为内涵,以周边的日本、朝鲜、越南等国家的同期法律制度作为外延的带有儒家特色的区域性法律系统。[①] 虽然自20世纪以来,中国开启了法律现代化的大门,但中华法系中的许多

---

① 参见郭成伟:《中华法系精神》,中国政法大学出版社2001年版,绪论。

精髓仍对我们不断地产生着潜移默化的影响,成为中华民族复兴、崛起的不可或缺的精神财富。

中国的法律,在夏、商、西周三代,以刑为主,血腥残酷。自周公姬旦作"礼"以来,引礼入法、礼刑相辅为用,遂成为中华法系两千多年不变之传统。早在春秋时期,法律已从习惯法向成文法、从秘密法向公开法转变。公元前536年,子产"铸刑书"开创了公布成文法的实践。战国时期的商鞅"改法为律",中华法系的法律进一步得到重大发展。而"儒法之争"也很好地丰富了古代法律的内涵。从秦汉到清末,除某些短暂时期和个别地区外,统一一直是主流,但却是以君主专制作为政治基础的,这也是中国法律与西方国家的法律在历史背景上的一个重要差别。从《秦律》到《汉九章》再到《唐律疏议》和《大清律》,法律的性质、内容无重大变化。其中,汉武帝采纳董仲舒的"罢黜百家,独尊儒术",使得儒家的法律思想垄断中国两千多年的法律领域,而我们谈到的"儒法合流"也只是在以儒为主的条件下实行的。这是一种典型的东方特色。而只有到了清末修订法律,中国的法律才开始了"西方化"的进程,与专制社会的法律相比,这种进程以及表现出来的变化,在某一方面而言是一个进步。

中华法系具有以下特点:

首先,表现为以专制制度、宗法等级特权为特征的法律。西欧的封建国家,君主的权力是有限的。此外,教会的势力很大,教权与世俗君主之间长期争权夺利,世俗的人定法从未取得过"一重独大"的地位。而在中国,正因为长达两千多年的专制历史,才使得"旧中国留给我们的封建专制传统比较多,民主法制传统很少"[①]。

其次,中华法系的法律具有统一、封闭的特点。同西欧法律的分散性相比,中国法律具有统一性从而也就相应地具有了垄断性、封闭性和缺乏竞争性等特点。它远离世界其他国家法律之外独立发展,直至清末。

---

① 《邓小平文选》第2卷,人民出版社1994年版,第332页。

再次,儒家思想的绝对统治。汉武帝以来,儒家思想遂成为中华法系法律的精神内核。恰如一个硬币的两面,对中华民族法律文化而言,儒家思想固有其积极因素,但关于"三纲五常"教义,轻视法律、轻视诉讼、忽略权利等思想,确实是不利于法制发展的消极因素。

最后,重刑轻民、诸法合体的法律传统。在中华法系的整个法律中,刑法居于最显赫、最重要的地位。其他一切法律,都是围绕刑律,甚至于法和刑可以通约。①

【课后阅读文献】
1. 何勤华:《大陆法系变迁考》,载《现代法学》2013年第1期。
2. 邢馨宇:《有利被告的英美法系话语》,载《中国刑事法杂志》2013年第7期。

【思考题】
一、选择题
 1. 民法法系和普通法法系的主要区别表现在哪些方面?
    A. 法律渊源　　　　　　　　　　B. 法的分类
    C. 法典编纂　　　　　　　　　　D. 诉讼程序和判决程式
 2. 法系是法学上的一个重要概念。关于法系,下列哪些选项是正确的?
    A. 法系是一个比较法学上的概念,是根据法的历史传统和外部特征的不同对法所作的分类
    B. 历史上曾经存在很多个法系,但大多都已经消亡,目前世界上仅存的法系只有民法法系和普通法法系
    C. 民法法系有编纂成文法典的传统,因此,有成文法典的国家都属于民法法系
    D. 法律移植是一国对外国法的借鉴、吸收和摄取,因此,法律移植是法系形成和发展的重要途径
二、名词解释
 1. 法系
 2. 民法法系

---

① 参见付子堂:《法理学初阶》,法律出版社2005年版,第226—247页。

3. 普通法法系

4. 伊斯兰法系

5. 中华法系

三、简答题

1. 简述法系的特点。

2. 简述民法法系的特点。

3. 简述普通法法系的特点。

4. 简述伊斯兰法系的特点。

5. 简述中华法系的特点。

四、论述题

试述民法法系与普通法法系的演变及其发展趋势。

第四编
法的运行基础理论

第十三章 法的制定

☞ **本章提示**
- 法的制定的概念、特征
- 立法体制的概念
- 当代中国的立法权限划分体制
- 法的制定的基本原则
- 法的制定程序

第一节 法的制定概述

一、法的制定的概念、特征及意义

（一）法的制定的概念

法的制定,又称立法,在中外古代典籍中早有论述。

在中国"立法"一词,最早见于战国时期的《商君书》。《商君书·更法》有"伏羲、神农教而不诛,黄帝尧舜诛而不怒,及至文武,各当时而立法,因事而制礼";《史记·律书》中有"王者制事立法";《汉书·刑法志》中有"圣人制礼作教,立法设刑";《新论》

中有"治民御下,莫正于法,立法施教,莫大于赏罚";《羽调典》中有"树君所以牧人,立法所以静乱"。这些记载中立法一词的基本内涵是大致相同的,意指国家的统治阶级制定规范人们行为、维持社会安定的法的活动,而且多指制定刑法的活动。在古代西方,"立法"一词的使用更为广泛,古希腊和古罗马时期的思想家都有对"立法"问题的专门论述。在法学界影响较大的《牛津法律大辞典》对立法一词解释为:立法[legislation]是"通过具有特别法律制度赋予的有效地公布法律的权力和权威的人或机构的意志制定或修改法律的过程。这一词亦指在立法过程中所产生的结果,即所制定的法律本身。在这一意义上,相当于制定法"①。

目前中国法学界对于立法有多种理解,但基本上可以分为三类:一种认为立法是指从中央到地方一切国家机关制定和变动各种不同规范性文件的活动,这是最广义的解释。另一种是广义上的理解,认为立法是有关国家机关在其法定的职权范围内,依照法定程序,制定、修改、补充和废止规范性法律文件的活动,它既包括国家最高权力机关和它的常设机关依法制定法律的活动,也包括中央行政机关和地方有关国家机关依据法定权限和程序制定行政法规、地方性法规、自治条例、单行条例及其他规范性决定、决议等的活动。第三种是指狭义上的立法,仅指国家的最高权力机关及其常设机关依照法定的职权和程序,制定法律的活动。本书所说的法的制定,指第二种广义上的立法,这与《立法法》中所指的立法也是一致的。

简而言之,法的制定是指特定的国家机关依据法定的职权和程序,运用一定的技术,制定、认可、修改和废止法律和规范性法律文件的活动,简称法律的立、改、废活动。其在本质上是把自然性的社会关系上升为法律上的社会关系,是对社会资源、社会利益进行第一次分配的活动。同时,每一个阶级在掌握了国家政权后,都要进行法的制定,将自己的意志通过法律制度化,使其成为

---

① 〔英〕戴维·M.沃克主编:《牛津法律大辞典》,北京社会与科技发展研究所组织翻译,光明日报出版社1988年版,第547页。

全社会成员共同遵守的行为准则,因此,法的制定又是掌握政权的阶级将自己的意志上升为国家意志的活动。

(二)法的制定的特征

法的制定作为一项国家活动,具有如下特征:

(1)法的制定是国家的专有活动。首先,它由国家机关进行,其他任何社会组织和个人,非经国家机关依法授权,均不得进行这项活动。其次,它不是任何国家机关都可以进行的,而是享有立法权的国家机关的专有活动,这种权限通常都由一国的宪法和其他有关法律所规定。再次,它不是国家机关的唯一活动方式,国家机关还有许多其他活动,如行政活动、司法活动或法律监督活动等,但这些活动通常都不能直接产生法律规范,不能直接成为法的渊源。

(2)法的制定是国家机关的法定职权活动。首先,有立法权的国家机关并不是可以随意立法,只能在法律规定的立法权限内立法,或者在被合法授权机关的授权范围内立法。其次,凡是属于自己立法权限范围内的事项,要充分行使立法权。如果不努力行使自己应当行使的立法权,立法就难有好的局面。

(3)法的制定是依据一定程序进行的活动。首先,从近现代以来,任何国家的法的制定活动都不是随意的,必须遵循一定的程序。其次,不同国家法的制定程序虽然有所不同,但通常都是根据宪法和有关专门法律来确定的,即法的制定活动本身也必须法律化、程序化、制度化。

(4)法的制定是运用一定技术进行的活动。首先,法的制定不但是一项法定国家机关进行的、严肃的、具有权威性的活动,而且是一项专业性较强和技术性要求较高的活动,需要特殊的知识、手段、方法和技巧的活动。其次,立法技术是实现立法科学化的基础,是实现立法目的必不可少的环节。一个国家立法技术的高低,直接反映着一个国家立法的科学化水平。

(5)法的制定是产生或者变更法的活动。首先,法的制定的直接目的是产生具有普遍约束力的法律规范,它实际上是对社会施行国家领导的一种方式。其次,法的制定是一种综合性的活动,它不仅包括产生新的法律规范的活动,也包括对已有的行为规范(判例、习惯、政策、道德等)从法律上加以认可,赋予其法律效力,同时包括对已有的法律规范进行修改、补充和废止的活动。

(6)法的制定是对有限的社会资源进行制度性的分配,是对社会资源的第一次分配,反映了社会的利益倾向。立法对社会进行权威的、有效的资源分配、财富分配,通过权利义务即社会利益和负担的分配,建立和维护社会秩序,从而实现社会控制、社会调整,实现社会的动态平衡。

二、立法体制

(一) 立法体制概述

立法体制是关于立法权、立法权的运行和立法权载体诸方面的体系和制度所构成的有机整体,其核心是有关立法权限的体系和制度。

立法体制由三要素构成。一是立法权限的体系和制度。包括立法权的归属、性质、种类、范围、各种立法权关系,立法权在国家权力体系中的地位和作用,立法权与其他国家权力的关系等方面的体系和制度。二是立法权的运行体系和制度。其内容除包括通常所说的立法程序的内容外,还包括行使立法权的国家机关在提案前和公布后的所有立法活动中必须遵循的法定步骤,以及立法主体或参与立法工作的其他主体在立法活动中所遵循的步骤。三是立法权的载体体系和制度。主要包括行使立法权的立法主体或机构的建制、组织原则、活动形式等方面的体系和制度。

(二) 当代中国的立法权限划分体制

任何一个国家的立法体制都是适应该国经济、政治、文化、历史传统的需要而建立和发展起来的,与该国的历史和现实国情密不可分。任何一个国家的立法体制都是由该国的国家性质和国家形式决定的。国家性质在本质上决定了立法权的最终归属;政权组织形式则直接决定了法的制定权属于国家机构体系中的哪些机关；国家结构形式也直接决定中央和地方在法的制定问题上的分工。当然，一个国家的立法体制归根到底是受该国的经济状况的制约。

根据现行《宪法》和《立法法》的规定，中国现今立法权限划分体制主要由以下层次构成：

第一，全国人民代表大会及其常务委员会行使国家立法权。《立法法》第7条规定："全国人民代表大会和全国人民代表大会常务委员会行使国家立法权。"根据《宪法》的规定，全国人民代表大会有权修改宪法，制定和修改刑事、民事、国家机构的和其他的基本法律；全国人民代表大会常务委员会有权制定和修改除应由全国人民代表大会制定的法律以外的其他法律，并在全国人民代表大会闭会期间，对全国人民代表大会制定的法律进行部分补充和修改，但不得同该法律的基本原则相抵触；全国人民代表大会常务委员会还有权撤销国务院制定的同宪法、法律相抵触的行政法规和省级国家权力机关制定的同宪法、法律相抵触的地方性法规。

《立法法》第8条同时规定了全国人民代表大会及其常务委员会专属的立法事项，即明确规定了只有全国人民代表大会及其常务委员会通过制定法律才能规定的事项，其他立法主体制定的规范性文件不得规定这些事项。这些事项主要包括：国家主权的事项；各级人民代表大会、人民政府、人民法院和人民检察院的产生、组织和职权；民族区域自治制度、特别行政区制度、基层群众自治制度；犯罪和刑罚；对公民政治权利的剥夺、限制人身自由的强制措施和处罚；对非国有财产的征收；民事基本制度；基本经济制度以及财政、税收、海关、金融和外贸的基本制度；诉讼和仲裁制度；必须由全国人民代表大会及其常务委员会制定法律的其他事项。

第二，最高国家行政机关国务院行使行政立法权。根据《立法法》第56条，行政法规可就下列事项作出规定：一是为执行法律的规定需要制定行政法规的事项；二是《宪法》第89条规定的国务院行使行政管理职权的事项。国务院根据宪法和法律规定行政措施，制定行政法规，发布决定和命令。此外，对于违反宪法、法律、行政法规的部门规章，国务院有权予以撤销和改变。

第三，由特定地方国家权力机关行使地方性法规的制定权。这又分两个层次。一个层次是省级人民代表大会及其常务委员会在不同宪法、法律、行政法规相抵触的前提下，制定和发布地方性法规，报全国人民代表大会常务委员会和国务院备案。这里没有把省级人民代表大会与它的常务委员会的立法作为两个层次看待，是因为它们之间的立法权不像全国人民代表大会同它的常务委员会那样有着基本法和非基本法的划分。第二个层次是较大的市的人民代表大会及其常务委员会可以制定地方性法规，报省、自治区人大常务委员会批准后施行，并报全国人民代表大会常务委员会和国务院备案。

第四，由民族自治地方的人民代表大会行使自治条例和单行条例的制定权。《立法法》第66条规定：民族自治地方的人民代表大会有权依照当地民族的政治、经济和文化特点，制定自治条例和单行条例。自治区的自治条例和单行条例，报全国人民代表大会常务委员会批准后生效。自治州、自治县的自治条例和单行条例，报省、自治区、直辖市的人民代表大会常务委员会批准后生效。

第五，某些地方机关享有在地方立法方面的特殊权力。这主要有两种情况：一是特别授权立法。根据《立法法》第65条的规定，"经济特区所在地的省、市的人民代表大会及其常务委员会根据全国人民代表大会的授权决定，制定法规在经济特区内实施"。二是特别行政区的立法。根据全国人民代表大会通过的香港和澳门特别行政区基本法，两特别行政区在不与特别行政区基本法相抵触的前提下，具有独立立法权。

第六，国务院各部、委员会、中国人民银行、审计署和具有行政管理职能的直属机构，可以根据法律和国务院的行政法规、决定、命令，在本部门的权限范围内，制定规章。其规定的事项主要是执行法律或者国务院的行政法规、决定、命令的事项。省、自治区、直辖市人民政府以及较大的市的人民政府,可以根据法律、行政法规和省、自治区、直辖市的地方性法规,制定规章。其规定的事项主要是为执行法律、行政法规和地方性法规的事项和属于本行政区域的具体行政管理事项。中华人民共和国中央军事委员会有权根据宪法和法律,制定军事法规在武装力量内部实施;中央军事委员会各总部、军兵种、军区,可以根据法律和中央军事委员会的军事法规、决定、命令,在其权限范围内,制定军事规章,在武装力量内部实施。

综上所述,中国现阶段的立法权限划分体制具有如下特点:(1)国家立法权在全国的立法中处于最高地位;(2)除了特定国家权力机关享有立法权外,特定国家行政机关还享有行政立法权;(3)在中央立法之外,省级权力机关以及特别行政区立法机关也有着完整意义上的立法权。可见,中国的立法体制是一种中央统一领导和一定程度分权的、多级并存、多类结合的立法权限划分体制。

第二节 法的制定的基本原则

我国在多年的立法工作中,创造、总结了许多经验,形成了具有中国特色的立法原则。我国《立法法》第 3 条规定:"立法应当遵循宪法的基本原则,以经济建设为中心,坚持社会主义道路、坚持人民民主专政、坚持中国共产党的领导、坚持马克思列宁主义毛泽东思想邓小平理论,坚持改革开放。"这是我国立法的指导思想。《立法法》第 4 条规定:"立法应当依照法定的权限和程序,从国家整体利益出发,维护社会主义法制的统一和尊严。"这是我国立法的国家法制统一原则。《立法法》第 5 条规定:"立法应当体现人民的意志,发扬社会主义民主,保障人民通过多种途径参与立法活动。"这是我国立法的民主原则。《立法法》第 6 条规定:"立法应当从实际出发,科学合理地规定公民、法人和其他组织的权利与义务、国家机关的权力与责任。"这是我国立法的科学原则。《立法法》的这些规定,体现了我国社会主义立法的三项基本原则,即法制统一原则、民主原则和科学原则。

一、法制统一原则

建设法治国家、实现国家生活的法治化和法治生活的现代化是现代社会最为显著的标志。立法作为建设法治国家的前提和基础,首先需要坚持法制统一原则。立法的法制统一原则主要体现为立法的合宪性和合法性,一切立法权的存在和行使都应当以宪法为依据,立法的各项活动都应当依法进行,社会组织或者成员以立法主体的身份进行活动,其行为应当以法律为规范,行使法定职权,履行法定职责。法制统一原则包括三个方面:

第一,立法机关的立法活动必须严格依法进行。立法机关在行使立法权的过程中应该在法律规定的范围内行使职权,不可越权立法。同时,立法还要依照一定的程序进行,以保障立法的权威性和稳定性。

第二,立法的内容要符合宪法和法治的基本精神。换言之,现代立法要体现公平、正义、自由、平等、人权等法律价值,要能有效平衡和协调国家、社会与个人三者之间的利益关系,同时还要促进社会进步和人的全面发展。

第三,立法要保障国家法律体系的统一。我国的立法活动不应该只是一个简单的技术操作过程,而应该是在统筹规划之下有计划、有顺序地进行的活动,这样才能避免不同法律之间的冲突和矛盾,直至形成统一、协调的社会主义法律体系。

二、民主原则

现代立法和古代立法的本质区别就在于是否贯彻民主立法的原则。在现代立法活动中,一切合法的法律必须以人民的名义发出,并且经人民的同意。同时,坚持立法民主原则有利于最大程度上调动社会成员的积极性和智慧,从而避免立法失误,提高

立法质量。在立法过程中,民主原则主要包括三个方面:

第一,立法的内容应该体现人民性。我国的立法要体现广大人民的意志和要求,确认和保障人民的利益。立法的本质是保障和实现人民民主,把人民的利益诉求和意志主张在民主法治的框架下充分表达出来,有效汇集起来,通过立法程序上升为国家意志。要想使人民的意志得到最大限度的表达,就需要我们制定出相对完善合理的制度和程序,使不同利益群体、不同阶层代表、不同意志诉求、不同期望值表达的各种声音得到汇集和传达。

第二,立法的主体应该具有广泛性。从立法程序上来说,我国的立法权是由法定的立法机关行使的,但人民是立法的主人,立法权在根本上属于人民。对于法定立法主体来说,民主立法要求他们一方面要真正树立以人为本的民主意识,全面了解民情,真正代表民利,及时反映民意,尤其要了解、代表和反映所在选区人民群众的民意,以提出法案等方式为选民排忧解难。另一方面,要求他们具备并努力提高民主立法的素养和能力,从设计立法规划、提出立法议案、审议和表决法律草案等各个环节上,从立法原则、立法技术、立法内容、法律规范等各个方面,提出自己的真知灼见,把人民的意志和利益具体、科学、合理、有效地贯彻落实到法律文本的字里行间。对于法定立法主体之外的人民群众来说,民主立法应当保障他们"知情"和"参与"的民主权利,使人民最大限度地有序参与立法过程,通过多种形式和渠道充分有效地表达自己的意志和愿望。

第三,立法过程和立法程序应该具有民主性。立法过程和程序上的民主性主要是要求做到立法的公开性。这是因为,实行代议制的立法机关是以人民的名义进行活动的,立法机关的合法性来自人民的同意,其权力来源于人民的授予,其制定的法律要反映和体现人民的利益。立法机关的一切活动要对人民负责,受人民监督。为了防止人民代表在思想上发生蜕变,保证他们在立法活动中能够始终站在人民的立场,就要求立法机关的立法应当具有最大限度的公开性。

三、科学原则

科学是人类实践经验的理性总结,是人类逻辑思维、理性思维的结晶,也是人类对相对真理结论的高度概括。法律作为国家意志的体现,要为国家、社会以及普通公民确立一种合理的组织结构,一种规范的行为模式,一种正确的价值选择,这就决定了法律必须建立在科学原则的基础之上。制定法律必须从实际出发,尊重客观规律,总结借鉴与科学预见相结合。具体而言,立法的科学原则包括以下三个方面:

第一,立法应追求客观性。立法的客观性原则主要是指立法必须尊重客观实际,根据政治、经济、社会和文化发展的客观需要,正确反映客观规律的要求。法律不能脱离实际,这里所讲的"实际",不是简单地指现实存在,而是既包括现实实际,也包括历史实际以及对事物未来发展的科学预测。制定法律,就必须从客观事物的发展中,把握住带有实质性的、普遍性的、全局性的问题,从事物的矛盾运动中寻找事物发展的客观规律,从而创制出既能反映现实,又能指导现实发展、促进社会变革的法律。

第二,立法应追求合理性。立法应当合理地吸收、借鉴历史的和外国的经验。不管是历史的还是现代的法律,其存在和发展都有其合理的一面,都反映出了一个国家对各种社会关系的合理界定。合理性在某种程度上即体现为科学性。社会主义国家的立法要吸收和借鉴历史上和国际上一切对人民有用的、合理的经验和规定,这无论从理论上还是实践上都是应该予以肯定的。

第三,立法应具有系统性。当前我们正在建立社会主义法律体系,要求立法者在立法活动中,对各项具体法律制度的设计和安排,要有一个合理的结构,在这个结构中,各种不同的法律具有不同的地位,承担着不同的使命,发挥着不同的作用。同时,这些法律之间又有着内在的联系,相互协调,相互衔接。立法只有体现了系统性,才能更好地健全社会主义法律体系。

需要指出的是,法的制定除应当遵循上述体现法律正义性要

求的价值原则外,还应当遵循以下形式上的原则,以保障立法更加科学、规范、可行:

第一,位阶原则。即立法必须遵守法的效力等级的规定,下位立法不能违反上位立法,所有立法不能违反宪法。这一原则使各级立法者的立法均有所依据,并统一于宪法,以保持法律的整体和谐。

第二,明确性原则。作为一种行为规范,立法的内容应该是肯定的、明确的,而不能是含混的或模棱两可的。这就要求立法的概念应清楚,规则表达应明晰,语言无歧义,规范的逻辑关系应严密等。

第三,稳定性原则。立法的稳定性并不是说立法不能变化,而是说立法不宜频繁变动,应在变化中保持一定程度的稳定。因为不稳定的法律会导致民众对法律的不信任,从而使法律失去权威。要保持法律的稳定就要求立法者在立法时充分了解社会需求,掌握时代变化,并明确发展趋势,制定出与社会情势相适应的、有较高技术水平的法律。

第四,一致性原则。一致性原则亦称不矛盾原则,指法律规范之间不能有相互矛盾或抵触的规定。因为矛盾的立法使民众无所适从。虽然现代立法的庞大数量使规范之间保持绝对一致是比较困难的,但作为一种理性要求,一致性是立法者应坚持的原则。

第五,公开性原则。公开性原则是指立法活动必须公开进行,不得由少数人私下操作。具体要求是立法过程要公开,从项目确定,到制定规范都应让公众了解、参与。特别是立法程序中的提案、审议及表决,应公布提案,展开公开辩论,表决结果"两面俱呈"。只有公开才便于监督,监督就有利于民主。[①]

[①] 参见周永坤:《法理学——全球视野》,法律出版社 2000 年版,第 341—351 页。

第三节 法的制定程序

法的制定是一项系统工程,是动态的、有序的事物,是具有阶段性、关联性、完整性的活动过程。这一过程大致可以分为三个阶段:一是法的制定的准备阶段;二是由法律案到法的阶段;三是完善阶段。

法的制定的准备,一般指在提出法律案前进行的有关立法活动,是为正式立法提供条件或奠定基础的活动。这一阶段的主体,可以是享有制定权的立法主体,也可以是其委托的机构、组织和人员。这一阶段的内容,主要有立法预测、立法规划、收集立法相关材料、组织起草法律草案等等。由法律案到法的阶段,是指由法律案的提出到法的公布这一系列正式的立法活动所构成的法的制定阶段。参与这一活动的主体,一般是享有法的制定权的主体。这一阶段的内容是确定的,一般包括提出法律案、审议法律案、表决通过法律案和公布法。法的制定的完善阶段,一般是指法公布实施后,为了使该法进一步臻于科学化和适用不断变化的新情况,所进行的辅助性工作所构成的阶段。这一阶段的主体与准备阶段的主体一样,具有不确定性。这一阶段的内容主要有:立法解释、法的清理、法的汇编和法典编纂等。

立法程序是指由宪法和相关法律规定的享有法的制定权的国家机关制定、认可、修改或者废止规范性法律文件所遵循的法定方式和步骤。狭义的立法程序,专指国家最高权力机关(议会)制定、认可、修改和废止法律的程序。通常所说的立法程序,主要是指由法律案到法的阶段的方式和步骤,因为各国的宪法和相关法律都对这一阶段作了专门规定。

各国由于国家性质和国家形式不同,法的制定程序有相通之处,也有很多不同。在中国,主要存在着两种类型的制定程序,即权力机关和行政机关的制定程序。这两种类型的程序有共同之处,但由于法的制定主体的性质不同,法律对其程序的规定和要求也有所不同。本节主要介绍全国人民代表大会及其常务委员会的立法程序。

一、提出法律案

提出法律案,是指由有提案权的国家机关、组织和人员,依据法定的程序向有立法权的机关提出关于制定、认可、修改和废止规范性法律文件的建议。

各国享有提案权的主体不尽相同,但都通过法律予以明确规定。任何国家机关、社会组织和个人,未经法律授权都无权向制定法的主体提出法律案。在中国,根据《宪法》、《立法法》及其他相关法律规定,可以向全国人民代表大会提出法律案的主体有:(1)全国人民代表大会主席团;(2)全国人民代表大会常务委员会;(3)全国人民代表大会各专门委员会;(4)国务院、中央军事委员会、最高人民法院、最高人民检察院;(5)全国人民代表大会各代表团;(6)全国人民代表大会30名以上的代表联名。

可以向全国人民代表大会常务委员会提出法律案的主体有:(1)全国人民代表大会常务委员会委员长会议;(2)全国人民代表大会各专门委员会;(3)国务院、中央军事委员会、最高人民法院、最高人民检察院;(4)全国人民代表大会常务委员会10名以上委员联名。

有权向全国人民代表大会提出宪法修正案的机关和人员有:全国人民代表大会常务委员会;1/5以上的全国人民代表大会代表。

向全国人民代表大会提出的法律案,如果是由全国人民代表大会主席团、全国人民代表大会常务委员会、全国人民代表大会各专门委员会、国务院、中央军事委员会、最高人民法院、最高人民检察院提出的,由大会主席团决定是否列入议程。如果是全国人民代表大会代表团或30名以上的代表提出的,是否列入会议议程,全国人民代表大会主席团可以自行决定,也可以先将法律案交有关专门委员会审查,由专门委员会提出意见后再作决定。

向全国人民代表大会常务委员会提出的法律案,由委员长会议决定是否列入会议议程。

二、审议法律案

审议法律案是指法的制定主体对列入议程的法律案正式进行审查、讨论等活动。对法律案的审议是法的制定程序中的一个十分重要的阶段。我国《立法法》对有关法律案的审议程序的规定充分体现了发扬民主、在民主集中制的基础上进行审议的原则,主要规定了以下几个方面:

(1)预先通知。为了使参加全国人民代表大会代表会议的代表或参加全国人民代表大会常务委员会会议的常委能够对准备讨论的法律案提前进行调查研究,广泛征求广大人民群众的意见,在会议之前应当将有关法律案预先通知代表或委员。对于全国人民代表大会常务委员会决定提请全国人民代表大会审议的法律案,应当在会议举行的1个月前将法律草案印发给全国人民代表大会代表;对于列入全国人民代表大会常务委员会会议议程的法律案,除特殊情况外,应当在会议举行的7日前将法律草案印发给常务委员会组成人员。

(2)附带说明及基础资料。为了使参加法律案审议和讨论的代表或委员了解立法的精神和意图以及有关立法内容的背景,有关法律案的提出主体在提出法律案时,应当同时提出法律草案文本、说明和必要的相关资料。法律草案的说明应当包括制定法律的必要性以及草案的主要内容。

(3)听取意见。为了广泛听取社会各界对法律案的意见,对于列入全国人民代表大会常务委员会的法律案,法律委员会、有关专门委员会和常务委员会工作机构应当听取各方面的意见。征求、听取意见的方式可以采用座谈会、论证会、听证会等多种形式。

(4)对法律案进行审查和讨论。对列入全国人民代表大会会议议程的法律案,其审议程序如下:列入会议议程的法律案,提案人和有关的全国人民代表大会专门委员会、有关的全国人民代表大会常务委员会的工作部门应当提供有关的资料；大会全体会议在听取关于法律案的说明后，由大会主席团交各代表团审议，并由法律委员会和有关的专门委员会审议；法律委员会根据各代表团和有关的专门委员会的审议意见，对法律案进行统一审议，向主席团提出审议结果报告和草案修改稿，对重要的不同意见应当在审议结果报告中予以说明。为了充分发扬民主，对重大问题进行深入的审议，必要时，主席团常务主席可以召开各代表团团长会议，就法律案中的重大问题听取各代表团的意见，进行讨论；也可以就法律案中的重大专门性问题，召集代表团推选的有关代表进行讨论，并将有关情况和意见向主席团报告。法律案经主席团审议通过后，印发会议，并将修改后的法律草案提请大会全体会议表决。按照规定，全国人民代表大会会议举行前，全国人民代表大会常务委员会对准备提请会议审议的重要的基本法律案，可以将草案公布，广泛征求意见，并将意见整理印发会议，以便在立法中真正体现广大人民群众的意志。

对列入全国人民代表大会常务委员会会议议程的法律案的实质性审议，采取大会审议和专门委员会审议相结合的方式。首先，由提案的机关、有关的专门委员会和常务委员会有关的工作部门提供相关的资料。常务委员会全体会议在听取议案说明后进行初步审议，初步审议后由常务委员会交有关专门委员会审议和法律委员会专门审议，再由法律委员会向下次或者以后的常务委员会会议提出审议结果的报告，并将其他有关专门委员会的审议意见印发常务委员会会议。有关法律问题的决定的议案和修改法律的议案，法律委员会审议后，可以向本次常务委员会会议提出审议结果的报告，也可以向下次或者以后的常务委员会会议提出审议结果的报告。常务委员会联组会议可以听取和审议专门委员会对议案审议意见的汇报，对会议议题进行讨论。提案机关的负责人可以在常务委员会全体会议、联组会议上对议案作补充说明。列入常务委员会会议议程的法律案，一般应当经三次常务委员会审议后再交付表决,即常务委员会审议的法律案实行三审制。第一次审议法律案,由全体会议听取提案人的说明,再由分组会议进行初步审议;常务委员会第二次会议审议法律案,是在全体会议上听取法律委员会关于法律草案修改情况和主要问题的汇报,再由分组会议进一步审议;常务委员会第三次审议法律案,是由全体会议听取法律委员会关于法律草案审议结果的报告,再由分组会议对法律草案修改稿进行审议。如果各方面对法律案的意见比较一致,也可以经过两次审议后交付表决,部分修改的法律案也可以经过一次审议后交付表决。

列入全国人民代表大会会议议程的议案,在交付表决前,提案人要求撤回的,经主席团同意,会议对该议案的审议即行终止。列入常务委员会会议议程的议案,在交付表决前,提案人要求撤回的,经委员长会议同意,对该议案的审议即行终止。

对于交付表决条件不成熟的法律草案,《立法法》规定,可以延迟交付表决。其中列入全国人民代表大会会议议程的法律案,在审议中发现有重大问题需要进一步研究的,经主席团提出,由大会全体会议决定,可以授权常务委员会根据代表的意见进一步审议,作出决定,并将决定情况向全国人民代表大会下次会议报告;也可以授权常务委员会根据代表的意见进一步审议,提出修改方案,提请全国人民代表大会下次会议审议决定。对列入全国人民代表大会常务委员会会议议程的法律案,因各方面对制定该法律的必要性、可行性等重大问题存在较大意见分歧搁置审议满两年的,或者因暂不交付表决经过两年没有再次列入常务委员会会议议程的,由委员长会议向常务委员会报告,终止该法律案审议。

三、法律案的表决和通过

表决法律案,是有权的机关对法律案表示最终的、具有决定意义的态度。表决的结果直接关系到法律案究竟能否成为法。通过法律案是指法律案经表决获得法定多数的赞成所形成的一种立法结果。法律案的表决和通过关系非常密切,但并非同一个概念。表决法律案是通过法律案的必经阶段,是法律案获得通过的前提;通过法律案则是表决法律案的一个主要结果、主要目的。每一个法律案都要经过表决这个程序,但并不是都能通过。

全国人民代表大会表决法律案,由大会主席团决定采用投票方式、举手方式或者其他方式。宪法的修改采用投票方式表决。但对投票方式具体是指无记名投票方式还是记名投票方式,没有作具体规定。全国人民代表大会常务委员表决法律案,采用无记名方式、举手方式或者其他方式。这里的"其他方式",主要是电子仪器表决方式。对于有修正案的法律案,应先表决修正案。

对于法律案获得通过的法定票数,《宪法》和《立法法》都作了明确规定。宪法的修改,由全国人民代表大会以全体代表的2/3以上的多数通过。全国人民代表大会表决的法律案,由全国人民代表大会以全体代表的过半数通过;全国人民代表大会常务委员会表决的法律案,由全体组成人员的过半数通过。

四、法律的公布

公布法就是指有权的国家机关或人员,在特定时间内,采用特定方式将法公之于众。这是立法程序必经的重要步骤,凡是未经公布的法律,一律不能具有法律效力。

公布法的权力在多数国家由国家元首行使。在许多由国家元首公布法律的国家,公布是行政对立法实行制约的一种手段。我国《宪法》第80条规定,中华人民共和国国家主席根据全国人民代表大会的决定和全国人民代表大会常务委员会的决定,公布法律。我国国家主席行使公布法律的权力与西方国家不同,不是对议会制定法律的权力的一种制约手段,只是立法过程中的一道形式程序。实践中也从未发生过国家主席拒绝公布法律的情况。《立法法》对公布程序作了明确规定:全国人民代表大会及其常务委员会通过的法律,由国家主席签署主席令予以公布;主席令载明该法律的制定机关、通过和施行日期;法律签署公布后,及时在

《全国人民代表大会常务委员会公报》和在全国范围内发行的报纸上刊登;在常务委员会公报上刊登的法律文本为标准文本。

我国地方人民代表大会及其常务委员会制定地方性法规和其他规范性法律文件的程序,大体与上述程序相似。

由于行政机关实行行政首长负责制,所以其立法程序与权力机关相比,有自己的特点,也相对简单。《立法法》对国务院制定行政法规的程序,作了明确规定,规章制定程序参照行政法规的制定程序。行政机关通过行政法规或者规章,同样要经过提出行政法规或规章案、审议行政法规或规章案、通过行政法规或规章案和公布行政法规或规章四个基本程序。与权力机关制定法律、地方性法规不同的是:行政机关通过行政法规或规章,不实行少数服从多数的表决制,而是由行政首长根据会议人员的意见,在民主集中制的原则下最后决定;发布行政法规或规章,由行政首长签署。

【课后阅读文献】

一、孙潮:《论我国立法程序的完善》,载《中国法学》2003 年第 5 期。
二、马新福:《立法权的内在限制》,载《法制与社会发展》2005 年第 1 期。

【思考题】

一、选择题

1. 某地法院在审理案件过程中发现,该省人民代表大会所制定的地方性法规规定与国家某部委制定的规章规定不一致,不能确定如何适用。在此情形下,根据我国《宪法》和《立法法》,下列哪种处理办法是正确的?

    A. 由国务院决定在该地方适用部门规章

    B. 由全国人民代表大会决定在该地方是适用地方性法规还是适用部门规章

    C. 由最高人民法院通过司法解释加以决定

    D. 由国务院决定在该地方适用地方性法规,或者由国务院提请全国人民代表大会常务委员会裁决在该地方适用部门规章

第十三章 法的制定 ★

2. 根据我国《立法法》的要求,下列哪些事项只能由全国人民代表大会及其常务委员会制定法律加以规定?
   A. 劳动争议仲裁制度
   B. 教育制度
   C. 对私有企业的财产征收制度
   D. 居民委员会、村民委员会制度

3. 根据我国《立法法》的规定,下列哪一项属于地方性法规可以规定的事项?
   A. 本行政区内市、县、乡政府的产生、组织和职权的规定
   B. 本行政区内经济、文化及公共事业建设
   C. 对传染病人的强制隔离措施
   D. 国有工业企业的财产所有制度

4. 从法理学的角度看,下列哪些表述不能成立?
   A. 在近代,法律责任与权利、义务是可以相互转移的
   B. 法律制裁是主动承担法律责任的一种方式
   C. 立法是对社会资源、社会利益进行第一次分配的活动
   D. 行政机关执行法律的过程同时是行使执法权的过程

5. 2011年6月15日,全国人大常委会法工委公布《个人所得税法》修正案草案征求意见结果,三十多天收到82707位网民的237684条意见,181封群众来信,11位专家和16位社会公众的意见。据此,草案对个人所得税的起征点进行了调整。关于这种"开门立法"、"问法于民"的做法,下列哪一说法是准确的?
   A. 这体现了立法平等原则
   B. 这体现了立法为民、增强立法主体自身民主性的要求
   C. 这表现了执法为民的理念
   D. 这体现了国家权力的相互制约

6. 卡尔·马克思说:"在民主的国家里,法律就是国王;在专制的国家里,国王就是法律。"关于马克思这段话的理解,下列哪一选项是错误的?
   A. 从性质上看,有民主的法律,也有专制的法律
   B. 在实行民主的国家,君主或者国王不可以参与立法
   C. 在实行专制的国家,国王的意志可以上升为法律
   D. 实行民主的国家,也是实行法律至上原则的国家

257

7. 关于我国立法和法的渊源的表述,下列选项不正确的是:
   A. 从法的正式渊源上看,"法律"仅指全国人大及其常委会制定的规范性文件
   B. 公布后的所有法律、法规均以在《国务院公报》上刊登的文本为标准文本
   C. 行政法规和地方性法规均可采取"条例"、"规定"、"办法"等名称
   D. 所有法律议案(法律案)都须交由全国人大常委会审议、表决和通过

二、名词解释
   1. 立法
   2. 法的制定
   3. 立法体制
   4. 立法程序

三、简答题
   1. 简述法的制定的基本特征。
   2. 简述立法的合宪性原则。
   3. 简述立法的民主化原则。
   4. 简述我国法的制定的基本程序。

四、论述题
   1. 试述我国的立法体制。
   2. 如何理解立法的法治化原则?
   3. 如何理解立法的科学化原则?

第十四章 法律关系

☞ **本章提示**
- 法律关系的概念、种类和特征
- 法律关系主体的概念和种类
- 法律关系主体的构成资格：权利能力和行为能力
- 法律关系客体的概念和种类
- 法律权利的概念、结构
- 法律义务的概念、结构
- 权利与义务的分类
- 权利与义务的关系
- 法律事实的概念、种类

第一节 法律关系概述

一、法律关系的概念

法律关系是一个基本的法律概念，其他的法律概念例如法律规范、法律责任、法律制裁等都直接或者间接地与这一概念有关。在一定意义上说，任何法律现象的存在都是为了处理某种法律关系。因此，认识和研究法律关系问题，具有重要的理论和现实意义。

法律关系的观念最早来源于罗马法"法律的锁链"观念。19世纪初，德国法学家萨维尼第一次对法律关系作了理论论述。后来，德国的温德雪德（Bemhard Windscheid）、比尔林（Emst Rudolf Bierling）等人对法律关系都进行了详细的论述。但是，理论上，学者们对法律关系的概念有着不同的解释。萨维尼将法律关系界定为"由法律规则所决定的人和人之间的关系"。他认为，法律关系由两部分构成,第一部分称为关系的实质要素——事实状态;第二部分称为关系的形式要素,它使事实状态上升为法律层面。温德雪德认为,法律关系是法律上规定的关系,它包括两个类型,一是由法律所设立的,例如所有权关系;一是法律追究其法律后果的事实状态,例如占有关系。比尔林对两种学说作了一个综合解释,认为一切法律规范都表述法律关系的内容,而法律关系的内容则包括一方的权利和另一方的义务。后世法学在论述法律关系问题时基本上是以比尔林的解释为基础的。本书也采此通说,对法律关系的概念作如下定义:法律关系是法律在调整社会关系的过程中所形成的主体之间的权利和义务关系。可见,法律关系就是被法律所调整的那部分社会关系内容的法律形式,具体表现为主体之间根据法律所结成的一种规范性关系。

二、法律关系的特征

法律关系是一种特殊的社会关系,其特殊性表现在它具有不同于其他类别社会关系的特征当中。

(一) 法律关系是根据法律规范建立的一种社会关系

法律关系的产生以法律规范的存在为前提,如果没有法律规范,则社会中不可能产生法律关系这种具体的关系形态。因为法律关系是法律对被纳入其调整范围的社会关系加以调整而产生的过程和结果,所以某种法律关系的产生必须以有相应的法律规范的存在为前提。比如,作为组成社会的细胞的家庭仅靠道德等规范的力量对其内部形成的一些关系进行调整还不足以有效维持家庭本身的健康存在和发展,所以有必要以法律的方式对家庭内部各种关系,如夫妻、父母与子女间的人身和财产等方面内容进行全面的规定。正是由于法律规范的存在,家庭内部的夫妻、父母与子女间所结成的就不仅是一般的社会关系,而且更为重要的是结成了一定形式的法律关系,并受到法律强有力的调整和保护。另外,在这种关系中还有许多其他种类的社会关系所不具备的独特内容,如法律中规定了对诸如家庭暴力、虐待等不利于家庭成员身心健康和有损其利益进而影响家庭自身正常存在和发展的行为进行制裁等内容。

(二) 法律关系以主体间法律上的权利和义务为内容

这是法律关系与其他类别的社会关系的重要区别。法律调整社会的方式主要是通过安排和配置人们之间的权利和义务。具体说,在法律关系中相关主体之间是按照法律的安排分别享有一定的权利,承担一定的义务,相关主体由法律所配置的具体权利和义务而联系在一起。所以权利和义务是法律关系的实质内容。当然与这个特征联系在一起的是法律关系与国家强制力密切相关,从法律关系的建立到具体实现都离不开国家强制力的保障。

(三) 法律关系是体现意志性的社会关系

法律关系属于社会关系,因而也与其他社会关系一样是人们有目的、有意识地建立的,但法律关系的建立又是受制于法律规范的人们的自觉意图和预期目的实现的活动过程,因而呈现出双重意志性的相互作用的特征。一方面,法律关系是根据法律规范建立的,而法律规范又是国家意志的体现;另一方面,法律关系参加者的意志对于法律关系的建立和实现也有着重要的作用。因此,法律关系既是特定主体之间的联系,也是特定主体与国家之间的联系;它既具有国家意志的重要属性,也具有参加者的意志的属性。在法律关系产生或实现的过程中,国家意志和法律关系参加者的意志是相互作用的,一方面国家意志制约着法律关系参加者的意志,也就是说,法律关系参加者的意志必须符合国家意志,否则该关系得不到国家确认和保护,法律关系不可能建立起来;另一方面,法律关系参加者的意志对法律规范中所体现的国家意志的实现起着积极的中介作用。法律规范所规定的权利与义务只是一种可能性和必要性,只有通过法律关系参加者的意志活动才能变为现实。至于法律关系参加者的意志活动的形态则是多种多样的。有的法律关系的建立要根据法律关系参加者各方的意志,如大多数民事法律关系建立,不仅要通过法律规范所体现的国家意志,而且要通过法律关系参加者的个人意志一致。也有的法律关系的建立只需法律关系参加者的一方的意志即可成立,如行政法律关系,往往基于行政命令而产生。还有的法律关系的产生可以不通过人的意志,而是由于某种不以人的意志为转移的事件,如出生、死亡、自然灾害等,但法律关系的实现需主体的意志活动。例如,继承法律关系的产生不以继承人的意志为转移,但继承权是否实现以及如何实现,仍然通过继承人的意志。因此,无论法律关系是怎样产生的、是否通过其参加者的意志,它们的实现都要通过人的意志,法律关系是体现着意志性的社会关系。

须注意的是,法律关系的意志性与法律关系的客观性并不矛盾,法律关系是建立在不以人的意志为转移的客观规律的基础上的人们有意识、有目的结成的社会关系。在社会领域,人们的行为都是有意识、有目的进行的,预期的行动目的,除表面上受制于法律的形式外,归根到底却受到不以人的意志为转移的客观规律的支配。按唯物史观,可以把全部社会关系分为物质社会关系和思想社会关系,思想社会关系不过是物质社会关系的上层建筑,而物质的社会关系是不以人的意志为转移而形成的,是人维持生存的活动方式。法律关系首先体现为思想的社会关系,但不能仅仅看到法律关系的意志形式而看不到其背后的物质关系。因此,法律关系作为体现意志性的社会关系,既有以人的意志为转移的物质关系的属性,又有受到不以人的意志为转移的物质关系制约的属性。

三、法律关系的种类

对法律关系进行分类,是研究法律关系的一个重要方面,它有助于我们了解不同法律关系的不同特征。可以按不同的标准对法律关系做不同的分类。

(一)调整性法律关系和保护性法律关系

按照产生的依据、执行的职能和实现规范的内容不同,可以将法律关系分为调整性法律关系和保护性法律关系。调整性法律关系以调整性法律规范为前提,是基于人们的合法行为而产生的、执行法的调整职能的法律关系。其内容是法律主体间正常的权利与义务关系,不需要适用法律制裁,法律主体之间即能够依法行使权利、履行义务,例如各种依法建立的民事法律关系、合法经营引起的行政法律关系等。保护性法律关系是以保护性法律规范为前提,是基于人们的违法行为而产生的、旨在恢复被破坏的权利和秩序的法律关系。其内容是主体间的权利与责任,这种主体间的权利与责任通常还表现为国家权力与违法者的责任,例如刑事法律关系、侵权责任关系等。

(二)绝对法律关系与相对法律关系

以主体的具体化程度为标准,可以将法律关系分为绝对法律关系和相对法律关系。绝对法律关系是主体单方具体化的法律关系,即在法律关系中,只有单方主体——权利人是具体的,而另一方——义务人是除权利人以外的所有不特定的社会成员。在这种法律关系中,权利实现的重心在于权利人自己的积极性,义务人只要不作出妨碍权利人行为即为履行了义务。因此,它是以"一个人对其他一切人"的形式表现出来,也称为对世的法律关系,例如所有权关系。相对法律关系是所有主体都具体化的法律关系,即在法律关系中,具体权利人的权利指向具体义务人的义务。它以"某人对某人"的形式表现出来,又称为对人的法律关系,例如债权关系。

(三)平权型法律关系与隶属型法律关系

按照主体之间的相互地位可以把法律关系分为平权型法律关系和隶属型法律关系。平权型法律关系,是指法律关系主体之间的地位是平等的,相互之间没有隶属关系。这种法律关系最典型的是民事法律关系。隶属型法律关系是指法律关系主体之间存在隶属关系,一方服从于另一方。这种法律关系最典型的是行政法律关系。

(四)第一性法律关系和第二性法律关系

按照相关的法律关系作用和地位的不同,可以把法律关系分为第一性法律关系和第二性法律关系。第一性法律关系是人们之间依据法律建立的不依赖其他法律关系而独立存在的或者在多向法律关系中居于支配地位的法律关系,因此又称为主法律关系。由主法律关系而产生的、居于从属地位的法律关系,就是第二性法律关系或者从法律关系。一切相关的法律关系均有主次之分,例如,在调整性法律关系和保护性法律关系中,调整性法律关系是第一性法律关系,保护性法律关系是第二性法律关系;在实体法律关系和程序法律关系中,实体法律关系是第一性法律关系,程序法律关系是第二性法律关系。

此外,根据主体的多少和权利义务是否一致为根据,可以将法律关系分为单向法律关系、双向法律关系和多向法律关系。按照相对应的法律规范所属的法律部门不同,可以将法律关系分为宪法关系、民事法律关系、经济法律关系、行政法律关系、刑事法律关系、诉讼法律关系等。

第二节 法律关系的主体与客体

法律关系的构成要素,是指构成法律关系必须具备的内容和因素。根据法律关系的一般原理,任何法律关系都必须具备三个要素才能构成,即主体、客体和内容(权利与义务)。

一、法律关系主体

(一)法律关系主体的概念和种类

法律关系主体是法律关系的参加者,即在法律关系中一定权利的享有者和一定义务的承担者。在现实社会生活中法律关系主体是多种多样的。从理论上讲,凡是能够参与一定的法律关系的任何个人和组织,都可以是法律关系主体。在每一具体的法律关系中,主体的多少各不相同,但大体上都归属于相对应的双方:一方是权利的享有者,称为权利人;另一方是义务的承担者,称为义务人。

在中国,根据各种法律的规定,法律关系的主体包括以下几类:

(1)自然人,即个人主体。公民是自然人中最基本、在数量上占绝对优势的主体。这里的公民既指中国公民,也指外国人或者无国籍的人。我国公民享有我国法律规定的所有权利,因此能够参加多种法律关系。某些重要的法律关系,例如选举等法律关系,非我国公民不得参加。外国人和无国籍的人只能参加我国的部分法律关系,其范围以中国有关法律以及中国与有关国家签订的条约为依据。

根据《民法通则》第二章的规定,个体工商户、农村承包经营户和个人合伙也包括在自然人的范围内。

(2)集体主体,即机构和组织主体。这主要包括两类:一是各种国家机关,例如立法机关、行政机关、司法机关和军事机关等;其特点具有权力特征,它们在其职权范围内活动,能够成为宪法关系、行政法关系、诉讼法关系等多种法律关系的主体。另一类是社会组织,例如各政党和社会团体、企业事业组织等。这些组织参加的法律关系相当广泛,其特点是一般不具有权力特征。但是当某一组织得到法律或者国家机关授权时,可以以管理者的身份参与上述国家机关参与的法律关系。

(3)国家。在特殊情况下,国家可以作为一个整体成为法律关系主体。例如,国家作为主权者是国际公法关系的主体,可以成为外贸关系中的债权人或者债务人。在国内法上,国家作为法律关系主体的地位比较特殊,既不同于一般公民,也不同于法人。国家可以直接以自己的名义参与国内的法律关系,例如发行国库券,但在多数情况下则由国家机关或者授权的组织作为代表参加法律关系。

(二)法律关系主体构成的资格:权利能力和行为能力

公民和法人要能够成为法律关系的主体,享有权利和承担义务,就必须具有权利能力和行为能力,即具有法律关系主体构成的资格。

1. 权利能力

权利能力,又称权义能力(权利义务能力),是指能够参与一定的法律关系,依法享有一定权利和承担一定义务的法律资格。各种具体权利的产生必须以法律关系主体的权利能力为前提。因此,权利能力实际上也是一种权利,是能够引起各种具体权利产生的最一般的、最基本的权利。例如具有民事权利能力,才能享有各种具体的民事权利;具有政治权利能力,才能享有各种具体的政治权利。

根据主体的不同,权利能力可以分为自然人权利能力和法人权利能力。

自然人的权利能力可分为一般权利能力和特殊权利能力。一般权利能力是指享有一般的法律权利、从事一般的法律活动的资格,这是所有公民都普遍具有的资格,通常不附其他条件。例如,民事权利能力就是一般权利能力,我国《民法通则》第9条规定:公民从出生时起到死亡时止,具有民事权利能力,依法享有民事权利,承担民事义务。特殊权利能力是指具备一定条件才具有的权利能力,例如,达到法定的结婚年龄才具有结婚的权利能力;达到特定的年龄,才具有选举等政治权利能力。

法人的权利能力依法人的性质不同而不同,例如,企业法人、机关法人、事业单位法人和社会团体法人各自的权利能力是不相同的。法人的权利能力由法律规定或者由经核准的法人章程确定。法人的权利能力自法人成立时产生,至法人解体时消灭。

2. 行为能力

行为能力是指法律关系主体能够通过自己的行为实际取得权利和履行义务的能力。

自然人的行为能力是自然人的意识能力在法律上的反映。确定自然人有无行为能力,其标准有二:一是能否认识自己行为的性质、意义和后果;二是能否控制自己的行为并对自己的行为负责。因此,自然人是否达到一定年龄、神智是否正常,就成为其享有行为能力的标志。例如,婴幼儿、精神病患者,因为他们不可能预见自己行为的后果,所以在法律上不能赋予其行为能力。公民的行为能力不同于其权利能力。具有行为能力必须首先具有权利能力,但具有权利能力,并不必然具有行为能力。这表明,在每个自然人的法律关系主体资格构成中,这两种能力可能是统一的,也可能是分离的。世界各国的法律,一般都按照年龄和健康状况把本国公民划分为完全行为能力人、限制行为能力人和无行为能力人。(1)完全行为能力人。这是指达到法定年龄、智力健全、能够对自己的行为负完全责任的公民。中国《民法通则》第11条规定,18周岁以上的公民是成年人,具有完全民事行为能力,可以独立进行民事活动,是完全民事行为能力人。16周岁以上不满18周岁的公民,以自己的劳动收入为主要生活来源的,视为完全民事行为能力人。(2)限制行为能力人。这是指行为能力受到一定限制,只具有部分行为能力的公民。例如,中国《民法通则》第12、13条规定,10周岁以上的未成年人,不能完全辨认自己行为的精神病人,是限制行为能力人,可以进行与其年龄、智力以及精神健康状况相适应的民事活动,其他民事活动由他的法定代理人代理,或者征得法定代理人的同意。(3)无行为能力人。这是指完全不能以自己的行为行使权利、履行义务的公民。在民法上,不满10周岁的未成年人,不能辨认自己行为的精神病人是无行为能力人,由他的法定代理人代理民事活动。

　　法人组织也具有行为能力,但与公民的行为能力不同。表现在:第一,公民的行为能力有完全与不完全之分,而法人的行为能力总是有限的,由其成立宗旨和业务范围所决定。第二,公民的行为能力和权利能力并不是同时存在的。也就是说,公民具有权利能力却不一定同时具有行为能力,公民丧失行为能力也并不意味着丧失权利能力。与此不同,法人的行为能力和权利能力却是同时产生和同时消灭的。法人一经依法成立,就同时具有权利能力和行为能力,法人一经依法撤销,其权利能力和行为能力就同时消灭。第三,自然人的行为能力一般通过自身实现,而法人的行为能力则通过其代表人实现的。

行为能力在保护性法律关系中有一种特殊表现形式,即责任能力。它是指因违法行为或者法律规定的事件引起的法律关系主体承担法律责任的能力。在大多数法律关系中,责任能力无需特别规定,有行为能力即有责任能力。但是,在刑事法律关系中,刑事责任能力具有独立的意义。它更严格地强调主体对自己行为的社会意义的认识和行为的自控能力,更注重对公民权利和社会利益的保护。我国刑法将刑事责任能力分为完全责任能力、限制责任能力和无责任能力。已满16周岁的人犯罪,应当负刑事责任;已满14周岁不满16周岁的人,犯故意杀人、故意伤害致人重伤或者死亡、强奸、抢劫、贩卖毒品、放火、爆炸、投毒罪的,应当负刑事责任;已满14周岁不满18周岁的人犯罪,应当从轻或者减轻处罚;因不满16岁不予刑事处罚的,责令他的家长或者监护人加以管教;在必要的时候,也可以由政府收容教养。精神病人在不能辨认或者不能控制自己行为的时候造成危害结果的,经法定程序鉴定确认的,不负刑事责任,但是应当责令他的家属或者监护人严加看管和医疗;间歇性的精神病人在精神正常的时候犯罪,应当负刑事责任;尚未完全丧失辨认或者控制自己行为能力的精神病人犯罪的,应当负刑事责任,但是可以从轻或者减轻处罚;又聋又哑的人或者盲人犯罪,可以从轻、减轻或者免除处罚;醉酒的人犯罪,应当负刑事责任。

二、法律关系的客体

(一)法律关系客体的概念

笼统地讲,法律关系客体是指法律关系主体之间权利和义务所指向的对象。它是构成法律关系的要素之一。如果没有客体,权利和义务就失去目标,成为没有实际内容的概念,也就不能构成具体的法律关系。

法律关系客体与权利客体既有区别又有联系。权利客体是权利行使所及的对象,它说明:享受权利的主体在哪些方面可以对外在的客体(物质客体或者精神客体)作出某种行为或者不作出某种行为。这种对象始终与权利本身共存共灭。没有权利,也就没有权利客体。从单个权利的角度讲,其客体自然不能完全等同于法律关系客体。然而,一旦权利的行使与特定义务的履行发生联系,此时权利客体不仅是权利所及的对象,也是义务所指向的对象,权利客体也就变成了法律关系客体。例如,所有物是所有权的客体,而在买卖法律关系中,它就是法律关系的客体。

法律关系客体是一定利益的法律形式。任何外在的客体,一旦它承载着某种利益价值,就可能会成为法律关系客体。法律关系建立的目的,总是为了保护某种利益,获取某种利益,或者分配、转移某种利益。所以,实质上,客体所承载的利益本身才是法律权利和法律义务联系的中介。这些利益,从表现形态上可以分为物质利益和精神利益、有形利益和无形利益、直接利益和间接利益(潜在利益);从享有主体的角度,利益可分为国家利益、社会利益和个人利益等等。

(二)法律关系客体的种类

总体来说,能成为法律关系客体的对象一定是以某种形式存在的利益或资源,具体表现为它是能满足人们相关的物质或精神需要的东西,并且是可以为人们具体控制和测度的。而且,在不同的国家与不同的历史时期,法律关系客体的具体内容及范围也在不断地发生着演变,决定这种状况的根本原因和动力是相应的历史条件和生产力发展水平。随着社会历史的发展,许多原来属于法律关系客体的内容现在却不是了,如奴隶的人身在奴隶社会中可以成为买卖关系的合法客体,但在现代社会中已杜绝了这种现象的存在。原来许多在一般情况下不属于法律关系客体的内容,现在却属于法律关系中非常普遍而重要的客体,如纯净的饮用水、清洁的空气、不受噪音干扰的环境等。在历史的发展过程中,随着人类活动和与自然界相处能力的增强,法律关系客体的种类与范围还会不断扩大,这是人们能够现实地观察到的。

具体讲,在现代法律制度中法律关系客体主要有以下几类:

(1)物。能成为法律关系客体的物是指能满足人们需要,具有一定的稀缺性,并能为人们所现实支配和控制的各种物质资源。它既可以是固定形态的,也可以是没有固定形态的,如天然气、电力等;既可以是人们通过劳动创造的,也可以是天然存在的,如水、钻石等。

(2)非物质财富。又称为精神产品或精神财富。它主要包括两方面的具体内容,一是人们运用脑力劳动创造的智力成果,如科学发明、技术成果、文艺作品等;另一类是与人身、人格相联系的公民和组织的肖像、名誉、隐私等,因为其与人特定的身份直接相连,所以不能像一般的财产关系那样,可以按照权利主体的意志自由地变更或消灭,而是有着一些特殊的法律要求,如著作权中的署名权便是不能变更和转让的,只能由主体自身享有。另外,这里也包括法人的人格。

(3)行为。行为是行为过程与其结果的统一。在一些法律关系中,权利与义务共同指向的对象不是表现为具体的物或一定的精神产品形式,而是一定的行为,包括主体积极地行为和消极地不行为或抑制一定的行为。如在运输合同中承运人运送乘客与货物的行为,即是运输合同法律关系的客体。在家庭关系中子女享有的受抚养教育权及父母享有的受赡养扶助权,都是通过具体的抚养教育与赡养扶助行为实现的。

(4)其他。能够满足人们有关物质和精神需要的其他财富,如具有一定价值与意义的信息等,也可成为法律关系的客体。

第三节 权利与义务

一、法律关系的内容

(一)法律关系内容的概念

法律关系的内容就是法律关系主体之间的法律权利和法律义务。它是法律规范的内容在实际社会生活中的具体落实,是法律规范在法律关系中实现的一种状态。

权利和义务是一对有着不同含义的范畴,既有法律意义上的权利与义务,也有道德意义、社会学意义上的权利与义务等。法律意义上的权利与义务有自己特定的含义,这就是它们和法律规范的联系以及它们之间各种法律上的联系。任何法律上的权利与义务必须是法律规范所规定的,它们得到国家的确认和保证,而且权利人享受权利依赖于义务人承担义务。这也是法律意义上的权利与义务不同于其他意义上的权利与义务的特殊的法律性。另一方面,法律权利与法律义务同时具有社会性,即法律所确定的权利和义务不是任意的,它们受到一定物质生活条件的制约,由一定生产关系和其他社会关系所要求的社会自由和社会责任是法律所规定的权利与义务的基础。正如马克思所说的,各种最自由的立法在处理私权方面,只限于把已有的权利固定起来并把它们提升为某种具有普遍意义的东西。而在没有这些权利的地方,他们也不去制定这些权利。因此,对于法律意义上的权利和义务,无论是只看到它们的法律性方面,忽视它们的社会性方面,还是只看到它们的社会性方面,忽视它们的法律性方面,都是片面的。

法律上的权利义务与其他意义上的权利义务在一定条件下也是可以相互转化的。在法的形成过程中经常把其他意义上的权利与义务确认为法律意义上的权利与义务,得到国家的支持和保证。在法的实施过程中,特别是在一些没有明确法律依据的疑难案件中,道德意义、社会学意义或者其他意义上的权利与义务有时也会成为法官判案的依据。

(二) 法律权利

所谓法律权利,通常简称为权利,就是国家通过法律规定对法律关系主体可以自主决定作出某种行为的许可和保障手段。其特点在于:第一,权利的本质是由法律规范所决定的,得到国家的认可和保障。当人们的权利受到侵犯时,国家应当通过制裁侵权行为以保证权利的实现。第二,权利是权利主体按照自己的愿望来决定是否实施的行为,因而权利具有一定程度的自主性。第三,权利是为了保护一定的利益所采取的法律手段。因此,权利与利益是紧密相连的。通过权利所保护的利益并不总是本人的利益,也可能是他人的、集体的或者国家的利益。第四,权利总是与义务人的义务相联系。离开了义务,权利就不能得以保障。

一个完整的法律权利的结构,其内容包括三种要素:(1)自由权,即权利人可以自主决定作出一定行为,不受他人干预的权利。自由权是法律权利的核心,是其他权利要素存在的基础。(2)请求权,即权利人要求他人作出一定行为或者不作出一定行为的权利。请求权是对人权,它始终与特定义务人的义务相联系,其内容范围就是义务人的义务范围。(3)诉权,即权利人在自己的权利受到侵犯时,请求国家机关予以保护的权利。它是权利实现的根本保证。这三个要素是紧密联系、不可分割的。其中,自由权是基础,请求权是实体内容,诉权是保障手段。

(三)法律义务

法律义务,简称义务,是国家通过法律规定,对法律主体的行为的一种约束手段,是法律规定人们应当作出或不得作出某种行为的界限。义务与权利相对应,是满足权利人利益要求的一种法律手段。法律义务的特点主要表现在两点:第一,义务所指出的是人们的应然的行为或者未来的行为,而不是人们事实上已经履行的行为,已经履行的"应然"行为是义务的实现,而不是义务本身。第二,义务具有强制履行的特点,义务人对于义务的内容不得随意转让或者违反。

法律义务是与法律权利相对应的实现权利人利益的一种法律手段,因此,在结构上也包括三部分:(1)不作为义务,即义务人不为一定的行为。这一义务起到保证权利人正常享有权利的作用,是权利人享有权利的条件。(2)积极作为义务,即义务人应当按照法律的规定或者权利人要求,作出积极的行为以满足权利人的利益要求。(3)接受国家强制义务,即当义务人不履行义务时,必须接受国家的强制。

二、权利与义务的分类

(一)基本权利义务和普通权利义务

根据体现的社会内容的重要程度,即在权利义务体系中的地位、功能以及社会价值,可以将权利与义务划分为基本权利义务与普通权利义务。基本权利义务是人们在国家政治生活、经济生活、文化生活和社会生活中的根本权利义务。这些权利义务是源于社会关系的本质,与主体的生存、发展、地位直接相关的,人生而应当有之的,不可剥夺、转让、规避,且为社会公认的,因而可以说是"不证自明"的权利义务。这些权利义务一般在宪法中规定。普通权利义务即非基本权利义务,是人们在普通经济生活、文化生活和社会生活中的权利义务,通常由宪法以外的法律或者法规予以规定。

(二)绝对权利义务和相对权利义务

根据对应的主体的范围,可以将权利义务分为绝对权利义务和相对权利义务。绝对权利义务,又称"对世权利"和"对世义务",是对应不特定的法律主体的权利和义务;绝对权利对应不特定的义务人,绝对义务对应不特定的权利人。相对权利义务又称"对人的权利"和"对人的义务",是对应特定的法律主体的权利义务;"相对权利"对应特定的义务人,"相对义务"对应特定的权利人。

(三)个人权利义务、集体权利义务和国家权利义务

根据主体的性质,可以将权利义务分为个人权利义务、集体权利义务和国家权利义务。个人权利义务是指自然人在法律上所享有的权利和应履行的义务;集体权利义务是国家机关、社会团体、企业事业组织等的权利义务;国家权利义务是国家作为法律关系的主体在国际法和国内法上所享有的权利和承担的义务。

三、权利与义务的关系

权利与义务的关系是权利与义务理论的基本内容。可以把

权利与义务的关系概述为：结构上的对立统一关系，数量上的等值关系，功能上的互补关系，历史发展上的离合关系，价值意义上的主次关系。

（1）结构上的对立统一关系。权利和义务二者是互相关联的，即对立统一的。权利与义务一个表征利益，另一个表征负担；一个是主动的，另一个是受动的。就此而言，它们是法这一事物中两个分离的、相反的成分和因素，是两个互相排斥的对立面。同时，它们又是相互依存、相互贯通的。相互依存表现为，权利和义务不可能孤立存在和发展。它们的存在和发展都必须以另一方的存在和发展为条件。相互贯通表现为权利和义务的相互渗透、相互包含以及一定条件下的相互转化。从上述对立统一关系的意义上，可以说"没有无义务的权利，也没有无权利的义务"。权利与义务一方如果不存在了，另一方也不能存在。

（2）数量上的等值关系。权利与义务在数量上是等值的。首先，一个社会的权利总量和义务总量是相等的。在一个社会，无论权利和义务怎样分配，不管每个社会成员具体享有的权利和承担的义务怎样不等，也不管规定权利与规定义务的法条是否相等，在数量关系上，权利与义务总量是等值或者等额的。其次，在具体法律关系中，权利义务互相包含。权利的范围就是义务的界限，同样，义务的范围就是权利的界限。因而权利主体超越义务范围，要求义务主体去从事"超法义务"或者"法外义务"是非法的主张，义务主体有理由拒绝接受。另一方面，权利主体有资格要求义务主体不折不扣地履行义务，以保障其权利的实现。

（3）功能上的互补关系。从功能上看，权利与义务具有互补关系。法律总是以确认和维护某种利益为价值目标，并且以权利的宣告直接体现其价值目标。但是，单纯的权利宣告不足以实现这些价值，必须通过设定义务去保障价值目标的实现。例如，在市场经济条件下，财产权成为经济生活的基本权利，为了体现社会主义法律调整的人权价值，我国宪法规定，国家保护公民的合法的收入、储蓄、房屋和其他合法财产的所有权，这可以视为个人私有财产的权利宣告。民法上又规定,禁止任何组织和个人侵占、哄抢、破坏或者非法查封、扣押、冻结、没收公民的合法财产,这可视为义务的设定。如果法律上只有权利的规定而没有义务的规定,行使权利遇到障碍时权利就会成为泡影。对于社会生活来说,权利的功能在于通过利益诱导和激励机制去调整社会关系,而义务的功能在于采用防范和约束机制去维护正常的生产和生活,两者具有互补性。

(4)历史发展上的离合关系。从人类社会发展过程看,权利与义务具有历史的离合关系。早在原始社会,权利与义务完全结合在一起,无所谓权利与义务的区分。但是,进入阶级社会以后,由于人们之间在经济上、政治上处于不同地位,权利和义务也就随之分离并对立起来,尤其在政治生活中,一部分人只享受权利不尽义务,而另一部分人只尽义务而没有权利。社会主义法律制度的建立,实行"权利和义务相一致"的原则,使两者之间的关系发展到了一个新的阶段。

(5)价值意义上的主次关系。从法律调整的价值取向上看,权利与义务具有主从关系。在法律关系中,权利与义务不可能处于均等重要的地位,在有些法律关系中,义务处于主导地位,例如公民与国家之间的税收法律关系;有的法律关系中,权利处于主要地位,例如所有权关系。在社会主义国家,法律调整的根本目的在于解放生产力,在于保护和实现人们享有充分的权利和自由。就整个法律关系而言,权利与义务相统一,权利处于主导地位,权利是目的,义务是手段,义务的设定以保障和实现权利作为出发点和归宿点。法律关系中权利的限定和范围,是以保证其他主体享有同种权利为目的的。

四、权利与义务的实现

法律权利和法律义务在由法律的一般规定转化为法律关系主体的实有权利和义务以后,也还存在着一个实现问题,权利不能实现就歪曲了它的本质,而义务不能实现就造成了对权利人利益的损害。当然,法律权利和法律义务的实现是一个复杂的问题,从大的方面讲,它取决于一个国家的物质生活条件和水平,取决于政治民主和法治发展的状况以及科学文化条件和道德人文环境的改善等等。从主观方面讲,权利和义务能否实现还要看法律关系主体之间各种关系的发展,法律关系主体的行为能力的状况,以及是否有法律认识上的错误和不以人的意志为转移的事件的发生等等。例如,权利人出于友情或者同情而放弃权利,免除义务人的义务。再如,由于发生了不可抗力的事件,义务人不能履行义务。在这两种情况下,权利自身并没有实现。

权利和义务的实现最重要的是通过国家来保障。国家除了要不断创造和改善物质条件、政治条件和文化条件以外,还必须建立和健全法制,通过法律手段的完善来保证权利、义务在社会生活和社会关系中的落实。仅就法律权利的实现而言,国家通过法律的保障具体表现在:(1)通过明确规定行使权利的步骤和程序,使权利具有可操作性;(2)通过限制国家机关(尤其是行政机关)的权力,建立"依法行政"、"依法司法"的制度来保障权利;(3)通过及时制裁侵权行为,督促义务人履行义务从而使权利得以实现。

然而,也必须看到,就权利本身来讲,它在现实法律生活中总是表现为外在的行为,因此总归有一个适度的范围和限度。超出了这个限度,就不为法律所保护,甚至可能构成"越权"或者"滥用权利",属于违法行为,必须受到法律的禁止和制裁。故此,法律对权利作出适当的限制是完全必要的,严格地讲,限制是法律为人们行使权利确定技术上、程序上的活动方式及界限。但这种限制是以保障作为前提的,限制是为了更好地保障。诚然,权利不是绝对无限制的,同样法律也不能绝对无限制地剥夺或者取消人们的权利。因此,这里的限制应当有一个适度的平衡。像权利是有限度的一样,义务也是有限度的。而要求义务人作出超出"义务"范围的行为,同样是法律所禁止的。义务的限度具体表现在:(1)实际履行义务的主体资格的限制。例如,某人虽然按照法律应承担义务,但由于其不具备履行义务的行为能力,则权利人不得强迫该义务人履行义务。(2)时间的界限。义务在大多数情况下都是有一定的时效和或者时间界限的,超过了时效或者时间界限,义务就不复存在。例如,父母对子女的抚养义务通常应以子女达到成年为限。(3)利益的界限。在权利和义务的资源分配上,既然权利人不可能永远无限制享有社会的利益,那么义务人也就不可能永远承担社会的不利和损害。要求义务人对国家、社会和他人无限制尽义务,而漠视义务人所应有的正当权益,同样是违背事物的性质和正义原则的,也是非常错误的。正如权利人在享受权利时必须履行相应的义务一样,义务人在尽义务时,也同样有自己的权利。

第四节 法律关系的产生、变更和消灭

一、法律关系产生、变更和消灭的条件

法律关系是法律对社会关系加以确认和保障的结果,因此,它具有相对的稳定性。然而,由于社会生活本身是不断变化的,法律关系也就不能不具有某些流动性,从而表现为一个产生、变更和消灭的过程。法律关系的产生是指法律主体之间产生了权利、义务关系;法律关系的变更是指法律主体、客体或者权利义务发生了变化;法律关系的消灭是指法律主体间的权利、义务关系完全终止。

法律关系产生、变更和消灭,需要具备一定的条件。其中,最主要的条件有两个方面。第一方面的条件是抽象条件,即法律规范的存在。这是法律关系产生、变更和消灭的前提和依据。第二方面的条件是具体的条件,即法律事实的存在。它是法律规范的逻辑结构中"假定"部分所规定的各种情况,一旦这种情况出现,法律规范中有关权利和义务的规定以及有关行为法律后果的规定,就发挥作用,从而导致一定法律关系的产生、变更和消灭。也就是说,单纯法律规范的规定只是主体权利和义务的一般模式,

还不是现实的法律关系本身。只有当法律事实出现时,才会引起具体法律关系的产生、变更和消灭。因此,法律事实是法律规范与法律关系联系的中介。

所谓法律事实,就是法律规范所规定的、能够引起法律关系产生、变更和消灭的客观情况或者现象。这一概念有三个特征:(1)法律事实是一种客观存在的外在现象,而不是人们的一种心理现象或者心理活动。纯粹的心理现象不能看做是法律事实。(2)法律事实是由法律规定的那些事实,这些事实是具有法律意义的。(3)法律事实只是能够引起法律后果的那些事实。

二、法律事实的种类

依照是否以人们的意志为转移为标准,可以将法律事实大体上分为两类,即法律事件和法律行为。

(一)法律事件

法律事件是具有法律关联性的、不以当事人的意志为转移而引起法律关系形成、变更或消灭的客观事实。法律事件又分成社会事件和自然事件两种。前者如社会革命、战争等,后者如人的生老病死、自然灾害等,这两种事件对于特定的法律关系主体(当事人)而言,都是不可避免的、不以其意志为转移的。但由于这些事件的出现,法律关系主体之间的权利与义务关系就有可能产生,也有可能发生变更,甚至完全归于消灭。例如,由于人的出生便产生了父母与子女间的抚养关系和监护关系;而人的死亡却又导致抚养关系、夫妻关系或赡养关系的消灭和继承关系的产生,等等。

(二)法律行为

法律行为可以作为法律事实而存在,能够引起法律关系形成、变更或消灭。因为人们的意志有善意与恶意、合法与违法之分,故其行为也可以分为善意行为、合法行为与恶意行为、违法行为。善意行为、合法行为能够引起法律关系的形成、变更和消灭。例如,依法登记结婚的行为,导致婚姻关系的成立。同样,恶意行为、违法行为也能够引起法律关系的形成、变更和消灭。如犯罪行为产生刑事法律关系,也可能引起某些民事法律关系(损害赔偿、婚姻、继承等)的产生或变更。

在研究法律事实问题时,我们还应当看到这样两种复杂的现象:(1)同一个法律事实(事件或者行为)可以引起多种法律关系的产生、变更和消灭。例如,工伤致死,不仅可以导致劳动关系、婚姻关系的消灭,而且也导致劳动保险合同关系、继承关系的产生。(2)两个或两个以上的法律事实引起同一个法律关系的产生、变更或消灭。例如,男女结婚,除了双方自愿结合的意思表示外,还须向结婚登记机关办理登记手续,登记机关颁发结婚证书,双方的婚姻关系才能够成立。其中,"自愿结合的意思表示"、"向结婚登记机关办理登记手续"、"登记机关颁发结婚证书",都是婚姻法律关系形成的事实。在法学上,人们常常把两个或两个以上的法律事实所构成的一个相关的整体,称为"事实构成"。

【课后阅读文献】

张志铭:《法律关系综论》,载《法理思考的印迹》,中国政法大学出版社 2003 年版。

【思考题】

一、选择题

1. 法律关系的内容是法律关系主体之间的法律权利和法律义务,二者之间具有紧密的联系。下列有关法律权利和法律义务相互关系的表述中,哪种说法没有正确揭示这一关系?

    A. 权利和义务在法律关系中的地位有主、次之分

    B. 享有权利是为了更好地履行义务

    C. 权利和义务的存在、发展都必须以另一方的存在和发展为条件

    D. 义务的设定目的是为了保障权利的实现

2. 法律权利的内容是下列哪些权利要素的统一?

    A. 自由权

    B. 生存权

C. 请求权

D. 胜诉权

3. 下列何种表述符合权利与义务的一般关系?

   A. 法律权利和义务相互依存

   B. 权利和义务具有一定的界限区别

   C. 在任何历史时期,权利总是第一性的,义务总是第二性的

   D. 权利是义务,义务也是权利

4. 甲京剧团与乙剧院签订合同演出某传统剧目一场,合同约定京剧团主要演员曾某、廖某、潘某出演剧中主要角色,剧院支付人民币1万元。演出当日,曾某在异地演出未能及时赶回,潘某生病在家,没有参加当天的演出,致使大部分观众退票,剧院实际损失1.5万元。后剧院向法院起诉京剧团,要求赔偿损失。针对此案,下列意见中何者为正确?

   A. 在这一事例中,法律关系主体仅为甲京剧团与乙剧院

   B. 京剧团与剧院的法律关系为保护性法律关系

   C. 京剧团与剧院的法律权利和法律义务都不是绝对的

   D. 在这一事例中,法律权利和法律义务针对的主体是不特定的

5. 郝某的父亲死后,其母季某将郝家住宅独自占用。郝某对此深为不满,拒绝向季某提供生费。季某将郝某告上法庭。法官审理后判决郝某每月向季某提供生活费300元。对此事件,下列哪一种理解是正确的?

   A. 该事件表明,子女对父母只承担法律义务,不享有法律权利

   B. 法官作出判决本身是一个法律事实

   C. 法官的判决在原被告之间不形成法律权利与法律义务关系

   D. 子女赡养父母主要是道德问题,法官判决缺乏依据

6. 下列有关法律关系客体的何种表述是错误的?

   A. 所有的法律关系客体均包含着某种利益

   B. 无法律关系客体就无法律关系

   C. 多向(多边)法律关系的客体,可以有主次之分

   D. 在确定法律关系客体的标准时,不涉及法的价值评价

7. 汪某和范某是邻居,某天,双方因生活琐事发生争吵,范某怒而挥刀砍向汪某,致汪某死亡。事后,范某与汪某的妻子在中间人的主持下,达成"私了"。后汪某父母得知儿子身亡,坚决不同意私了,遂向当地公安部门告发。公安部门立案侦查之后,移送检察院。最后,法院判处范某无

期徒刑,同时判决范某向汪某的家属承担民事责任。就本案而言,下列哪些说法是错误的?

A. 该案件形成多种法律关系

B. 引起范某与司法机关之间的法律关系的法律事实属于法律事件

C. 该案件中,范某与检察院之间不存在法律关系

D. 范某与汪某的家属之间不形成实体法律关系

8. 甲、乙签订一份二手房房屋买卖合同,约定:"本合同一式三份,经双方签字后生效。甲、乙各执一份,留见证律师一份,均具有同等法律效力。"关于该条款,下列哪一选项是正确的?

A. 是有关法律原则之适用条件的规定

B. 属于案件事实的表述

C. 是甲乙双方所确立的授权性规则

D. 关涉甲乙双方的行为效力及后果

9. 孙某的狗曾咬伤过邻居钱某的小孙子,钱某为此一直耿耿于怀。一天,钱某趁孙某不备,将孙某的狗毒死。孙某掌握了钱某投毒的证据之后,起诉到法院,法院判决钱某赔偿孙某 600 元钱。对此,下列哪一选项是正确的?

A. 孙某因对其狗享有所有权而形成的法律关系属于保护性法律关系

B. 由于孙某起诉而形成的诉讼法律关系属于第二性的法律关系

C. 因钱某毒死孙某的狗而形成的损害赔偿关系属于纵向的法律关系

D. 因钱某毒死孙某的狗而形成的损害赔偿关系中,孙某不得放弃自己的权利

10. "在法学家们以及各个法典看来,各个个人之间的关系,例如缔结契约这类事情,一般是纯粹偶然的现象,这些关系被他们看做是可以随意建立或不建立的关系,它们的内容完全取决于缔约双方的个人意愿。每当工业和商业的发展创造出新的交往形式,例如保险公司等的时候,法便不得不承认它们是获得财产的新方式。"据此,下列表述正确的是:

A. 契约关系是人们有意识、有目的地建立的社会关系

B. 各个时期的法都不得不规定保险公司等新的交往形式和它们获得财产的新方式

C. 法律关系作为一种特殊的社会关系,既有以人的意志为转移的思想关系的属性,又有物质关系制约的属性

D. 法律关系体现的是当事人的意志,而不可能是国家的意志
11. 甲、乙分别为某有限责任公司的自然人股东,后甲在乙知情但不同意的情况下,为帮助妹妹获取贷款,将自有股份质押给银行,乙以甲侵犯其股东权利为由向法院提起诉讼。关于本案,下列哪一判断是正确的?
A. 担保关系是债权关系的保护性法律关系
B. 债权关系是质押关系的第一性法律关系
C. 诉讼关系是股权关系的隶属性法律关系
D. 债权关系是质押关系的调整性法律关系

二、名词解释
1. 法律关系
2. 法律关系的主体
3. 权利能力
4. 行为能力
5. 法律关系的客体
6. 法律权利
7. 法律义务
8. 法律事实

三、简答题
1. 简述法律关系的种类。
2. 简述我国法律关系主体的种类。
3. 简述法律关系客体的种类。
4. 简述权利义务的分类。
5. 简述法律权利的结构。
6. 简述法律义务的结构。
7. 简述法律事实的种类。

四、论述题
1. 试述法律关系的特征。
2. 试述法律关系中权利义务的相互关系。

第十五章 法的实施

☞ **本章提示**
- 法的实施的概念
- 法的实施的基本形式
- 执法的概念和特征
- 执法的基本原则
- 司法的概念和特征
- 司法的基本原则
- 守法的概念、条件

第一节 法的实施概述

一、法的实施的概念

立法的目的是为了运用法来规范人们的行为,调整社会关系,建立和维护有利于统治阶级利益的社会秩序。因此制定法律不是最终目的,使法律得以实施才是立法者的初衷。古人云:"有法而不循法,法虽善与无法等。"[1]法律若仅停留在纸上而不付诸实施,无异于一张写着字的废纸。为实现立法目的,就需要人们依照法律设定的权利和义务来积极享有权利并积极履行义务,使法律规范在社会生活中得以贯彻。这种使法律规范在社会实际生活中的具体运用和实现的过程,即将法律规范的要求转化为人们的行为,将法律规范中的国家意志转化为现实关系的过程,就是法的实施。

历代统治阶级都很重视法的实施,他们为了达到立法的预期

---

[1] 沈家本:《贞观政要》,《历代刑法考·总考三》。

目的,巩固和发展对他们有利的社会关系和社会秩序,采取各种措施,以保证法律规范的实施。如古罗马奴隶制国家把法律条文刻在十二块铜牌上,竖立在罗马城广场,告示罗马公民遵守,这就是历史上有名的《十二铜表法》。我国春秋时期,郑国执政子产,为把法律公之于世,使百姓知法并尊重法律,"铸刑书于鼎"。战国时代的变法改革家商鞅,为使所立之法取信于民,不惜以重金悬赏,徙木立信。这些实施法律的措施,至今仍有可借鉴之处。

当人们考察一个国家法律的时候,不仅仅看它规定得怎样,更重要的是看它在人们心目中的地位与价值以及人们在现实生活中是否遵从它。能够推动文化技术进步,影响政治制度的,不是法律文件本身,而是法律文件中规定的行为规则在人们活动中的具体化,在社会关系中的具体化。如果法的规定不能在人们及组织的活动中实现,那就是一纸空文,不会带来现实意义,也不能实现法的价值。仅仅承认公民在宪法中的基本权利是不够的,还必须通过法的实施使公民真正享有这些权利。

二、法的实施的基本形式

法律规范在社会生活中实施的具体形式是多种多样的,可以从不同的角度进行分类。

(一)法的执行、法的适用和法的遵守

按照法的实施过程中国家干预的程度和方式的不同,法的实施可以分为法的执行、法的适用和法的遵守。

法的执行,简称执法,是指国家行政机关、法律法规授权的组织和行政机关委托的组织在行使行政管理权的过程中,依照法定职权和法定程序贯彻执行法律的活动。在现代社会,国家行政机关在法的实施过程中的作用越来越大,大量的法律需要国家行政机关积极的执法行为加以落实,如工商管理、社会治安等。

法的适用,简称司法,是指国家司法机关依照法定职权和法定程序具体应用法律及其他规范性法律文件处理案件的专门活动。司法是法的实施的一种重要形式,也是一种特殊形式。其特殊性在于,守法和执法是有关主体主动实施法律的活动,而司法是被动的,是在守法和执法的正常状态遭到破坏或无法继续时产生的一种法的实施的专门形式。所以,它也是法的实施的一种最终的制度性的保证,是国家强制力的终局性的直接介入。

法的遵守,简称守法,是指公民和其他社会关系主体自觉遵守法律的规定,将法律的要求转化为自己的行为,从而使法律得以实施的活动。守法包括法律关系主体积极行使权利和认真履行义务两个方面,不能把守法简单理解成法律关系主体对法的消极的被动的遵守。在现代社会,守法精神的核心是对法治的理解、支持与参与。运用法律手段维护自己的合法权益,根据法律要求履行自己的义务,既是法律关系主体的私事,更是其社会责任的体现。

(二)权利的行使和义务的履行

按照法律规范所规定的行为模式的不同,法的实施可分为权利的行使和义务的履行。

权利的行使是授权性法律规范实施的方式。具体有两种情况:(1)公民、法人等法律关系主体,对授权性法律规范授予的权利,无论是行使或放弃,都意味着法律的实施。(2)国家公职人员对授权性法律规范授予的权利必须依法行使,才能使法律得以实施。

义务的履行是义务性法律规范实施的方式。义务有积极作为的义务和消极不作为的义务之分,所以,义务性规范的实施也有两种情况:(1)公民、法人等法律关系主体以积极作为的形式履行义务,使法律得以实施;(2)公民、法人等法律关系主体以消极不作为的形式履行义务,使法律得以实施。

(三)通过具体法律关系的法的实施和不通过具体法律关系的法的实施

以法的实施是否通过具体的法律关系为标准,法的实施可以分为通过具体法律关系的法的实施和不通过具体法律关系的法的实施。

通过具体法律关系的法的实施是指必须通过法律关系主体之间具体的法律关系(即权利义务关系),法律规范的规定才能实施。其特点是法律关系主体以及其权利、义务都是特定的,其中,一方权利的实现有赖于另一方义务的履行。如债权债务法律关系中,只有当债务人按照债权人的请求完成一定行为时,债权人的权利才能得以实现。即债权人权利的实现,必须依赖债务人履行义务。需要通过具体法律关系的法的实施只有在具体法律关系建立之后才有意义。

不通过具体法律关系的法的实施是指法律关系主体之间不必建立具体的法律关系,法律规范的规定即可实施。其特点是这种法律规范的实施形式主要表现为不特定的义务人以不作为的方式实现法律规范的要求。如禁止性规范,只要人们不从事法律规范禁止的行为,该规范即得到实施;绝对权规范(如规定所有权、人身权的规范),只要义务人不阻碍权利人行使权利,规范即得到实施等等。

第二节 执 法

一、执法的特征

执法作为国家行政机关独立的职能,是近代民主政治制度的产物。在古代社会,国家的立法权、司法权、行政权均由最高统治者一人掌握,君主一言可以立法,一言也可以废法,国家行政机关根据最高统治者的个人意志进行行政管理。可以说,在前资本主义社会,行政活动并未从国家活动中独立出来。到了资本主义时期,资产阶级君主立宪和民主共和制国家确立了立法、司法、行政三种权力分别由三个不同机关行使并且相互制约的三权分立的原则和制度,确立了依法行政的法治原则,消除了个人对社会享有至高无上统治权的现象,避免了个人的独断专行。所以说,国家行政机关执行法律是人类制度文明进步的结果。

在我国,由于传统观念的影响,长期以来人们对行政机关执法一直比较模糊,没有明确的认识,人们往往一提到执法就是指"公、检、法"三机关的贯彻实施法律的活动。进入20世纪80年代以后,随着社会政治、经济的发展,调整民事关系特别是行政关系的法律规范逐渐增多,许多行政机关特别是工商、税务、海关等逐渐以法律取代政策调整本领域的社会关系。于是,人们开始认识到,行政机关也是执法机关,而且随着市场经济体制的建立和逐步完善,政府行为从本质上讲都将是一种法律行为,除了某些行政立法行为以外,其他的都与执法有密切联系,都属于执法行为。执法使大多数法律在社会生活的各个领域发挥作用,使国家政治、经济、文化、社会公共事务等都依法进行,有序运作。执法是最广泛的最普遍的实施法律的活动,是法律实施的主要途径。因此,行政执法在我国法制建设中占有十分重要的地位,对建设社会主义法治国家具有重要意义。

执法在分配社会资源,维护社会秩序,保障公民权利,推动社会进步等方面起着重要作用,特别是现代社会行政职能日益膨胀,行政事务日趋庞杂,行政管理的范围日益广泛,执法在社会生活中的重要性更加突出。

执法作为法律实施的重要形式和国家专有活动,有如下一些特征:

(1)执法主体具有特定性。执法权是宪法和法律赋予行政机关的职权,中央人民政府、地方各级人民政府及其职能部门是行使执法的主体。法律、法规授权的组织,如事业、企业单位等,在法律授权的范围内行使职权。执法行为的具体实施者,既可以是法律、法规授权的组织,也可以是行政机关的公务员和法律、法规授权组织的工作人员,还可以是行政机关委托的组织或个人,它们均可以行政主体的名义实施一定的执法行为。

(2)执法内容具有广泛性。我国宪法规定,国家行政机关是国家权力机关的执行机关。国家权力机关制定的法律和其他规范性法律文件,主要是通过行政机关的执法在社会中获得实现,它涉及社会生活的方方面面,包括政治、经济、外交、国防、财政、文化、教育、卫生、科学、交通、建设、治安、社会福利、公用事业等各个领域,内容十分广泛。特别是现代社会,行政管理的范围更加广泛,执法的范围也更加扩大,几乎关系到国家的各个领域和公民生活的各个方面。

(3)执法活动具有主动性。执法的主动性是相对于司法的被动性而言的,司法一般以"不告不理"为原则,而执法则不能以此为原则,执法的主动性是由执法机关的职责所决定的。执行法律是国家行政机关的法定职权,它既是国家行政机关的权力,同时也是它的职责。因此,国家行政机关在执法中,一般都应积极主动地去履行职责,而不要行政相对人的意思表示,否则就是失职,就要依法承担相应的法律责任。

(4)执法活动具有单方面性。执法活动是行政机关运用国家行政权力的活动,这种权力的性质决定了行政机关单方面就能决定公民、法人等行政相对人的权利、义务。这也是行政法律关系和民事法律关系的一大区别。在民事法律关系中,双方当事人的法律地位是完全平等的;而在行政法律关系中,行政机关始终处于主导地位,单方面就可作出法律行为。如行政机关依法对市场进行监督检查,依法对违法公民或法人作出处罚等。也就是说,执法机关可以在不应相对人请求,不征求相对人同意的情况下,单方面自主地采取执法行为。

(5)执法活动具有国家强制性。执法是以国家名义对社会进行组织和管理,是以国家强制力为后盾的,即体现着"命令—服从"模式。作为行政相对人的公民或法人不论是否接受行政管理,都必须要服从,否则就要受到法律的制裁。执法的国家强制性是执法得以有效进行的保证,是执法的权威性的重要表现。

(6)执法具有效率性。行政工作是一个国家最多的管理工作,效率是行政得以顺利进行的保证。大量的行政工作根本不允许执法工作没有效率。由于执法要处理较多急迫的问题,如果拖延耽误就会给国家利益、社会公共利益或行政相对人的合法权益造成重大损害。因此，执法更注重迅速、简便、快捷。但这里强调执法的迅速、简便、快捷是在合法的前提下，讲究效率，而不能抛开法律的规定任意执法。

二、执法体系

执法体系是指由具有不同职权以及不同管辖范围的行政机关和社会组织执行法律而构成相互分工、相互配合的和谐整体。执法体系意味着执法的纵横结构的统一，纵向结构是指执法体系之内的层次划分，由于执法主体的职权和管辖范围的不同，因此执法存在层级区别；横向结构是指由于调整的社会关系的不同，需要拥有不同行政职权的执法主体，由此形成的执法的外在划分。在社会生活中，纵向结构与横向结构相互交织，二者的统一组成纵横交错的网络式结构，正是在这种结构中各类执法主体各得其位，相互区别又相互联系，构成了一国的执法体系。

按照执法主体的执法权来源的不同，执法体系是由根据宪法和组织法的规定取得执法权的行政机关的执法和由根据单行法律、法规的授权和行政机关委托而产生的非国家行政机关的社会组织的执法两类构成。具体说，行政机关的执法是指行政机关一经成立便根据宪法和行政组织法的规定取得执法权，对社会进行组织和管理，包括各级人民政府的执法和政府工作部门的执法。社会组织的执法包括两种情况，一种是由法律、法规的授权而获得执法权的社会组织的执法；另一种是由行政机关依法委托而产生执法权的社会组织的执法。

（一）各级人民政府的执法

各级人民政府的执法是我国执法体系中最重要的执法，包括中央人民政府的执法和地方各级人民政府的执法。

根据我国《宪法》第85条的规定，中华人民共和国国务院，即中央人民政府，是最高国家权力机关的执行机关，是最高国家行政机关。

地方各级人民政府是地方各级权力机关的执行机关，是地方各级国家行政机关。在我国，地方各级人民政府具有双重性质：一方面，各级人民政府是国务院领导下的国家行政机关，都要服从国务院；另一方面，地方各级人民政府又是地方利益的代表，是地方权力机关的执行机关，对地方权力机关负责。地方各级人民政府一般分为三级：省、自治区、直辖市人民政府；县、自治县、县级市人民政府；乡、民族乡、镇人民政府。在某些地方，省级人民政府与县级人民政府之间还设有一级人民政府，即自治州人民政府、设区的市的人民政府，这些地方的人民政府即为四级而不是三级。民族区域自治地方的人民政府不同于一般地方人民政府，它除了行使宪法和法律规定的执法权外，还享有政治、经济、文教、卫生、科技等方面的自治权。

（二）县级以上各级人民政府工作部门的执法

根据宪法和有关法律的规定，县以上地方各级人民政府可以根据工作需要，设立若干工作部门，承担某一方面行政事务的组织与管理职能，在本级人民政府的领导下，管理所辖行政区域内的某项专门行政事务。政府工作部门包括中央人民政府即国务院下属机构和地方各级人民政府的下属机构。

（三）法律、法规授权的社会组织的执法

根据法律、法规的具体授权而行使特定行政职能的社会组织，可以在一定范围内执行法律。如我国《行政处罚法》第17条规定："法律、法规授权的具有管理公共事务职能的组织可以在法定授权范围内实施行政处罚。"

（四）行政机关委托的社会组织的执法

行政机关委托的社会组织是指受行政机关的委托，行使一定的行政职权的社会组织。它们的执法，是基于行政机关的委托，而不是基于法律、法规的授权，其执法时只能以委托的行政机关的名义，而不能以自己的名义进行，所产生的法律后果也只能由委托的行政机关承担。

三、执法的原则

执法的原则是指行政执法主体在执法活动中所应遵循的基本准则。我国的行政执法要求遵循行政法治原则和效率原则。

（一）行政法治原则

法治原则是近代人们要求政府守法呼声的产物。在封建社会，行政与立法、司法不分，国家权力集中在君主手中，君主既立法又执法、司法，谈不上遵守法律，是个人专制的典型。资产阶级革命胜利后，资产阶级普遍实行分权的政治体制，议会成为"民意机构"。他们宣扬"人民主权"，要求由代表组成的议会拥有崇高的地位，要求议会制定的法律得到普遍遵守。公民守法自不待言，政府也必须遵守法律。执法的基本功能就是执行议会制定的法律。根据"法律面前人人平等"的原则，政府也不得成为超越于法律之上的主体。不仅如此，为了禁止执法机关的不法行为，树立政府的威信，也必须树立政府守法的信念，推行行政法治原则。

1. 合法性原则

合法性原则是行政法治的核心内容，是现代法治国家对执法的基本要求。可以说，在任何一个推行法治的国家，合法性原则都是其制度中重要的原则之一。

合法性原则是指执法主体的设立及其职权的存在、行使必须根据法律，符合法律，而不得与法律相抵触。合法性原则要求我国执法机关在实施行政管理执行法律时，不仅应当遵循宪法和法律，还应遵循行政法规、地方性法规、行政规章、自治条例和单行条例等。合法性原则的具体内容为：

首先，执法主体合法。执法主体的设立及其职权的存在、行使要有法律依据，法律规定享有执法权的主体才能成为执法主体。执法主体必须在法律规定的职权范围内活动，任何没有法律根据的职权都是不允许存在的。另外，法律、法规授权的组织或行政机关委托的组织成为执法主体的，其授权与委托必须要有法律依据，而且只能依法定程序进行。

其次,执法内容合法。执法主体的一切能产生特定法律效力和法律后果的行为都是执法的内容。由于执法内容直接涉及相对人的权利和义务,所以执法内容必须有法律依据,必须根据法律的规定来作出。

最后,执法程序合法。由于执法内容与公民权利息息相关,特别是其中的侵害权利的行为,如不予以严格的程序控制,势必严重侵犯公民的权利,所以执法必须严格依照法定程序。法定程序伴随着执法活动的全过程和一切方面。执法程序要符合法定方式、步骤、顺序和时限,不能任意简化、改变、调换和省略程序。

2. 合理性原则

合理性原则是行政法治原则的另一个重要组成部分,是指在执法活动中,特别是在行使行政自由裁量权进行行政管理时,必须做到客观、适度、符合理性。

这一原则的具体要求为:首先,执法活动的目的要符合法律目的。执法主体行使自由裁量权不是无条件的,而是以不违背法律目的为其前提,而不得以任何与法律目的相悖的追求为执法活动的目的。其次,执法活动建立在正当考虑的基础上。执法主体在执法活动中要考虑相关的因素,尤其是法律以明示或默示的方式要求执法主体考虑的因素;不得考虑不相关的因素,即可能影响执法主体公正处理的外在于执法活动的因素。最后,执法结果要符合公正原则。具体表现为执法主体要平等对待行政相对人,不因身份、地位等法外原因给予不平等的处理;执法主体所作出的处理决定对相对人权益的影响程度应与相对人行为的状况相适应,如实施行政处罚时,必须做到过罚相当,而不能轻过重罚或重过轻罚。另外,执法结果还应符合事物本身的规律,符合社会道德、惯例和常理。

(二) 效率原则

效率原则是指在行政法治原则的前提下,行政机关对社会实行组织和管理过程中,要以较小的经济耗费获得最大的社会效果。效率本是经济学的概念,后被引入法学,并成为行政执法所追求的基本价值之一。在行政执法中确立效率原则,是由国家资源的有限性和行政管理的复杂性、多变性所决定的。一方面,国家对行政执法活动的资源投入是有限的,如果不贯彻效率原则,很难达到行政法治的预期目标。另一方面,行政管理复杂多变,行政机关要及时适应这种变化,必须考虑效率的要求。

第三节 司 法

一、司法的特征

司法是司法机关以国家的名义行使司法权的主要方式,是国家运用法律调整社会关系、维护社会秩序的重要方式。相对于法的实施的其他方式,司法具有自身的一些独有的特点。

(1) 司法具有被动性。司法总是在相应的纠纷或违法情形产生以后而采取的措施。虽然对类似情况的再出现具有警戒的意义,但是它相对于已发生的事件或者行为却是无可奈何的事实。司法遵循"不告不理"的原则,即如果没有原告的申请,就不会开启诉讼程序,这正好与执法的主动性形成鲜明的对照。

(2) 司法职权具有排他性。司法是享有司法权的国家机关及其司法人员依照法定职权和法定程序运用法律处理具体案件的专门活动,这项权力只能由享有司法权的国家司法机关及其司法人员行使,其他任何国家机关、社会组织和个人都不能行使此项权力。因此,司法权是一种专有权,并且是排他的。

(3) 司法程序的特别严格性。司法活动的开展是由诉讼法律、法规严格规定了法定程序的,它必须严格地按照法定程序进行。如审理刑事案件,必须严格按照刑事诉讼法的规定进行;审理民事、经济案件,必须严格按照民事诉讼法的规定进行;审理行政案件必须严格按照行政诉讼法的规定进行。这些诉讼法是保证司法公正、公平的重要条件,离开了这些法定程序,就难以保障诉讼当事人的合法权益,也难以保证法律的正确适用,所以严格按法定程序进行是司法的重要特征之一。执法也有较为严格的程序,但由于执法性质所决定,不如司法严格。

（4）司法具有中立性。由于司法的本质是在两造中作出裁决,所以必须对两造保持中立,不得与任何一方存在利益关系,不得偏袒或歧视任何一方,正是司法的中立性保障了司法的公正性。

（5）司法裁决具有终局性。相对于行政决定而言,司法裁决具有终局的法律效力,行政决定一般都不是终局的,在逻辑上存在着被司法裁决推翻的可能性。

二、司法体系

（一）司法主体

司法主体是指由国家宪法所规定的享有司法权、依法处理案件的国家专门司法机关。

司法机关的出现是国家职能分化的结果,而这一分化恰恰体现着国家制度的历史发展和社会文明的历史进程。早在前资本主义社会就已出现了司法机关的雏形,比如中国古代大理寺的设置,就是朝廷审核重大刑事案件的国家机关;古希腊,早在梭伦改革之前就已有了陪审法庭等设施。但是早期的司法机关在职能上并不健全,而且也并未从国家行政机关中分离或独立出来,可以说早期的司法机关是淹没在行政机关之中的。

司法机关从其他国家机关中分离出来,并形成一个独立的系统,则是在资产阶级革命胜利之后,新兴的资产阶级在反对封建专制制度的同时,提出了"三权分立"的原则。将立法权、行政权、司法权交由不同的国家机关行使,相互对立并相互制约,这样便产生了专门行使司法权的国家机关。随着司法活动的日趋复杂和工作量的增加,国家机关系统内部逐渐发生了结构变化,出现了新的分工,国家行政机关承担了部分司法职能,学理上称其为行政司法或准司法。但从司法权的性质和特征上看,除法院之外,将其他任何机关归结为司法主体都是不恰当的。

（二）司法体系

司法体系也称"司法体制"或"司法系统",是指由国家宪法和法律所规定的享有国家司法权、依法处理案件的专门国家机构,即由全部司法主体构成的有机整体。

不同的国家、不同的政治体制有不同的司法体系。根据各个国家的法院情况大体可作以下分类:

(1)民事法院和刑事法院。根据法院审理案件的性质不同,分为民事法院和刑事法院。民事法院依照民法审理民事案件,刑事法院按照刑法审理刑事案件。

(2)初审法院、上诉法院和终审法院。根据法院的审级来区分,可分为初审法院、上诉法院和终审法院。初审法院多为基层法院,管辖轻微的民事、刑事案件;区域法院一般为上诉法院;最高上诉法院为终审法院,无论它作出案件的一审或二审都是终审。但也有少数国家分为四个审级。如英国,在最高法院的上面还有上议院作为国家上诉法院行使最高审判权。

(3)普通法院和专门法院。根据法院审理案件的性质可分为普通法院和专门法院。普通法院审理普通民事、刑事案件;专门法院审理特定案件,如宪法法院、行政法院等。

(4)联邦法院和州法院。在实行联邦制的国家,有联邦法院和州法院之分。

根据我国宪法和人民法院组织法的规定,人民法院是国家的审判机关,它依法独立行使国家审判权。人民法院由最高人民法院、地方各级人民法院和专门人民法院组成。

(1)最高人民法院。最高人民法院是我国最高审判机关。按照法律规定,最高人民法院行使的职权有:监督地方各级人民法院和专门人民法院的审判工作;审判法律、法令规定由它管辖和它认为应当由自己审判的第一审案件,对高级人民法院、专门人民法院判决和裁定的上诉案件和抗诉案件,最高人民检察院按照审判监督程序提出向最高人民法院的抗诉案件;根据全国人大常委会的决议,最高人民法院对于在审判过程中如何具体适用法律的问题有权进行解释;依照法律规定,核准死刑案件。

(2)地方各级人民法院。地方各级人民法院分为基层人民法院、中级人民法院和高级人民法院。

基层人民法院设在县级，包括县、自治县、不设区的市、市辖区人民法院。基层人民法院审理刑事、民事和行政的第一审案件（法律另有规定的除外）；处理不需要开庭审判的民事纠纷和轻微刑事案件；指导人民调解委员会的工作。人民法院组织法还规定基层人民法院根据地区人口和案件情况可以设立若干个人民法庭，人民法庭是基层人民法院的组成部分，它的判决和裁定就是基层人民法院的判决和裁定。

中级人民法院设在省、自治区的各地区，省辖市、自治区辖市、自治州和中央直辖市。中级人民法院审判法律、法令规定由它管辖的第一审案件，基层人民法院移送审判的第一审案件，对基层人民法院判决和裁定的上诉案件和抗诉案件，人民检察院按照审判监督程序提出的抗诉案件。

高级人民法院设在省、自治区和中央直辖市行政区。高级人民法院审判法律、法令规定由它管辖的第一审案件，下级人民法院移送审判的第一审案件，对下级人民法院判决和裁定的上诉案件和抗诉案件，人民检察院按照审判监督程序提出的抗诉案件。

专门人民法院包括军事法院、铁路运输法院、海事法院、森林法院和其他专门法院。

综上可见，我国人民法院的组织体系，就是以最高人民法院为首的地方各级人民法院和各类各级专门人民法院所组成，它们的职能范围是由法律规定的。

另外需要特别指出的是，根据我国宪法和人民检察院组织法的规定，人民检察院是我国的法律监督机关，是国家机构体系中一个独立的系统，它代表国家行使检察权和法律监督权。国家设立最高人民检察院、地方人民检察院和军事检察院等专门人民检察院。检察院的活动虽然与司法密切相关，而且也必须遵循司法的基本要求和原则，但其本身却不具有司法的性质，因而不宜将其纳入司法主体的范畴。

三、司法的基本原则

司法的基本原则,是指司法机关为了实现其任务和目的所必须遵守的基本准则。这些原则贯穿于司法活动的全部过程中,主要有以下几项:

(一) 司法平等原则

司法平等原则,是指同样的事物同样对待,相同的案件相同处理。这是公平、正义的基本要求之一。在我国,司法平等原则是宪法中"公民在法律面前一律平等"基本原则在司法中的具体体现。我国《宪法》第33条第2款规定:"中华人民共和国公民在法律面前一律平等。"它要求各级司法机关在处理案件、行使司法权时,对于任何公民,不论其民族、种族、性别、职业、宗教信仰、教育程度、财产状况、居住期限等有何差别,也不论其出身、社会地位、政治地位有何不同,在适用法律上一律平等。这一原则不仅适用于公民个人也适用于法人和其他社会组织。

具体来说,司法平等原则的基本含义是指:

(1) 任何公民都必须平等地遵守我国的法律,平等地享有法定权利和承担法定义务,不允许任何人有超越法律之上的特权;

(2) 任何公民的合法权益,都必须平等地受到法律的保护,他人不得侵犯;

(3) 任何公民的违法犯罪行为,都应当平等地受到法律的制裁。

在司法过程中,正确理解、贯彻司法平等原则具有重要意义,司法平等是实现权利平等的重要环节和保障。坚持这一原则,对于切实保障公民在适用法律上的平等权利,反对一切特权思想和行为,惩治司法腐败行为,维护法制的权威和尊严,有着十分重要的意义。

(二) 法治原则

法治原则是指在司法过程中,要严格依法办事。在我国,这项原则具体表述为"以事实为根据,以法律为准绳"。

以事实为根据,是指司法机关处理案件时,只能以案件事实为根据,重证据,不轻信口供,实事求是,以发现客观事实作为办案目标和法律适用的基础。因此,所谓"以事实为根据"中的"事实",并不等同于客观事实,而是司法机关以发现客观事实为目标、通过特定的法律程序所认定的"法律事实"。所以"法律事实"是一种接近客观事实的"裁判事实",它有可能符合客观事实,但也并不尽然。

以法律为准绳,是指司法机关处理案件时,要严格按照法律规定办事,把法律作为处理案件的唯一标准和尺度。从定性、量刑到民事审判,都要以法律为依据。需要注意的是,"以法律为准绳"中的"法律"既包括实体法律规范,也包括正当的法律程序。在查办案件的全部过程中,都要按照法定权限和法定程序,依据法律的有关规定,确定案件性质,区分合法与违法、一般违法和犯罪等,并根据案件的性质,作出恰当正确的裁决。以法律为准绳,意味着在整个司法活动中,法律是最高的标准,这一原则是保证司法公正的根本。

(三) 司法权独立行使原则

司法权独立行使原则,是指司法机关在办案过程中,依照法律规定独立行使司法权。这是我国宪法规定的一条根本原则,也是我国有关组织法和诉讼法的一个基本原则。我国《宪法》第126条规定:"人民法院依照法律规定独立行使审判权,不受行政机关、社会团体和个人的干涉。"

司法权独立行使原则的基本含义是指:

(1) 国家的司法权只能由国家的司法机关独立行使,其他任何组织和个人都无权行使此项权力;

(2) 司法机关依法独立行使司法权,不受其他行政机关、社会团体和个人的干涉;

(3) 司法机关处理案件必须按照法律规定,准确地适用法律。

在我国,坚持司法权独立行使原则,并不意味着司法机关行使司法权可以不受任何监督和制约。司法权如同其他任何权力一样,都要受到监督和制约。不受监督和制约的权力(包括司法权)会导致腐败。在我国,对司法权的监督主要来自以下几个方面:其一,司法机关要接受党的领导和监督,这是司法权正确行使的政治保证。其二,司法机关要接受国家权力机关的监督。按照我国现行的政治体制,司法机关对国家权力机关负责,接受国家权力机关的监督。其三,司法机关内部的上、下级之间以及同级之间也存在监督和约束,这种监督和约束是通过完善的司法制度来体现和实现的。其四,司法权也要接受企事业单位、社会团体、法律职业共同体、民主党派和人民群众的监督,还要接受社会舆论的监督。这些种类广泛的监督形式和监督机制,是司法判决获得正当性的根本原因和程序上的保证,同时也能有效地防止司法权的滥用。

司法权独立行使原则,实际上是司法独立原则在我国现行体制下的体现,其意义在于使司法机关依法独立行使司法权,依法办案,不受干涉,以保障司法公正。

(四)司法责任原则

司法责任原则,是指司法机关和司法机关工作人员在行使司法权过程中,侵犯了公民、法人和其他组织的合法权益并造成严重后果而需承担一定责任的原则。

司法责任原则作为司法活动应遵循的一项重要原则,在历史上出现很早。在中国奴隶制时期就有这种规定,如《吕刑》中有"五刑不服,正于五过"的记载,就是关于罚不当罪的法官,要承担责任的规定。在古罗马,也有类似的规定:"法官不尽职时,应对诉讼人负损害赔偿责任。"到近代资产阶级法,这一司法原则就更为具体和完善。如日本《宪法》规定:任何人被拘留或拘禁后已受无罪之判决时,得依法律规定向国家请求赔偿。法官犯了严重的渎职罪,可以由弹劾法庭的裁决予以撤职。

司法责任原则是根据权力与责任相统一的法治原则而提出的一个权力约束机制,司法机关及其工作人员接受人民的委托,行使国家的司法权,负有重大的权力。按照权力与责任一致的原则,一方面对司法机关及其工作人员行使国家司法权给予法律保障;另一方面,对司法机关及其工作人员的违法行为予以严惩。只有将司法权力与司法责任相结合,才能更好地增强司法机关和司法人员的责任感,防止司法过程中的违法行为。目前我国已颁布的《国家赔偿法》、《法官法》等法律都已确立了司法责任制度。这对于实现公正司法、廉洁司法必将产生深远的影响。

第四节 守　　法

一、守法的概念

守法是法的实施的基本形式,也是法的实施的基本要求。立法者制定法律的目的,就是使法律在社会生活中得到实施。如果制定的法律不能在社会中得到遵守和执行,那就失去了立法的目的,也失去了法律的权威性和尊严。

守法,意味着一个国家和社会的各社会主体按照法律办事的活动和状态。依法办事,包括两层含义:其一,依照法律规定享有权利并行使权利;其二,依法承担义务并履行义务。

二、守法的构成要素

守法包括守法主体、守法范围、守法内容和守法状态等构成要素。

(一)守法主体

守法主体是指一个国家和社会中,哪些人或哪些组织成为遵守法律的主体。

从应然角度讲,任何一个国家和社会中的所有主体都应该成为守法的主体,但由于国家性质等各方面的原因,守法主体的范围相差很大。在奴隶制和封建制国家,尤其在君主专制制度下,守法是被统治阶级的法定义务,管仲所说的"夫生法者,君也;守法者,臣也;法于法者,民也"是当时社会中君主立法,官吏执法,百姓守法状况的生动写照。到了资本主义社会,资产阶级建立了民主制度,确立了法制,提倡法律面前人人平等,使守法在形式上成为所有社会主体的法定义务。

由于我国奉行人民主权、主权在民的宪法原则,人人在法律上享有平等的地位。因此,在我国,一切组织和个人都成为了守法主体。真正实现了法律面前人人平等。对此,《宪法》作了明确规定:"一切国家机关和武装力量、各政党和社会团体、各企业事业组织都必须遵守宪法和法律。一切违反宪法和法律的行为,必须予以追究。""任何组织或者个人都不得有超越宪法和法律的特权。""中华人民共和国公民必须遵守宪法和法律。"按照宪法的规定,我国守法的主体可分为以下几类:

(1) 一切国家机关、武装力量、政党、社会团体、企业事业组织。其中首要的是共产党和国家机关必须守法。共产党是执政党,在国家生活中居于领导地位。党的组织和党的工作人员特别是党的各级领导必须模范地遵守法律,在宪法和法律范围内活动,为其他各社会组织和全体公民的守法树立榜样。国家机关代表人民行使国家权力,执行国家职能,对社会的政治、经济、文化、军事和外交等活动进行全面管理。国家机关的性质及其在国家生活中所占的重要地位,要求国家机关及其工作人员必须时时处处自觉维护法制的尊严和权威,带头遵守和执行法律,严格依法办事。

(2) 中华人民共和国公民。公民守法,是现代法治社会的普遍要求,也是建立法治国家的基本要求。我国社会主义法的本质决定了公民必须守法,社会主义法从本质上讲是人民利益和意志的体现和反映,是人民自己的法。因此,守法对于公民来说,实际上就是按照他们自己的意志和要求办事,维护自己的意志和利益。

(3) 在我国领域内的外国组织、外国人和无国籍人。根据我国有关法律规定和国际法规范,外国组织、外国人和无国籍人也必须遵守我国法律,在我国法律允许的范围内从事各种活动。

(二) 守法范围

守法范围,是指守法主体必须遵守的行为规范的种类和范围。守法范围直接取决于一个国家法的渊源。由于不同社会形态法的渊源不同,守法范围也有所不同。比如,在古罗马,守法还包括遵守法学家的学说;在奴隶社会和封建社会,由于君主位于社会等级结构的顶端,享有至高无上的权威,出自君主的诏敕等,具有最高的法律效力,守法首先是遵守诏敕;在西欧中世纪,由于教会法高于人定法,守法便首先是遵守教会的宗教教义。近现代以来,守法主要是指遵守规范性法律文件(宪法、法律、法规等),也包括遵守适用法的文件(判决、裁定等)。

在当代中国,守法的范围包括宪法、法律、行政法规、地方性法规、规章、民族自治地方的自治条例和单行条例、特别行政区的法和国际条约等规范性法律文件。另外,有些适用法的文件,如国家行政机关的决定,法院的判决等也属于守法的范围。这些文件是在执法、司法过程中,就个别事件和个别人依法制作的,不是规范性文件,不具备普遍的约束力,但对于当事人来说,这种文件同样具有法律效力,必须严格遵守。

(三) 守法内容

简单地说,守法内容就是指依法办事,具体包含两层含义:一是依法履行义务,二是依法行使权利。两者密切联系,不可分割。可以说,守法就是履行义务和行使权利的有机统一。

1. 依法履行义务

履行义务是指人们按照法律的要求必须作出或不作出一定的行为,以此来满足权利人的利益。依法履行义务包含两层含义:一是要求人们必须积极作出一定行为的义务,这种义务在法学上被称为"作为义务"或"积极义务"(如纳税、服兵役、赡养父母等)。对于这种积极作为义务,人们只有依法作出一定的行为才能构成守法。如果无视法所规定的积极义务,拒不作出一定的行为,或者虽然作出了一定的行为但不符合法的要求,都不是守法行为,而是违法行为。二是要求人们不得作出一定行为的义务,这种义务在法学上被称为"不作为义务"或"消极义务",法律规范中的禁止性规范都是属于消极的不作为义务(如严禁刑讯逼供、禁止故意伤害他人等)。对于这种不作为义务,人们只要依法不作出一定的行为,便是履行了相应的法律义务。

2. 依法行使权利

行使权利是指通过自己一定的行为或不行为或者要求他人作出或不作出一定的行为来满足自己利益的需要。法律规范中授权性规范的遵守就是人们依法行使权利,人们只有依法行使权利才是守法。它既可以是权利人自己作出或不作出一定的行为,也可以是要求他人作出或不作出一定的行为。

综上所述,守法内容是履行义务与行使权利的有机统一。长期以来,人们一直把守法理解为被动的履行义务,这是片面的,不正确的。它不利于法的全面实现,不利于我国正在进行的依法治国,建设社会主义法治国家的宏伟目标的实现。

(四) 守法状态

守法状态是指守法主体行为的合法性程度。守法状态包括守法的最低状态、守法的中层状态和守法的高级状态三种类型。

(1) 守法的最低状态。守法的最低状态是不违法犯罪。在这种状态下守法主体是以消极的心理去守法,虽为守法主体,却不是法的主人,法并没有自我内化。之所以守法,是为了逃避刑罚,逃避法律的制裁。从守法的内容上看,守法者仅仅或主要是履行法律义务,而不能充分行使自己的法律权利。

(2) 守法的中层状态。守法的中层状态是依法办事,形成统一的法律秩序。在这种状态下,守法主体对法的态度基本是肯定的,但还未完全实现法的自我内化,守法主体还不是严格意义上的法的主人。从守法的内容上看,守法主体既能履行法律义务,又能行使法律权利。

(3) 守法的高级状态。守法的高级状态是守法主体不论是外在的行为,还是内在动机都符合法的精神和要求,严格履行法律义务,充分行使法律权利,从而真正实现法律调整的目的。在这种状态下,守法主体对法的态度是完全肯定的,是以法的主人的姿态自觉地、主动地去守法,已完全实现了法的自我内化。

三、守法的条件

守法作为一种社会行为,是人们有意识、有目的的活动,人们守法的状态往往受到多种因素的制约,一般来说,对守法具有重大影响的条件主要有客观条件和主观条件。

(一) 守法的客观条件

守法的客观条件是指不依人的意志为转移,而个人又生活和活动于其中的客观社会环境。如法制状况、政治状况、经济状况、民族传统、科学技术的发展等等。社会的性质及法律的类型等因素在守法的客观条件中,是起决定性作用的因素。在同一社会形态里,政治和经济状况对守法也有非常重要的影响。这里侧重分析守法的法制条件。

守法作为法律实施的一种形式,与实施法的其他形式相互衔接,互为条件,其他形式实施的效果,直接影响着守法的程度。因此,要求社会主体守法,法自身必须具备可使公民遵守的条件。

1. 高质量的立法

守法的一个前提条件就是法律自身必须具有优良品质。一个品质优良的法律对人们会产生良好的影响,相反,一个质量低下的法律则只会对人们产生消极的不良影响。这就要求一个国家的立法者必须要制造一整套完备的、体现各种法的价值要素的高质量的法律,以便守法主体依法办事。所谓高质量的立法可从内容和形式两方面理解。从内容上看,高质量的立法应充分体现现代法的一些价值要求,诸如人权价值、民主价值、公平正义价值、法治价值等。另外,具体权利义务的规定还要符合实际,不要规定当前阶段人们不能实现的权利和无法履行的义务。从形式上看,高质量的立法应具备一些基本要求,即语言的明确性、法条的具体性、内容的易懂性、结构的合理性、体系的完善性等等。

2. 要有法律实施的其他形式的同步完善,密切配合

在现代社会,国家行政机关和司法机关适用法律的活动是法制条件中制约和影响人们守法的最直接、最主要的因素。国家行政机关及其工作人员如能依法行政,严格执法;国家司法机关及其工作人员如能以事实为根据,以法律为准绳,公正司法,树立起良好的执法和司法形象,必能带动和促进其他社会组织和公民的守法。反之,如果执法机关和司法机关有法不依,执法不严,违法不究,则必然导致人们对法律的怀疑和不信任,产生对法律的信仰危机,进而远离法律。就法律监督而言,法律监督是对法律的运行和操作合法性进行监察和督导的手段,它的作用体现在人们实施一定的行为之前、之中和之后,这大大强化了法的威慑作用,促使人们自觉遵守法律。

(二) 守法的主观条件

1. 守法主体良好的法律意识

法律制定出来后要在社会生活中得到遵守。而法律要得到遵守,关键取决于各守法主体的法律意识和对法律的价值观。因此,各守法主体良好的法律意识既是法律得到遵守的前提条件,也是法律被遵守的关键因素。

在法律意识中,占核心地位的是人们对法律及法律现象所形成的认识、态度、信仰、评价等,即法律价值观。法律价值观决定和支配着人们的行为趋向和行为选择。良好的法律意识即是对法律所形成的积极的价值观;良好的法律意识至少要求守法主体知晓法律权利和法律义务,懂得什么是法律所允许的,什么是法律所禁止的,懂得用法律来维护自己的合法权益;良好的法律意识,使守法主体能够充分认识到法在社会中的重要作用。守法主体如果不具备良好的法律意识,就不可能自觉地、主动地去守法,很难想象,在一个法律意识薄弱的国家里,社会主体会很好地守法。

在现代社会,守法主体良好的法律意识首先应是"守法意识",即尊重法律、遵守法律、严格依法办事的意识;其次是要培养和树立与现代精神相适应的一系列现代法意识,即权利义务相统一的意识、法律公平正义意识、民主自由人权意识、法治意识等等。

2. 守法主体良好的道德观念

道德是人们关于善与恶、美与丑、公正与偏私、文明与野蛮、光荣与耻辱等的观念。不同的道德观念会形成不同的是非、善恶标准,对符合或违反法律的行为会有不同的评价,从而使人们实施不同的行为。所以,道德观念对人们的守法行为也有重要影响。一个有良好道德观念的人,会自觉遵守法律,维护法的尊严和权威。相反,一个道德观念低下的人,也可能出于对法律制裁的惧怕而守法,但这种守法行为极不稳定,随时可能向违法行为转化。因此,培养良好的道德观念,也是守法的一个有力的保证。

【课后阅读文献】

一、李步云:《司法独立的几个问题》,载《法学研究》2002年第3期。

二、丁以升、李清春:《公民为什么遵守法律?——评价西方学者关于公民守法理由的理论》,载《法学评论》2003年第6期。

三、姜明安:《论行政执法》,载《行政法学研究》2003年第4期。

【思考题】

一、选择题

1. 市民张某在城市街道上无照销售食品,在被城市综合管理执法人员查处过程中暴力抗法,导致一名城市综合管理执法人员受伤。经媒体报道,人们议论纷纷。关于此事,下列哪一说法是错误的?

   A. 王某指出,城市综合管理执法人员的活动属于执法行为,具有权威性

   B. 刘某认为,城市综合管理机构执法,不仅要合法,还要强调公平合理,其执法方式应让一般社会公众能够接受

   C. 赵某认为,如果老百姓认为执法不公,就有奋起反抗的权利

D. 陈某说,守法是公民的义务,如果认为城市综合管理机构执法不当,可以采用行政复议、行政诉讼的方式寻求救济,暴力抗法显然是不对的

2. 法律面前人人平等是公平正义的首要内涵。关于它的具体内容,下列哪一选项是不准确的?
    A. 社会成员享有相同的立法表决权
    B. 法律以同样的标准对待所有社会成员
    C. 反对任何在宪法和法律之外的特殊权利
    D. 禁止歧视任何在社会关系中处于弱势的社会成员

3. 下列有关执法与守法区别的说法哪些是不正确的?
    A. 执法的主体不仅包括国家机关,也包括所有的法人;守法的主体不仅包括国家机关,也包括所有的法人和自然人
    B. 行政机关的执法具有主动性,公民的守法具有被动性
    C. 执法是执法主体将法律实施于其他机关、团体或个人的活动,守法是一切机关、团体或个人实施法律的活动
    D. 执法须遵循程序性要求,守法无须遵循程序性要求

4. 关于司法的表述,下列哪些选项可以成立?
    A. 司法的依据主要是正式的法律渊源,而当代中国司法原则"以法律为准绳"中的"法律"则需要作广义的理解
    B. 司法是司法机关以国家名义对社会进行全面管理的活动
    C. 司法权不是一种决策权、执行权,而是一种判断权
    D. 当代中国司法追求法律效果与社会效果的统一

二、名词解释
  1. 法的实施
  2. 执法
  3. 司法
  4. 守法

三、简答题
  1. 简述法的实施的基本形式。
  2. 简述执法的特征。
  3. 简述我国的执法体系。
  4. 简述司法的特点。

5. 简述我国司法的基本要求。

四、论述题

1. 试述行政法治原则。
2. 试述以事实为根据,以法律为准绳原则。
3. 试述法律面前人人平等原则。
4. 试述司法机关依法独立行使职权原则。

第十六章 法律责任

☞ **本章提示**
- 法律责任的概念
- 产生法律责任的原因
- 违法的构成要件
- 法律责任的种类
- 法律责任的归结的含义
- 归责原则
- 法律制裁的概念、种类

第一节 法律责任概述

一、法律责任的概念

在现代汉语中,"责任"一词有两个彼此联系的基本词义:(1)分内应做的事。如"岗位责任"、"尽职尽责"等。这种责任实际上是一种角色义务。每个人在社会中都扮演一定的角色,即有一定地位或职务,相应地,也就必须而且应当承担与其角色相应的义务。(2)因没有做好分内的事情而应承担的不利后果或强制性义务。如"追究责任"、"违约责任"、"赔偿责任"等。

由于"责任"一词的多义性及它在法律文献中适用的广泛性,以致作出一个包容万象的法律责任的定义是困难的。目前,中国法理学通常把法律责任分为广义的法律责任和狭义的法律责任两类。广义的法律责任就是把上述"责任"的两种含义都涵盖,即法律义务的同义词,包括第一性法律义务和由于违反第一性法律义务而招致的第二性义务。狭义的法律责任则仅仅取"责任"的第二种含义,指由于违反法律规定所引起的不利法律后果。本章所指法律责任是在狭义的意义上使用。

法律责任是指由于违法行为、违约行为或者由于法律规定而应承受的某种不利的法律后果。欠债还钱,杀人偿命,是人们对法律责任的最通俗的解释。还钱、偿命对责任人来说都是不利的法律后果。

法律责任不同于其他社会责任如政治责任、道义责任等,它具有以下两个基本特点:(1)承担法律责任的最终依据是法律。承担法律责任的具体原因可能各有不同,但其最终依据是法律。因而一旦法律责任不能顺利承担或履行,就需要司法机关裁断,司法机关只能依据法律作出最终裁决。(2)法律责任具有国家强制性。即法律责任的履行由国家强制力保证。当然,正如国家强制力有时是作为威慑力隐蔽于法律实施的幕后一样,在法律责任的履行上,国家强制力只是在必要时,即在责任人不能主动履行其法律责任时才会使用。

二、产生法律责任的原因

法律责任是一种不利的法律后果。导致这种不利法律后果的原因是多种多样的。从法律责任的概念可以看出,产生法律责任的原因有三类:违法行为、违约行为和法律的特别规定。

(一)违法行为

违法行为是指违反现行法律规定,给社会造成某种危害的行为。违法行为所违反的必须是法律,而不是道德、政策、纪律。违反其他社会规范的行为,尽管也可能会受到某种处罚或者制裁,但是这种处罚或者制裁不是法律意义上的。违法行为是具有社会危害性的行为,社会危害性是违法的本质属性。一个社会的法律之所以要将某些行为规定为违法,最根本的原因就是这些行为具有对社会的危害性质。人们之所以要将某种行为确定为"违法"并依据法律予以处罚,也是因为这种行为具有社会危害性。大量的法律责任是由违法行为产生的,违法行为是产生法律责任的主要原因。

如何认定违法行为呢?违法构成是判断违法是否成立的标准。任何违法行为都必须具备以下四个构成要件:违法的客体、违法的客观方面、违法的主体以及违法的主观方面。

(1)违法的客体。任何违法行为都有被侵犯的客体,即违法必须是在不同程度上侵犯了法律所保护的社会关系。任何违法行为都必然给一定的社会关系和社会秩序造成危害,因此,对社会的危害性是违法行为的内在根据之一。如果某种行为没有社会危害性,没有侵犯法律所保护的社会关系和社会秩序,就不能认为是违法。

(2)违法的客观方面。违法必须是违反法律规定的行为。首先,它必须是行为。所谓行为就是人体在一定意志支配之下的动与不动的状态,包括积极的作为和消极的不作为。单纯的思想意识活动是不能构成违法的。其次,它必须表现为对法律规定的违反,即做了法律所禁止的行为,或者没有做法律所要求的行为。

(3)违法的主体。违法者必须是具有法定责任能力的主体。违法必须是违反法律规定的,有社会危害性的,有过错的行为,但不是任何人的这种行为都会构成违法。根据我国法律的规定,能够成为违法主体的自然人必须是达到法定年龄并具有责任能力的人,能够成为违法主体的组织必须是能够独立承担法律责任的法人和其他组织。如果行为人没有法定责任能力,就不能成为违法的主体,例如,没有达到法定责任年龄的幼儿和不能理解、控制自己行为的精神病患者,其所为的有社会危害性的行为不构成违法。

(4)违法的主观方面。违法行为必须是行为者出于故意或过失作出的,即行为者在主观方面有过错。人的行为是受其意识支配的,违法行为也受违法者的意识所驱使。违法者在主观方面有故意和过失两种心理状态。明知自己的行为会发生危害社会的结果,并且希望或者放任这种结果的发生,因而构成违法的,是故意违法。应当预见自己的行为可能发生危害社会的结果,因为疏忽大意而没有预见,或者已经预见而轻信能够避免,以致发生这种结果而构成违法的,是过失违法。如果某种行为在客观上虽然造成了危害社会的结果,但是行为人不是出于故意或过失,而是由于不可抗力或者不能预见的原因所引起的,则不能认为是违法。

上述构成违法的四个要素,是相互联系,相互制约,缺一不可的。缺少哪一个要件,都不可能构成违法。

(二) 违约行为

违约行为,即违反合同约定,没有履行一定法律关系中作为的义务或不作为的义务。主体对违约行为之所以要承担法律责任,是由于履约是法律的要求,不履约实际上也就是对法律的违反。违约行为是以合同的存在为前提的,是合同一方对另一方约定义务的不履行,其表现形式多种多样,常见的有:不能履行;拒绝履行;不完全履行;迟延履行;迟延受领。违约行为是产生民事法律责任的重要原因。

(三) 法律的特别规定

法律的特别规定,是指从表面上看,责任人并没有从事任何违法行为,也没有违反任何契约义务,仅仅是由于出现了法律所规定的法律事实,就要承担某种法律责任。如我国《民法通则》第109条规定:"因防止、制止国家的、集体的财产或者他人的财产、人身遭受侵害而使自己受到损害的,由侵害人承担赔偿责任,受益人也可以给予适当的补偿。"按照这一规定,受益人并没有违法行为,其之所以要承担一定的民事责任,就是因为发生了该法所规定的法律事实。

在法律责任系统中,由违法行为、违约行为引起的法律责任占据主导地位,由法律的特别规定引起的法律责任则居于从属地位。这是因为前两种责任,存在范围非常广阔,社会功能也更为重要,而后一种责任则带有对适用前两种责任所留下的有限空间予以补充的性质。

三、法律责任的目的与功能

为什么违法行为或违约行为,或者仅仅由于法律的规定,就要使当事人承担不利的法律后果?这是法律责任的目的问题。我们生活在一个社会共同体中,一方面每个人都追求各自的特殊利益,另一方面,大家都有共同的社会利益、国家利益和集体利益。法律要求人们在追求自己的利益的同时尊重他人的利益,并共同维护和促进社会利益、国家利益和集体利益。为此,法律对应当维护的利益加以认定和规定,并以法律上的权利、义务、权力、自由作为保障这些利益的手段。法律责任的目的就在于:保障法律上的权利、义务、权力、自由得以生效,在它们受到阻碍,从而法律所保护的利益受到侵害时,通过适当的救济,使对侵害发生有责任的人承担责任,消除侵害并尽量减少未来发生侵害的可能性。

法律责任上述目的的实现是通过它的三个功能来实现的,即惩罚、救济、预防。

(1) 惩罚功能,就是通过对责任主体的人身、精神施加痛苦,限制或剥夺财产等方式来惩罚违法者和违约人,维护社会安全与秩序。在社会生活中,侵害、纠纷、争议和冲突在所难免,人们以公共权力为后盾,由公民个人或国家机关根据法律程序追究法律责任,以此惩罚违法侵权者和违约人,从而平息纠纷和冲突,维护社会安全和秩序。

(2) 救济功能,就是救济法律关系主体受到的损失,恢复受侵犯的权利。法律责任通过设定一定的财产责任,赔偿或补偿在一定法律关系中受到侵犯的权利或者在一定社会关系中受到损失的利益。救济,即赔偿或补偿,指把物或人恢复到违约或违法侵权行为发生前他们所处的状态。

(3) 预防功能,就是通过使违法者、违约人承担法律责任,教育违法者、违约人和其他社会成员,预防违法犯罪或违约行为。法律责任通过设定违法犯罪和违约行为必须承担的不利后果,表明社会和国家对这些行为的否定态度。这不仅对违法犯罪或违约行为者具有教育、震慑作用，而且也可以教育其他社会成员依法办事，不做有损社会、国家、集体和他人合法利益的行为。

第二节　法律责任的分类与竞合

一、法律责任的分类

法律责任根据不同标准，有不同的分类，如根据责任的承担程度可以分为有限责任和无限责任；根据责任是否可以联系或转移可以分为单一责任和连带责任；根据责任主体共同行为之间的联系可以分为共同责任和混合责任，等等。本书重点讲述以下几种分类：

（一）民事责任、刑事责任、行政责任和违宪责任

根据责任行为所违反的法律的性质，可以把法律责任分为民事责任、刑事责任、行政责任和违宪责任。

民事责任是指由于违反民事法律、违约或者由于民法规定所应承担的法律责任。民事责任有违约责任、一般侵权责任、特殊侵权责任和公平责任。在法律允许的情况下，根据私法自治的精神，民事责任可以由当事人协商解决。

刑事责任是指违反刑法的犯罪行为所应承担的法律责任。刑事责任只有过错责任，不存在无过错责任。而且主观过错是故意还是过失及其程度，对刑事责任的有无、大小都有重要影响。

行政责任是指由于违反行政法规范或者因行政法规定而应承担的法律责任。行政责任大体上可以分为行政机关及其工作人员在行政管理中因违法失职而产生的法律责任，和公民、法人等行政相对人违反行政法律而产生的法律责任。

违宪责任是指因违反宪法而应承担的法律责任。

（二）过错责任和无过错责任

根据主观过错在法律责任中的地位，可以把法律责任分为过

错责任和无过错责任。

所谓过错责任,是指以存在主观过错为必要条件的法律责任。过错是责任的构成要件,而且是最终要件,无过错就无责任。过错责任是法律责任中最普遍的形式,是占主导地位的法律责任。过错则是指行为人实施损害行为时应受非难的主观状态,它是通过行为人实施的违法行为表现出来的,过错的表观形态有两种:故意和过失。故意表现为行为人明知自己的行为会产生危害他人或社会的结果,而且追求这种后果的发生;过失表现为行为人应该预见自己的行为会产生危害他人或社会的后果,由于疏忽大意而没有预见,或者尽管预见到,但却轻信能够避免,即疏忽大意的过失和过于自信的过失。无论是故意还是过失,都是应该受到谴责的心理状态。违法行为人只要有过错就应该对其违法行为造成的损害结果承担法律责任。

过错责任的理论前提是:人的主体性。人是理性的人,具有认识能力和判断能力;人是自由的人,具有意志自由和选择能力,在意志自由选择的范围内,用理性指导自己的自由选择,达到与他人和社会和谐一致的结果。反之,如果没有用理性指导自己的自由选择,而是用反理性的方式去指导自己的行为,造成损害他人和社会的结果,就是过错,为此就要承担责任。可见过错应从理性的范围和自由范围中去探求,它是对理性的违反,是对自由的滥用。法律责任是法律规范的构成部分,法律作为人的行为规范,对人的行为进行调整,规定人们可以做什么,应该做什么,不应该做什么,其不言而喻的前提是,人是具有行为能力的人,即具有认识能力、判断能力和选择能力,否则法律对人们的行为要求就是没有意义的。如果行为人的行为结果超出了理性认识和自由选择的范围,属于必然的范畴,无法认识,无力抗拒,即使造成了损害结果,也不负责任,因为他没有过错。如果一个人没有行为能力,也就没有责任能力,责任与自由紧密地联系在一起。

所谓无过错责任,是指不以主观过错的存在为必要条件的法律责任,在法律有特别规定的情况下,以损害结果为判断标准,只要行为人的行为与损害结果有因果关系,就要承担法律责任。它与过错责任的根本区别在于,行为人有无过错已经没有意义,即使没有过错,也要承担责任。无过错责任是对不幸损害的合理分配,它不具有一般法律责任的作用,如制裁、教育、预防,而只具有救济或恢复权利的作用。在发生损害的情况下,根据公共利益,权衡冲突双方的利益,以达到合理的损失分配。

无过错责任是从19世纪开始逐渐形成的。19世纪的工业化进程,伴随着不断发生的工业事故。在大量的工业事故中,受害的劳动者要求损害者赔偿,但依过错责任,往往很难获得赔偿,因为过错举证很困难,在很多情况下,双方都无过错。社会充满了各种各样的冲突和对抗,到处是损害,到处是要求赔偿的诉讼,以及拒绝赔偿的抗辩。这种冲突和其他社会矛盾交织在一起严重冲击着整个社会及其安全,也冲击着私法自治原则和过错责任原则。为此,形成了民事责任立法的两个目的参数:一是以受害人为考虑基点,加强对受害人的法律救济和社会救济,以缓和社会矛盾尤其是劳资矛盾;二是以社会利益为准则,对个人自由施加必要的国家干预,以维护社会关系的平衡。于是在过错责任之外,发展出无过错责任。

对无过错责任,不同的人有不同的看法。受害者认为,无过错责任是公平的,谁受益谁负责。理论上的解说则是,一个从他支配下的某物或某项活动中获取利益的人,应该对该物或该活动所致的损害承担责任;而风险解说认为,一个为自己利益而自愿经营某项事业的人,应当承担该事业性质所生的致损风险。而加害者则认为,无过错责任是不合理的,让我承担我无力控制的责任,违反了"法律不得强迫人们做不可能做到的事"这一原则,工业化是社会的选择,整个社会都从工业化进程中获益,那么社会也要承担工业化的副作用和风险责任。人的理性有限、自由有限,在人类的理性和自由的范围之外是未知领域,还有处于有知与无知之间的模糊领域。这些领域的因素存在着致人损害的风险,而且也不断地造成对人类的损害,对此由谁承担责任、由谁承担风险,的确是一个问题。另一方面,无过错责任加重了企业的赔偿责任,增加了企业开支,可能使中小企业陷入灾难性的破产境地,这样又影响了社会发展利益,受害人也可能因为加害人的资力缺乏而无法获得充分的赔偿。要克服社会安全利益和社会发展利益在这个问题上的某种冲突,就必须超出损失要么由"加害人承担,要么由受害人承担"这样的眼界,不是把损害赔偿看做一个单纯的私人纠纷问题,而是同时把它看成是一个社会问题。①于是无过错责任逐渐与保险制度联系在一起,保险是把风险分散转移、化解的制度,在私法领域有责任保险,在公法领域有社会保险,社会保险属于社会保障范畴。它把风险和损失分散于社会,实现损害赔偿的社会化。由此,我们可以看到这样一种趋势:在个人自由领域之内的责任,由个人承担;在自由领域之外的损失责任,由社会承担。

(三) 职务责任和个人责任

根据行为主体的名义,法律责任可以分为职务责任和个人责任。

所谓职务责任是指行为主体以职务的身份或名义从事活动时违法所引起的法律责任。职务责任,由该行为主体所属的组织来承担。无论是国家机关还是企业事业组织,只要是该组织成员在代表该组织履行职务时违法,就要承担其成员由此导致的法律责任。比如国家机关工作人员在履行职务时违法导致损害赔偿责任,承担职务责任,这有利于保护受害人的合法权利。当然该机关可以对其工作人员追究责任。所谓个人责任,是指行为主体以个人的身份或名义从事活动时违法所导致的法律责任,它由该行为主体个人承担。

二、法律责任的竞合

法律责任的竞合是指某种法律事实的出现,导致多种法律责

---

① 参见王卫国:《过错责任原则:第三次勃兴》,中国法制出版社2000年版,第97页。

任的并存或相互冲突。法律责任竞合可以发生在同一法律部门内部,也可以发生在不同法律部门之间。发生在同一法律部门如民法部门内部,产品缺陷致人损害可能会导致违约责任与侵权责任的竞合;发生在不同法律部门之间,如民事责任与刑事责任、民事责任与行政责任的竞合。

为了便于区别,一般把不同法律部门之间的责任竞合称作广义的责任竞合,又称责任聚合,是指同一违法行为导致多种法律责任并存的现象;而将同一法律部门内部发生的责任竞合,称为狭义的责任竞合,是指同一部门的不同法律责任的并存和相互冲突,如违约责任与侵权责任的并存与冲突。

法律责任竞合来自于法律规范竞合。法律规范的抽象规定,从各种不同角度对社会关系加以规范调整,因此引起法律规范竞合,即某种法律事实的出现引起多种法律关系的产生,符合数个法律规范的要件致使数个法律规范都可适用。同样,法律规范竞合既可以发生在同一法律部门内部,也可以发生在不同法律部门之间。法律规定竞合导致法律责任竞合,只是两者关注点不同。规范竞合关注的是行为模式,责任竞合关注的是否定性后果。实质上,责任竞合也是规范竞合的表现形态。

对于发生在不同法律部门之间的责任竞合,不同责任并存,可以同时追究,因为同一行为造成了性质不同的违法后果,这一行为也同时具有不同性质的违法性。如同一行为既是民事违法又是刑事犯罪,对其追究责任的方式可以采取刑事诉讼附带民事诉讼的形式,责任人同时承担刑事责任和民事责任。对于发生在同一法律部门的责任竞合,不同责任的并存与冲突如侵权责任与违约责任,由受害人任选一种,选择一种责任,另一种责任就消失;因为同一行为具有同一性质的违法性,如侵权责任与违约责任都属于民事责任,选择一种责任就可以救济和恢复权利。同时需指出,同一法律部门的同一责任的不同形式与同一法律部门的责任竞合不同,它是同一性质的法律责任的多种责任形式。如侵害名誉权要承担的侵权责任,受害人可以同时要求侵权人停止侵害、恢复名誉、消除影响、赔礼道歉和损害赔偿;又如刑法部门的某项犯罪,可以同时处以自由刑、资格刑或财产刑。

第三节 法律责任的归结

一、法律责任的归结的含义

法律责任的归结,也称归责,是指对因违法行为、违约行为或法律规定而引起的法律责任进行判断和确认的活动。法律责任的认定和归结是由特定的国家机关或国家授权的机关依照法定的程序进行的。也就是说认定法律责任并把它归结于责任人的只能是具有归责权的专门国家机关,而且归结的过程表现为一系列的法律程序。归责要严格按照法定程序进行,不能随心所欲,主观任性。

二、归责原则

法律责任的归结必须遵循一定的原则。归责原则在不同的历史时期、不同的国家存在差别,奴隶社会和封建社会普遍把人划分为不同等级,不同等级的人的同一行为,其法律后果是很不相同的。因此,奴隶社会和封建社会法在归责原则方面主要表现为责任擅断、等级特权、差别对待、广泛株连、刑罚严酷。资本主义社会的法律制度按照商品经济、自由竞争、保护人权的需要,确立了反映民主政治制度特点和平等价值观念的归责原则,一般表现为责任法定、责任平等、责任自负、责任与违法行为相适应、主观与客观相结合等原则。根据我国法律的规定,认定和归结法律责任一般应遵循以下原则:

(一)责任法定原则

责任法定原则是法治原则在归责问题上的具体运用,它的基本要求为:作为一种否定性的法律后果,法律责任应当由法律规范预先规定;违法行为或违约行为发生后,应当按照事先规定的性质、范围、程度、限期、方式追究违法者、违约者或相关人的责任。责任法定原则的基本特点为法定性、合理性和明确性,即事先用成文的法律形式明确规定法律责任,而且这种规定必须合理。

责任法定原则否定和摒弃了责任擅断、非法责罚等没有法律依据的行为,强调"罪刑法定主义"、"法无明文规定不为罪"、"法无明文规定不处罚"。无法律授权的任何国家机关和社会组织都不能向责任主体归结法律责任;国家机关和社会组织都不能超越权限追究责任主体的法律责任;国家机关和社会组织都无权向责任主体追究法律明文规定以外的责任,向公民、法人实施非法的责罚;任何责任主体都有权拒绝承担法律明文规定以外的责任,并有权在被非法责罚时要求国家赔偿。同时,责任法定原则一般也不允许法律的类推适用,在刑事责任领域则严格禁止类推。

责任法定原则还否定和摒弃对行为人不利的溯及既往,强调"法不溯及既往",国家不能用今天的法律来要求人们昨天的行为,也不能用新法来制裁人们的根据旧法并不违法的先前的行为。不能以法有溯及既往的效力为由而扩大制裁面,加大制裁程度。

(二)责任相当原则

责任相当原则是公平观念在归责问题上的具体体现,其基本的含义为法律责任的大小、处罚的轻重应与违法行为或者违约行为的轻重相适应,做到"罪责均衡"、"罚当其罪"。责任相当原则是实现法律目的的需要,通过惩罚违法行为人和违约行为人,发挥法律责任的积极功能,教育违法、违约者和其他社会成员,从而有利于预防违法行为和违约行为的发生。

责任相当原则的内容包括以下几方面:(1)法律责任的性质与违法行为或违约行为的性质相适应。不同性质的违法行为或违约行为表明了不同的社会危害程度,因而决定了法律责任的性质和法律责任的大小,因此就不能用刑事责任来追究民事违法行为。(2)法律责任的种类和轻重与违法行为或违约行为的具体情节相适应。违法行为或违约行为的具体情节是指反映主客观方面的各种情状或深度,从而影响违法、违约的社会危害程度的各种事实情况。不同的情节反映了不同的社会危害程度,因而在法律责任的归结方面就应有所不同。(3)法律责任的轻重与种类与行为人的主观恶性相适应。行为人的主观方面的故意、过失,以及平时的品行、事后的态度等因素,对法律责任的具体归结有影响。

(三)责任自负原则

与古代社会个体不独立不同,现代社会每个人都是独立的个人,在法律上具有独立的地位,因此在归责问题上要求遵循责任自负原则。凡是实施了违法行为或违约行为的人,应当对自己的违法行为或违约行为负责,必须独立承担法律责任;同时,没有法律规定,不能让没有违法行为或违约行为的人承担法律责任,国家机关或其他社会组织不得没有法律依据而追究与违法行为或违约行为者虽有血缘等关系而无违法行为或违约事实的人的责任,防止株连或变相株连。当然,责任自负原则也不是绝对的,在某些情况下,为了社会利益保护的需要,会产生责任转移承担的问题,如监护人对被监护人,担保人对被担保人承担替代责任。

(四)程序保障原则

程序保障原则,是指认定和归结法律责任必须通过一定的合法程序来进行,这是程序正义的体现,是法治的基本要求。实行程序保障原则是认定和归结法律责任的正确性的保证,是公民、法人和其他社会组织合法权益的保障。如果在认定和归结法律责任时违反了程序规范,就有可能使该受到法律追究的未被追究,而不该受追究的却被处理。这样势必会损害公民、法人和其他组织的合法权益,破坏社会主义法的权威和尊严。

三、法律责任的免除

法律责任的免除,即通常所说的免责。"免责"同"无责任"或"不负责任"在内涵上是不同的。免责是以法律责任的存在为前提,是指虽然事实上违反了法律,并且具备承担法律责任的条件,但由于法律规定的某些主观或客观条件,可以被部分或全部地免除法律责任。"无责任"或"不负责任"则是指虽然行为人事实上或形式上违反了法律,但因其不具备法律上应负责任的条件,故没有责任,即不承担法律责任。

必须指出的是,"免责"并不意味着特定的违法行为是合理的、法律允许的或法律不管的,更不意味着这些被免责的行为是法律赞成或支持的。

在我国的法律规定和法律实践中,免责的条件和情况是多种多样的。以免责的条件和方式可以分为:

(1)时效免责。即违法者或违约人在其违法或违约行为发生一定期限后不再承担强制性法律责任。如我国刑法规定最高刑不满5年有期徒刑的,经过5年就不再追究行为人的刑事责任。时效免责初看起来是不公正的,但实际上它对于保障当事人的合法权利,督促法律关系的主体及时结清债务,维护社会秩序的稳定,以及提高法院的工作效率和质量,有着重要的意义。

(2)不诉及协议免责。所谓不诉免责即"告诉才处理"、"不告不理"。在我国不仅大多数民事违法行为是受害当事人或有关人告诉才处理,而且有些轻微的刑事违法行为也是不告不理。不告不理意味着当事人不告,国家就不会把法律责任归结于违法者,亦即意味着实际上被免除了法律责任。在法律实践中,还有一种类似不诉免责的免责方式,即在国家机关宣布有责主体须承担法律责任的情况下,权利主体自己主动放弃执行法律责任的请求。必须注意,作为免责形式,"不告不理"必须是出于被害人及其代理人的自由意志。如果"不告诉"之不作为是在某种压力或强制环境下作出的,则不构成免除有责主体的法律责任的条件和依据。所谓协议免责,是指基于双方当事人在法律允许的范围内的协商同意的免责,即所谓的"私了"。这种免责一般不适用于犯罪行为和行政违法行为(即公法领域的违法行为),仅适用于民事违法行为(即私法领域)。

(3)自首、立功免责。即对那些违法之后有立功表现的人,免除其部分或全部法律责任。这是一种将功抵过的免责形式。如我国《刑法》第67条第1款规定："犯罪以后自动投案,如实供述自己的罪行的,是自首。对于自首的犯罪分子,可以从轻或者减轻处罚。其中,犯罪较轻的,可以免除处罚。"第68条规定："犯罪分子有揭发他人犯罪行为,查证属实的,或者提供重要线索,从而得以侦破其他案件等立功表现的,可以从轻或者减轻处罚;有重大立功表现的,可以减轻或者免除处罚。犯罪后自首又有重大立功表现的,应当减轻或者免除处罚。"

(4) 因履行不能而免责。即在财产责任中,在责任人确定没有能力全部履行的情况下,有关的国家机关免除或部分免除其责任。权利是以权利相对人即义务人的实际履行能力为限度的。在权利相对人没有能力履行责任或全部履行责任的情况下,有关的国家机关或权利主体可以出于人道主义考虑免除或部分免除有责主体的法律责任。例如在损害赔偿的民事案件中,人民法院在确定赔偿责任的范围和数额时,应当考虑到有责主体的财产状况、收入能力、借贷能力等,适当减轻或者免除责任,而不应使有责主体及其家庭因赔偿损失而处于无家可归、不能生计的状态。在有责主体无履行能力的情况下,即使人民法院把法律责任归结于他并试图强制执行也会因其不能履行而落空。

第四节 法律制裁

一、法律制裁的概念

法律制裁是指由特定国家机关对违法者依其法律责任而实施的强制性惩罚措施。法律制裁与法律责任有着密切的联系。一方面,法律制裁是承担法律责任的重要方式,法律责任是前提,法律制裁是结果或体现。法律制裁的目的,是强制责任主体承担否定的法律后果,惩罚违法者,恢复被侵害的权利和法律秩序。另一方面,法律制裁与法律责任又有明显的区别。法律责任不等于法律制裁,有法律责任不等于有法律制裁。如在民事法律中,民法规定的承担民事责任的方式包括了两种情况:一种是对一般侵权行为的民事制裁;另一种是违约行为和特殊侵权责任的法律后果。在前一种情况下,司法机关通过诉讼程序追究侵权人的民事责任,给予民事制裁。在后一种情况下,如果违约方支付了违约金,违约方以自己的行为主动实现了自己的法律责任,就不会再有民事制裁。同样地,在特殊侵权责任的情况下,如果责任人主动承担赔偿责任,也不存在民事制裁的问题。当然,如果违约方或特殊侵权责任的责任人拒不履行义务,经另一方当事人向人民法院起诉,由人民法院判决违约方或侵权责任人赔偿损失或承担其他方式的民事责任,这便是民事制裁了。

二、法律制裁的种类

法律制裁可以依不同的标准分为不同的种类。与上述法律责任的种类相对应,可以将法律制裁分为刑事制裁、民事制裁、行政制裁和违宪制裁。

(一) 刑事制裁

刑事制裁是司法机关对于犯罪者根据其刑事责任所确定并实施的强制性惩罚措施。这是一种最严厉的法律制裁。

刑事制裁以刑罚为主要的组成部分,根据我国法律的规定,刑罚分为主刑和附加刑两种,主刑包括管制、拘役、有期徒刑、无期徒刑和死刑;附加刑包括罚金、剥夺政治权利和没收财产。除刑罚以外,刑事制裁还包括一些非刑罚的处罚方法。我国《刑法》第37条规定:"对于犯罪情节轻微不需要判处刑罚的,可以免予刑事处罚,但是可以根据案件的不同情况,予以训诫或者责令具结悔过、赔礼道歉、赔偿损失,或者由主管部门予以行政处罚或者行政处分。"

(二) 民事制裁

民事制裁是由人民法院确定并实施的,对民事责任主体给予的强制性惩罚措施。在现代社会,民事制裁与刑事制裁有三个区别:首先,制裁目的不同。刑事制裁旨在预防犯罪,民事制裁的目的,虽然也是预防民事违法,但是主要还是补救被害人的损失。其次,程序不同。刑事制裁一般由检察机关以国家名义提起公诉,而民事制裁一般要由被害人主动向法院提起诉讼。最后,在方式上,刑事制裁以剥夺或限制自由为重要内容,并以剥夺生命为最严厉的惩罚措施,民事制裁主要是对受害人的财产补偿,刑事制裁也有财产刑,但要上缴国库。

民事制裁主要包括:停止侵害、排除妨碍、消除危险、恢复原状、修理、重作、更换、赔偿损失、支付违约金、消除影响、恢复名誉、赔礼道歉。以上不同形式,可以分别适用,也可以合并适用。法院在审理民事案件时,除适用上述规定外,还可以予以训诫、责令具结悔过、收缴进行非法活动的财物和非法所得,并可以依法处以罚款和拘留。民事责任主要是一种财产责任,所以民事制裁也是以财产关系为核心的一种制裁。

(三)行政制裁

行政制裁是指国家行政机关对行政违法者依其行政责任所实施的强制性惩罚措施,包括行政处分和行政处罚。行政处罚是由特定的行政机关对违反行政法律规定的责任主体所实施的惩罚性措施,主要有警告、罚款、没收、行政拘留等。行政处分是指对违反法律规定的国家机关工作人员或被授权、委托的执法人员所实施的惩罚性措施,主要有警告、记过、记大过、降级、撤职、开除等措施。

(四)违宪制裁

违宪制裁是根据宪法的规定对违宪行为所实施的一种强制性措施。它与上述三种法律制裁有所区别:承担违宪责任、承受违宪制裁的主体主要是国家机关及其领导人员。在我国,监督宪法实施的全国人民代表大会及其常务委员会是行使违宪制裁的机关。制裁的形式主要有:撤销或改变同宪法相抵触的法律、行政法规、地方性法规等规范性法律文件,罢免违宪的国家机关领导成员和人大代表等。

第四编 法的运行基础理论

【课后阅读文献】

一、沈宗灵:《论法律责任与法律制裁》,载《北京大学学报》1994 年第 1 期。

二、张骐:《论当代中国法律责任的目的、功能与归责的基本原则》,载《中外法学》1999 年第 6 期。

【思考题】

一、选择题

1. 陆某在一百货商场购买"幸福"牌电饭煲一台,遗忘在商场门口,被王某拾得。王某拿到家中使用时,因电饭煲漏电发生爆炸,致其面部灼伤。王某向商场索赔,商场以王某不当得利为由不予赔偿。对此事件,下列哪一项表述能够成立?

   A. 王某的损害赔偿请求权应以与致损事件相关的法律规定为根据

   B. 不法取得他人之物者应承担该物所致的损害

   C. 由王某对自己无合法根据占有物品的行为承担损害后果,符合公平原则

   D. 按照风险责任原则,陆某作为缺陷商品的购买者应为王某的损害承担责任

2. 某医院确诊张某为癌症晚期,建议采取放射治疗,张某同意。医院在放射治疗过程中致张某伤残。张某向法院提起诉讼要求医院赔偿。法院经审理后认定,张某的伤残确系医院的医疗行为所致。但法官在归责时发现,该案既可适用《医疗事故处理条例》的过错原则,也可适用《民法通则》第 123 条的无过错原则。这是一种法律责任竞合现象。对此,下列哪种说法是错误的?

   A. 该法律责任竞合实质上是指两个不同的法律规范可以同时适用于同一案件

   B. 法律责任竞合往往是在法律事实的认定过程中发现的

   C. 法律责任竞合是法律实践中的一种客观存在,因而各国在立法层面对其作出了相同的规定

   D. 法律解释是解决法律责任竞合的一种途径或方法

3. 法律格言说:"紧急时无法律。"关于这句格言含义的阐释,下列哪一选项是正确的?

   A. 在紧急状态下是不存在法律的

B. 人们在紧急状态下采取紧急避险行为可以不受法律处罚

C. 有法律,就不会有紧急状态

D. 任何时候,法律都以紧急状态作为产生和发展的根本条件

4. 西方法律格言说:"法律不强人所难。"关于这句格言含义的阐释,下列哪一选项是正确的?

A. 凡是人能够做到的,都是法律所要求的

B. 对人所不知晓的事项,法律不得规定为义务

C. 根据法律规定,人对不能预见的事项,不承担过错责任

D. 天灾是人所不能控制的,也不是法律加以调整的事项

5. 张某过马路闯红灯,司机李某开车躲闪不及将张某撞伤,法院查明李某没有违章,依据《道路交通安全法》的规定判李某承担10%的赔偿责任。关于本案,下列哪一选项是错误的?

A. 《道路交通安全法》属于正式的法的渊源

B. 违法行为并非是承担法律责任的唯一根源

C. 如果李某自愿支付超过10%的赔偿金,法院以民事调解书加以确认,则李某不能反悔

D. 李某所承担的是一种竞合的责任

二、名词解释

1. 法律责任
2. 法律责任的归结
3. 法律制裁

三、简答题

1. 简述违法行为的构成要素。
2. 简述法律责任的种类。
3. 简述法律制裁的种类。

四、论述题

1. 试分析产生法律责任的原因。
2. 试述我国法律规定的归责原则。

第十七章 法律程序

☞ **本章提示**
- 法律程序的概念和特征
- 法律程序的种类
- 法律程序的效用和意义
- 诉讼原则
- 诉讼结构

第一节 法律程序概述

一、法律程序的概念和特征

法律程序是指人们进行法律行为所必须遵守或履行的法定的时间与空间上的步骤和形式,是实现法律关系主体权利、义务的方式和必要条件。传统的法学往往把法律程序的概念片面地等同于诉讼程序,实际上诉讼程序只是法律程序的一种类型。

法律程序具有以下特征:

第一,法律程序是针对特定的行为而作出要求的。任何法律都是以人们的外在行为作为直接对象的,只有法律行为才是法律程序所针对的对象,其中包括立法行为、司法行为、行政行为、诉讼行为以及其他法律行为,它们都受到法律程序的约束。因而相应也就存在着立法程序、司法程序、行政程序、诉讼程序、监督程序和一般法律行为程序,这也就构成了法律程序的外延。

第二,法律程序是由时间要求和空间要求构成的。换言之,法律程序是以法定时间和法定空间方式作为基本要素的。法定时间要素包括时序和时限:时序是法律行为的先后顺序,时限是法律行为所用的时间长短。法定空间方式也包括两个方面:一是空间关系,即行为—主体及其行为的确定性和相关性,比如审判行为只能由法院来行为,这是确定性;"一切机关不得干预审判"则表明各主体空间上的相关性。法律程序往往被称为"法律手续",这不够确切,比如司法管辖问题就不是"手续"而是对法律行为的空间要求。二是行为方式,即法律行为采取何种表现方式的问题,如审判行为的公开或秘密形式、行政处罚行为是要式的具体行政行为等。

第三,法律程序有明确的法律依据,即程序法规范。程序法的调整也是规范性法律调整,因而法律程序不像民俗习惯、宗教典礼、社团仪式那样任意、松散。它与法的实体规定一样具有国家意志性、强制性和规范性。它作为一种行为模式是被反复适用的,当违反这种行为模式时,也有相应的法律后果。因此一旦是法律明确了的行为程序,任何机关和个人均不得违反。

第四,法律程序从功能上看,具有抑制行为随意性的特点。也就是说,通过程序的时间和空间要素来克服和防止行为的人格化。比如一个行为的阶段性即按照时间顺序进行,可以减少连续行为中经常存在的漏洞。程序的要素无非是为行为提供了外在标准,因而这些行为不能任意进行。

第五,法律程序是实体权利义务实现的合法方式或必要条件。法律行为实际上就是权利义务行为。权利行为比义务行为更需要法律程序,作为国家的权力行为一般只有在符合法定程序的条件下,才是合法的,只有在法律程序的约束和指引下才是有效的。

二、法律程序的种类

法律程序以法律行为为规范对象。根据行为的主体、内容和性质的不同,法律行为可以分为选举行为、立法行为、行政行为、司法行为、监督行为和一般法律行为六种。与此相适应,法律程序也可以分为六种:

(1)选举程序,即关于选举国家代表机关和国家公职人员的法定程序。根据我国《宪法》和《选举法》的有关规定,选举程序大体上包括划分选区、选民登记、代表候选人的提名、投票选举、确认当选等几个阶段。在选举活动中,主要应遵循以下几项基本原则:第一,选举权和被选举权的普遍性原则,即凡年满18周岁的我国公民,除依法被剥夺政治权利的人外,不分民族、种族、性别、职业、家庭出身、宗教信仰、教育程度、财产状况和居住期限,都享有选举权和被选举权;第二,选举权的平等性原则,即每个选民在一次选举中只有一个投票权;第三,直接选举和间接选举并用的原则,即不设区的市、市辖区、县、自治县、乡、民族乡、镇的人民代表大会代表,由选民直接选出;全国人民代表大会代表,省、自治区、直辖市、设区的市、自治州的人民代表大会代表,由下一级人民代表大会选出;第四,无记名投票原则,即选举人在选票上不写自己的姓名,秘密填写选票并亲自将选票投入加封的票箱。

（2）立法程序,即有关国家机关制定、修改、补充或废止法律、法规的程序。我国的立法程序大体上可以分为四个阶段:提出法律案,即依法享有专门权限的国家机关或个人向立法机关提出有关的法律议案或关于制定、修改、补充、废止某项法律的建议;审议法律案,即立法机关对已列入立法日程的法律议案进行审查和讨论;表决和通过法律案,即立法机关对于经过审议的法律议案进行表决并正式表示同意;公布法律,即有关机关将获得通过的法律公之于众。

（3）行政程序,即行政机关依照法定职权实施行政行为的程序。行政行为种类繁多,涉及面广,不同的行政行为所应遵循的程序往往有所不同。我国尚无统一的行政程序法,有关行政程序的规定散见于有关法律、法规中,例如,根据《行政复议法》的规定,行政复议程序包括申请、受理、审理、决定四个阶段。

（4）司法程序,即司法机关运用法律处理具体案件的程序。司法程序实际上就是诉讼程序,是指司法机关在当事人和其他诉讼参与人的参加下解决案件争议所应遵循的程序。从司法机关角度看,是司法程序;从当事人角度看,则是诉讼程序。而且,世界各国在立法上都是用同一程序法来规定司法程序和诉讼程序的。我国的诉讼程序主要由民事诉讼程序、行政诉讼程序和刑事诉讼程序三方面组成。三种诉讼程序都要经历起诉、审判、执行三个主要阶段(刑事诉讼程序还包括侦查)。由于三种诉讼程序各具特色,因此,各自都要遵循一定的特殊原则;但是,三种诉讼程序又有某种程度的共性,所以,又都要遵循诉讼的普遍原则。这些普遍原则主要包括:以事实为根据、以法律为准绳的原则;公民在适用法律上一律平等的原则;司法机关依法独立行使职权的原则等等。

(5) 监督程序,即执行法律监督职能的国家机关从事监督活动的程序。在我国,权力机关、行政机关和司法机关都有权进行法律监督活动,这三类国家机关从事监督活动的方式和步骤各不相同。我国权力机关监督的主要方式有:听取和审议工作报告或专题报告、处理公民申诉案件、执法检查和视察工作、提出质询、改变或撤销不适当决定、罢免等。行政机关监督的主要方式有行政监察、行政复议、行政检查。司法机关监督的主要方式有审判监督和检察监督两种。目前,我国有关监督程序方面的立法还不够完善,在许多重要问题上尚处于无法可依状态。

(6) 一般法律行为程序,即普通社会关系主体从事一般法律行为的程序。一般法律行为是否必须遵循一定的法律程序,法律的要求不尽相同。有的一般法律行为,法律允许行为人根据实施行为的具体情况自主选择行为的方式和步骤,法律不为其特设一定的程序。有的一般法律行为,法律则要求行为人按照法定的方式和步骤来进行。这种针对一般法律行为而设定的方式和步骤,就是一般法律行为程序。例如,根据有关法律、法规的规定,签订合同必须经历要约和承诺两个步骤,而且,非即时清结的合同必须采用书面形式;口头遗嘱、录音遗嘱、代书遗嘱应当有两个以上无利害关系的人在场证明;买卖房屋必须经房管部门过户登记等。

三、法律程序的历史发展

在法律起源的最初阶段,关于诉讼程序的内容在法律中占有极为重要的位置,甚至国外有些学者认为程序法比实体法产生得更早。法律的程序在古代也为统治者们所重视。近代以来法律的正当程序更是受到高度的重视,程序被认为是克服专权、维护公正、保持法律纯洁性的有效手段。

基于法律程序的形式性和相对独立性,我们通过考察法律程序自身技术方面的特征,进而研究法律程序的发展类型。基于这种思路,法律程序可以分为古代专制式和当代民主式。两者的区别在于:

(1) 出发点不同。古代法律程序以君主专制为出发点,当代法律程序以民主为出发点。

(2) 程序中权力与权利地位不同。古代程序是为了约束权利,而不需要对权力进行制约,除非涉及君主权威,才会运用程序来限制其他权力。当代程序有显著的"控权"本质和功能。罗伯斯庇尔说"刑事诉讼程序,一般来说,不过是法律对于法官弱点和私欲所采取的预防措施而已"[①]。制约权力的另一面就是对权利、对人权的保护和尊重。

(3) 有无差别对待不同。程序与平等密切相关。古代法律程序公开确认程序上的特权,不同身份的人在法律程序中是有差别待遇的。中世纪欧洲的诉讼法上规定证人证言的证明力因身份而异,显要人物的证言优于非显要人物的证言,男人的证言优于女人的证言,宗教人物的证言优于世俗人物的证言。当代法律程序坚持近代革命提出的"类似案件类似处理"的平等原则,采取回避制度来消除不平等的事实条件,冲突双方有平等陈述意见的机会,谁指控即由谁负举证责任,等等。

(4) 公开程度不同。古代法律程序以秘密为特征,当代法律程序以公开为本色。

(5) 科学性程度不同。程序科学性包括程序与目的有无联系、程序设置是否符合法律行为的客观要求、是否有效以及程序

---

① 〔法〕罗伯斯庇尔:《革命法制与审判》,赵涵舆译,商务印书馆1986年版,第30页。

的经济学意义上的效益情况。古代法律程序常常是"巫术"程序（德国思想家韦伯称古代程序为以巫术为基础的程序），程序被神化了。当代法律程序继承并发展了近代以来的程序科学性。比如从近代的自由心证到现代的唯物辩证证据方法，是程序科学性的一大发展。

（6）文明程度不同。古代法律程序与古代法的落后相适应，在程序上表现为无知和野蛮，近代以后，特别是当代法律程序实现了诉讼程序应有的文明，它采取必要的息讼止争手段，即使是程序性强制措施也都是以诉讼文明为目标的。

第二节 法律程序的效用和意义

程序效用是指通过程序所能达到的结果的好坏来评价程序的优劣，强调的是程序的实效。

一、程序与正义

作为程序正义的形式正义，起源于古老的"自然公正"（natural justice）原则，而这一原则又是起源于自然法观念。其具体内容也因情况而不同，在适用上具有很大的灵活性。在古代，它是自然法、万民法和神法的基本内容。在近代英国，"自然公正"概念通常表示处理纷争的一般原则和最起码的公平标准，它包含了这样两项最低限度的程序公正标准：一是任何人不能审理自己或与自己有利害关系的案件，即任何人不能作自己案件的法官；二是任何一方的诉词都要被听取。

罗尔斯认为公正的法治秩序是正义的基本要求，法治取决于一定形式的正当过程，正当过程又主要通过程序来体现。他把程序正义作为一个独立的范畴加以类型分析，于是有纯粹的、完全的、不完全的（以及半纯粹的）程序正义之分：（1）在纯粹的程序正义的场合：一切取决于程序要件的满足，不存在关于结果正当与否的任何标准。其典型事例为赌博，只要游戏规则不偏向某一赌客且被严格遵守，那么无论结果如何都被认为是公正的。(2) 在完全的程序正义的场合：虽然存在关于结果正当与否的独立标准，但是程序总是导致正当的结果。其典型事例为著名的蛋糕等分问题，只要设定切蛋糕的人最后领取自己应得的一块的程序，就不必担心分割结果的大小不均。(3) 在不完全的程序正义的场合：程序不一定每次都导致正当的结果，程序之外的评价标准具有较重要的意义。其典型事例为刑事审判，无论程序要件如何完备也不能完全避免冤假错案。罗尔斯认为，这三种基本类型在各自的限定范围之内是同样符合正义的。为了弥补不完全正义的场合不能确保正当结果的问题，便需要借助于程序正义的正当化作用，于是追加了一种所谓半纯粹的程序正义（例如陪审制度、当事人主义的参与保障措施）。

程序的公正性的实质是排除恣意因素，保证决定的客观正确。在这一方面，程序的合理性具有同样重要的功能。所谓程序合理性可以从决定过程的制度条件、目的、角色作用、功能等的整合与效率以及理由的充分性等方面来把握。例如诉讼行为一旦生效之后要尽量维持其效力、不能轻易否定其既定内容这一刑事诉讼法上关于程序维持的原则，就是基于程序计划性和诉讼经济性的理由。程序的合理性也可以归结为论证逻辑的贯彻如一，因此，法律程序基本上能满足完全的程序合理性的要求。[①]

然而，无论何种程度的形式正义，都可能存在一个代价或牺牲的问题。程序正义也不例外，它也具有局限性。表现在：程序正义可能因其抽象性和一般性特点，导致个案中的实质不正义。如同亚里士多德曾经指出的，规则的一般性并不是说，每一种个别的情况都能够被预料，或者能够作适当的规定，于是形式上的正义在个别的案例中，就可能丧失。[②] 当严格依照程序办事时，执行既定法律规则（形式正义）时可能无法实现个案中的公正（具体正义或特殊正义）。比如实际从事犯罪的人却被宣告无罪——从

---

① 参见季卫东：《法治秩序的建构》，中国政法大学出版社1999年版，第13—14页。
② 〔英〕劳埃德：《法律的理念》，张茂柏译，台湾联经出版公司1984年版，第113页。

方法和过程上已尽了最大努力仍不能确定实体时,假定某个行为合乎正义是一种不得已的必要妥协——违反了实质正义。形式正义中,审判结果是否正确有时不以客观的标准来衡量,充实和重视程序本身以保证结果能得到接受为其共同的精神实质。通过诉讼达成判决,只是以既判力为基础的强制性解决,它并不一定意味着纠纷在社会和心理的意义上也得到了真正解决。[①] 它不像实体正义那样具有实际的、直接的意义。此外,作为诉讼意义上的形式正义,它是一种高成本的正义,并且与实质正义会有距离。这种正义以国库和当事人负担诉讼制度所花高额费用为前提条件。同时,并非所有的程序在任何时候都有积极意义,它在一些情况下会表现出冗长、呆板和繁琐,出现诉讼迟延或"积案",为了诉讼正义而降低了办事效率。

尽管具有这些局限性,但是形式正义可以消除某些不正义。例如,一种实体法规则本身是不正义的,但如果它一贯被适用的话,一般地说,至少能使服从这种法律制度的人知道对他有什么要求,从而使他可以事先有所防备、保护自己。相反,如果一个处于不利地位的人还受到专横待遇,那就成了更大的不正义。

二、正当程序的作用

从程序与正义的关系中我们知道,程序存在着正义与否的问题。并非所有的程序都是正当的。"正当程序"在近代以后才被作为法律原则确定下来。正当程序的作用是:

(1) 正当程序是权利的重要保障。正当的法律程序是权利平等的前提。英美法中有"程序优于权利"的原则,意思是说,程序早于权利,权利基于程序而产生,权利保障主要依靠程序。首先,正当程序保证权利平等。法律适用就是对抽象规则与具体行为的认同过程,这个认同过程的高度同一性有赖于法律程序的保证。倘若没有统一的步骤和方法,就难以实现同一性,因而平等

---

① 〔日〕谷口安平:《程序的正义与诉讼》,王亚新、刘荣军译,中国政法大学出版社 1996 年版,第 5、6、48 页。

适用法律也就无从谈起。所以英国法学家们相信：只要你遵守细致规定的光明正大的诉讼程序，你就几乎有把握地获得公正的解决办法。其次，正当程序是权利实现的手段。正当程序是权利义务实现的合法方式或必要条件；正当程序能促使权利被实际享受，义务得到切实履行；正当程序通过对权力的约束和控制来保障和实现人权；正当程序是纠纷得以解决的重要途径，正当程序对于权利又是一种有效的重要的补救手段。

（2）正当程序是权力的必要限制。正当程序是权力制衡的机制。法治社会的国家权力应当受到法律的严格约束，而法律程序是其中的不可或缺的一种约束机制。正当程序通过抑制、分工、间隔等功能对权力进行制约。在社会经济生活要求国家自由裁量权相对扩大的今天，实体法规则的控权功能有所缩减，因此程序控权的功能大大增长。正当程序以其特有的功能补充了实体法控制权力的不足，达到了权力与权利的平衡、效率与自由的协调、形式合理性与实体合理性的结合。正当程序对权力的作用表现在：

首先，正当程序是限制权力的重要机制。正当程序实际上都具有这样一种功效：从法律适用的一系列活动中分离出某些带有权利或权力性质的内容，交由其他主体来进行或让适用者与他们共同进行。

其次，正当程序是进行理性选择的有效措施。由于法律适用者所受的教育以及职业特点决定了他们无时无刻不与法律联系，并基于人的思维惰性，他们往往极容易对法律适用的根据发生疏忽心理，所以每每不假思索地进行法律适用，再加以法律适用的职权唯审判者享有，故刚愎自用、固执己见。正当程序能够加强理性思考，是对"恣意"的限制，所以程序对于适用者还是一种帮助——从思维角度说，通过这些程序为适用者开阔视野、打开思路，避免单一思维的局限性。在抽象的规范与具体的案件之间所存在的鸿沟，是由有效的选择程序来充填弥合的。这对于决策者来说是经常被忽视但又是十分重要的，所以正当程序就有其存在的必要了。

最后,正当程序还是法律适用结论成立的前提。当事人是否能够接受适用结论对于法律适用的效力固然不会有影响,但是对于法律适用结论的效果或者称为实效,则是至关重要的。在程序中按照一定标准和条件整理争论点,法官公平地听取各方意见,在使当事人可以理解或认可的情况下作出决定。所以一种合理、合法的法律适用程序对于当事人在判决完成后的行为态度起到信念上的暗示作用,他相信在这种程序下作出的法律结论对于他是公正的。

(3) 正当程序能够弥补实体规则的不足。实体规则并不是完美无缺的,古典法重视甚至迷信实体规则,其实是建立在对法官心证的信赖基础上的,它掩盖了法官心证的弊端。这在现代法中尤其突出,因为现代法的实体规则随着社会复杂程度的加深,日益变得模糊化。有学者在分析当代社会发展对法治的影响时,谈到法律实体规则的一种趋势:在立法、行政及审判中,迅速地扩张使用无固定内容的标准和一般性条款,使法官自由裁量权更加扩大。程序并不单纯是实现权利义务的一种方式和手段,它还是决定选择和证成的一种机制和过程。

(4) 正当程序是制度设计的基石。我国在考虑法制建设时,法律家们总是更多地强调令行禁止、正名定分的实体合法性方面,而对在现代政治、法律系统中理应占据重要位置的程序问题则十分冷落。正当程序是法律创制、法律执行、法律实效和法律权威的保障。缺乏程序的法律或制度无异于道德或政策。法律固然需要国家强制力来保证,但是这种强制力有可能使法律权威异化为粗暴的威力。人们对公正的理解和对法律权威的体验首先是从"能够看得见的"程序形式中开始的。程序一方面维持法的稳定性和权威性,另一方面又容许选择的自由,使法律系统具有更大的可塑性和适应能力。现代社会的中心课题是优化选择机制的形成,而正当程序正是改善选择条件和效果的有力工具,把许多价值问题转换成程序问题来处理,应当是一种明智的选择。

第三节 诉讼程序

一、诉讼程序概述

（一）诉讼程序的概念

诉讼程序是法律程序分类中最典型、最复杂的一种。在汉语中，"诉，告也"，"讼，争也"（《说文解字》），诉讼就是向司法机关告诉以争论是非。现代意义上的诉讼是指司法机关和案件当事人在其他参与人的配合下，为解决案件争议依法定程序所进行的全部活动。诉讼有狭义和广义之分，狭义诉讼指从起诉到判决的过程；广义诉讼还包括判决的执行，刑事诉讼还包括侦查。我们通常以广义的解释为主，包括起诉、审判、执行三个主要阶段。根据所涉及的内容和性质，诉讼可分为私法诉讼和公法诉讼。私法诉讼包括民事诉讼（含涉外民事诉讼）、商事诉讼、海事诉讼等；公法诉讼包括刑事诉讼、行政诉讼和宪法诉讼等。另外还有国家赔偿诉讼，其程序性质类似于私法诉讼，但其实体内容又类似于公法，所以其归类尚无定论。

中国古代就已经存在民事诉讼与刑事诉讼的划分，古代汉语还把"讼"和"狱"区分开来，"讼"指民事案件，"狱"指刑事案件。近代以后，出现了由公民、法人和其他社会组织提起的以行政机关为被告的行政诉讼。现代一些国家还有通过法院审查法律合法性的宪法诉讼。我国诉讼制度主要由民事诉讼、行政诉讼和刑事诉讼三方面组成。

民事诉讼，是指法院在双方当事人和其他诉讼参与人参加下，审理和解决民事纠纷的活动。其一般特点是：(1) 诉讼首要目的是保护民事当事人合法权益。民事自治的实体法原则同样体现在民事诉讼之中。(2) 诉讼内容是民事纠纷。(3) 起诉一方是民事活动当事人。(4) 实体规则上适用民法，程序上适用民事诉讼法。经济纠纷、商事纠纷、海事纠纷等私法案件的诉讼程序一般都适用民事诉讼程序。

行政诉讼,是指行政管理相对人因不服行政机关实施的具体行政行为,依法向法院起诉要求确认相应行为违法或不当,请求判决撤销、变更相应行为,或者要求作出某种行为或赔偿,以及法院应其要求依法对被诉行为进行审理并作出判决的活动过程。其一般特点是:(1)诉讼首要目的是为了保护相对人的合法权益;(2)诉讼内容是具体行政行为争议;(3)起诉人是行政相对人;(4)实体上适用行政法,程序上适用行政诉讼法。

刑事诉讼,是指国家司法机关在当事人和其他诉讼参与人的参加下,根据刑事法律,依照特定程序证实和惩罚犯罪的行为方式和活动的过程。其一般特点是:(1)诉讼首要目的是证实和惩罚犯罪;(2)诉讼内容是犯罪构成及其量刑;(3)起诉人是国家公诉机关或自诉人;(4)实体上适用刑法,程序上适用刑事诉讼法。

诉讼程序就是司法程序,是指司法机关在当事人和其他诉讼参与人的参加下,解决案件争议所应遵循的法定的时间与空间上的步骤和形式。从司法机关的角度看是司法程序,从当事人的角度看则是诉讼程序。我国的诉讼程序主要由民事诉讼程序、刑事诉讼程序、行政诉讼程序三方面组成。民事诉讼程序主要包括起诉程序、第一审普通程序、简易程序、第二审程序、审判监督程序、执行程序以及特别程序、督促程序、公示催告程序、企业法人破产还债程序;刑事诉讼程序主要包括侦查程序、起诉程序、第一审程序、第二审程序、死刑复核程序、审判监督程序、执行程序;行政诉讼程序主要包括起诉程序、第一审程序、第二审程序、审判监督程序、执行程序。

(二)民事诉讼与刑事诉讼程序的差异

诉讼程序有其相对稳定的特点和规律,除了一般的法律程序的特点之外,它们的共同特点还表现在诉讼原则与诉讼结构的有关内容上。但这几类诉讼因其争议内容利益相关性、参加人程序权利义务等方面的差异,所以诉讼程序也存在明显差别。作为私法程序代表的民事诉讼,与作为公法程序代表的刑事诉讼,它们的差别是显著的,了解民事诉讼和刑事诉讼的差异,对于理解它们各自的目的、任务、价值取向具有重要意义。两者的差异主要表现在:

第一,程序中的当事人权利内容不同。也就是说当事人的意愿成分和自主权不同。私法自治原则不仅体现在实体法上,还贯彻于私法程序之中。民事案件实行不告不理的原则,原告方不仅享有纠纷解决方式的选择权、起诉权、撤诉权,而且对责任承担方式享有一定的选择权,而被告方也相应地享有一定的自由权,比如协商权、要求调解权、对赔偿方式有限的选择权等等。而作为公法程序的刑事诉讼则较少甚至不考虑当事人意愿,被害人一般不享有起诉权,而只有控告、检举权,被告人不像民事被告那样享有协商权等,更无权利选择惩罚方式。

第二,程序中的权力内容不同。民事诉讼程序中较少有国家权力因素;民事纠纷既然可以不通过法院解决(私了),那么,我们就能够知道民事诉讼程序中的权力因素的多少了。比如谁主张谁举证原则、自愿调解原则等都说明法院不过多干预当事人的诉讼处分权。但是公法则不同,要证实刑事犯罪,必须通过刑事审判程序,借助于审判权力来进行。权力既是权利又是义务,但法院受理民事案件从实质上说是权利成分更多,而审判刑事案件实质上义务因素更多。

第三,程序对于行为的严格程度不同。这主要是由公法、私法实体规范任意性程度,法律责任轻重程度不同决定的,私法实体规范任意性较大,因而民事诉讼程序对于法官行为和当事人行为要求较宽,私法责任较轻,因而严密性不明显。由于公法实体规范任意性较弱而强制性较明显,所以程序对于法官行为和当事人行为要求十分严格,公法责任比私法责任重得多,为防止法官恣意擅断、错判无辜而设置的程序就更多地考虑了严密性。

二、诉讼原则

诉讼原则即诉讼程序的原则,是指由诉讼法确认和体现的,在诉讼程序全过程中或诉讼程序部分过程中起指导作用的准则。诉讼原则的意义和作用在于：第一，诉讼原则是诉讼法基本精神的体现，掌握了诉讼原则，有助于全面、准确解释、理解和适用诉讼程序法，实现诉讼程序的公正价值。第二，诉讼原则是诉讼法规范的补充性准则，掌握诉讼原则有助于弥补诉讼程序法因抽象、概括而造成的不足。第三，诉讼原则是诉讼活动的普遍性指导准则，具有统一执法的效能。掌握诉讼原则有助于在司法者和诉讼者两方面之间达成认识与活动上的平衡。第四，诉讼原则是诉讼程序公正价值的具体表现。诉讼原则的贯彻执行是实现诉讼程序公正价值的前提条件。

诉讼原则分为诉讼的普遍原则和诉讼特别原则。前者是指在各类、各阶段诉讼程序中均适用的具有普遍指导意义的原则，通常是在宪法和法院组织法中规定的。后者是指在某一类、某阶段诉讼程序中适用的具有指导意义的原则，如行政诉讼的"不适用调解"的原则、"具体行政行为合法性审查"的原则等，通常是在具体诉讼法中规定的。在此我们仅就三种诉讼程序共同的原则，即诉讼普遍原则作一介绍。

（一）权利原则

权利原则是指诉讼程序应当尊重和保障当事人的权利。司法权是权利的庇护者，司法程序应当以保护权利为本位，表现在民事诉讼中就是当事人意思自治的处分权原则，表现在行政诉讼中就是相对人权利保障原则，表现在刑事诉讼中就是被告人人权保障原则。

（二）独立原则

独立原则是指法院依法独立行使审判权。审判权是国家权力的一部分，诉讼活动包含并贯穿了审判权的行使，独立原则的含义包括：第一，审判权统一由国家审判机关即法院行使；第二，其他任何机关、团体或个人都无权干涉审判权；第三，审判人员职权资格地位由法律专门规定，受法律特别保护；第四，审判活动只服从事实与法律。在西方法制实践与法学理论中，独立原则还包括审判机构体系设置,在人事财政等方面独立于其他机关,认为审判权的独立行使取决于法院的人事、财政是否独立于行政机关。我国现行宪法、法院组织法都规定人民法院"依照法律规定独立行使审判权,不受行政机关、社会团体和个人的干涉"。三个诉讼法对此也作了相应的规定。

(三) 平等原则

平等原则是指法院在程序上平等对待当事人。其含义包括:第一,一切公民不论身份差别在法律面前一律平等;第二,不同民族的当事人有使用本民族语言文字的平等权利;第三,外国人与中国公民的程序地位平等;第四,其他同类当事人和同类参与人诉讼地位平等;等等。我国诉讼法除体现上述原则的内容外,还规定了民事诉讼当事人诉讼权利平等,行政诉讼原告被告双方诉讼权利平等,刑事诉讼中的公诉人与被告人在某些权利上也应当是平等的。

(四) 公开原则

公开原则是指审判和诉讼活动都对当事人、对社会公开。其含义包括:第一,法院的审理程序和过程,一般要向社会公开,接受社会监督;第二,法院的审理过程一般要对当事人公开,受当事人监督;第三,对于辩护律师或代理律师,除审理程序公开外,法院进行裁判的依据材料及某些活动环节也应当向其公开;第四,群众经法庭许可,可以在法庭旁听。公开的意义在于使审判接受监督,增强审判人员责任感,开展法制教育。但是公开原则不适用于涉及国家秘密、商业秘密和个人隐私的案件。

(五) 审级原则

审级原则是为保证法院审判的管辖合理、判决准确、公正和效率,使审判活动分层逐级进行。所谓审级是指诉讼案件经几级法院审理便终结的制度。各国对法院审级制度规定不一,近代许多国家一般实行三级三审。现代国家也不统一,如法国实行三级三审制,日本实行四级三审制,我国实行四级二审终审制。我国法院在案件管辖上,各级法院各司其职又逐级对其下级法院的审判进行监督。当事人不服一审裁判的可上诉到上一级法院,由该法院进行第二审程序并裁判终结。

(六) 回避原则

回避原则主要是指当出现审判人员(含检察人员、侦查人员等)与本案当事人有亲属、利害关系或可能影响案件公正审判的其他情况时,应该回避。回避原则的目的是为了保证案件公正审判。回避的条件在不同国家有不同规定,如有的规定只要法官预料到有要求他本人回避的理由或在思想上认为自己应当放弃受理权,就应当回避。回避分为自行回避和申请回避两种。按照我国法律,回避是司法人员的义务,是当事人的一项诉讼权利,故实行自行回避与申请回避相结合。我国法律规定回避的一般理由有:第一,本人是本案当事人或者是当事人的近亲属的;第二,本人或者他的近亲属与本案有利害关系的;第三,担任过本案证人、鉴定人、辩护人、代理人的;第四,与本案当事人有其他关系,可能影响案件公正处理的。

(七) 辩论原则

辩论原则是指在诉讼过程中对于事实认定和法律适用,须由指控和被控双方当事人及其代理人、辩护人展开辩论。其含义包括:第一,双方平等享有辩论权(刑事被告的辩解也属于辩论权)和平等的辩论机会;第二,当事人可以委托律师或其他公民进行辩论;第三,辩论内容可以是关于事实和证据的质证辩论,也可以是关于法律理解与适用选择的法理辩论;第四,辩论形式可以是当庭辩论,也可以是书面辩解;第五,审判人员有义务倾听(或阅读)和分析辩论、辩解以及代理人的辩护意见,并在裁决书中反映双方辩论意见,作出分析解释。

三、诉讼结构

诉讼结构是指诉讼主体之间的权利义务活动在时间和空间上的方式和关系,即诉讼主体行为的安排、组织和关系所构成的诉讼关系模式。由于受各国不同法律传统的影响,诉讼结构的类型极其复杂,有学者经过概括后认为可以划分为以下基本类型:第一,审判者绝对主导型;第二,审判者主导、两造积极平等型;第三,审判者主导、两造积极不平等型;第四,两造主导、审判者消极、两造平等型;第五,两造主导、审判者消极、两造不平等型;第六,两造主导、审判者积极、两造平等型;第七,两造主导、审判者积极、两造不平等型。①

(一)诉讼结构的特点

第一,诉讼结构的主体主要是指控、辩解、审判三方。指控行为是指对被告的追诉性活动,指控方在民事诉讼和行政诉讼中就是原告及其代理人,在刑事诉讼中一般是公诉人员(广义理解也包括侦查人员)。辩解是指被告(刑事诉讼中称为被告人)及其代理人或辩护人为被告的利益所进行的答辩性或防御性活动,辩解方即被告(被告人)及其代理人、辩护人。裁判是指对诉讼实体问题和有关程序问题作出判断性的处理活动。裁判方是作为审判者的法官。三方中指控方与辩解方存在对立性诉讼关系,而裁判方在程序行为与程序态度上相对中立于前两者。

第二,诉讼结构的内容是控、辩、判三方的程序权利和义务。指控方、辩解方、裁判方各依法享有程序权利和程序义务,由三方权利义务构成诉讼关系,反映了诉讼三方在诉讼程序中的地位,并形成诉讼结构。比如在职权主义诉讼结构中,裁判方的程序权利很大,而控方、辩方的程序权利很小;相反,在辩论主义诉讼结构中,控、辩双方程序权利较大,可以充分辩论。基于结构内容,我们说诉讼结构既是诉讼基本方式和形式,也是诉讼地位和关系模式。

第三,诉讼结构主要存在于起诉和审理两个环节。诉讼程序的阶段很多,一般有起诉、受理、法庭调查、质证与辩论、合议与判决、执行等阶段。能够典型反映控、辩、判三方结构的主要是起诉、审理两个阶段。起诉阶段,涉及起诉方式与材料、起诉理由与

---

① 孙再思:《论民事诉讼结构》,载《中央政法管理干部学院学报》1996年第1期。

证据,也包括刑事诉讼的证据收集(即侦查)。这一系列活动都直接关联到三方的程序权利义务。比如法律对指控方只要求有一本诉状,没有要求起诉负举证责任,那么裁判方就不会因审理前了解了原告的证据材料而先入为主,因而这对于辩解方来说是机会平等的、公正的。同时裁判方就必然承担起当庭收集证据的责任。审理阶段,包括质证、辩论等。显然存在于控、辩、判三方,并涉及控、辩双方权利,辩论充分程度取决于诉讼结构,也反映诉讼结构。而裁判方则听取、分析、判断双方质证和辩论。

第四,诉讼结构体现并受制于一定的立法目的和价值取向。诉讼结构反映程序立法的目的和价值取向,诉讼结构是通过诉讼立法选择和确定的,所以诉讼结构受立法目的的价值取向直接影响。由于不同的诉讼其案件性质差异,不同诉讼程序法反映的立法目的及其价值取向有区别;由于法律传统和民族文化差异,同一性质的诉讼在不同国家立法目的及价值取向也有不同。比如刑事诉讼结构就受刑事诉讼目的价值取向的制约,保障人权与惩罚犯罪两个目的哪个居先?立法者对这个问题的看法往往决定着刑事诉讼结构的选择。

(二)我国的诉讼结构

诉讼结构与一国法律传统有关,不考虑传统因素是行不通的。我国的诉讼结构与我国历史上"无讼"、诸法合体、司法行政化以及苏联法律传统的影响不无关系,那么它究竟是职权主义还是辩论主义?这一问题难以简单地进行回答。从我国现行民事诉讼法和刑事诉讼法的规定来看,它们更接近于结合主义的诉讼结构。现行民事诉讼法改变过去的"超职权主义"倾向,改变法官包揽调查取证事务的诉讼形式,而把当事人举证、质证和辩论作为主要诉讼权利和义务。现行刑事诉讼法也对刑事诉讼结构作了较大的变革,让审判主体相对减少一些调查取证的职责,让控、辩双方相对增加程序权利与义务,特别是起诉方(通常是公诉人)的举证、质证的义务。我国现行诉讼结构是在采纳职权主义与辩论主义两者优点的基础上形成的,一定程度上避免了前两者各自的局限性,体现了现代诉讼结构发展的趋势,又兼顾了我国传统的诉讼文化和观念。当然,刑事诉讼、民事诉讼和行政诉讼各有自己的特点,在选择和设计诉讼结构时还是存在诸多差异的。

【课后阅读文献】

季卫东:《法律程序的意义》,载《中国社会科学》1993 年第 1 期。

【思考题】

一、选择题

某高校司法研究中心的一项研究成果表明:处于大城市"陌生人社会"的人群会更多地强调程序公正,选择诉诸法律解决纠纷;处于乡村"熟人社会"的人群则会更看重实体公正,倾向以调解、和解等中国传统方式解决纠纷。据此,关于人们对"公平正义"的理解与接受方式,下列哪一说法是不准确的?

A. 对公平正义的理解具有一定的文化相对性、社会差异性

B. 实现公平正义的方式既应符合法律规定,又要合于情理

C. 程序公正只适用于"陌生人社会",实体公正只适用于"熟人社会"

D. 程序公正以实体公正为目标,实体公正以程序公正为基础

二、名词解释

1. 法律程序

2. 诉讼程序

3. 诉讼结构

三、简答题

1. 简述法律程序的特征。

2. 简述正当程序的作用。

3. 简述诉讼结构的特点。

4. 简述正当程序对权利的保障。

四、论述题

1. 试分析法律程序的一般价值。

2. 试论述正当程序对权力的限制。

第十八章 法律监督

☞ **本章提示**
- 法律监督的概念、构成
- 法律监督的功能
- 我国法律监督的体系

第一节 法律监督概述

一、法律监督的概念

从字面意义理解,监督之"监"意味着监视、察看,监督之"督",意味着督导、督促、纠正,还被延伸为约束、束缚、限制、牵制、制止、制约、制衡等相近含义。在现代社会生活中,监督已经成为人们有意识、有目的的社会活动,监督的目的主要是提示督促、防止差错、纠正错误、治理国事和保持秩序。

法律监督,通常有狭义和广义两种理解。狭义上的法律监督,是指专门国家机关依照法定职权和程序对法律实施所进行的监督。广义上的法律监督是指一切国家机关、社会组织和公民,对各种法律活动的合法性所进行的监督,它包括了狭义上的法律监督。① 本章所论述的法律监督是指广义上的法律监督。

法律监督是对法律活动的监察、督促和控制,其目的在于预防和纠正立法、执法、司法、守法活动中可能发生或已经发生的各种偏差和错误,督促各级国家机关及其公职人员依法办事,制约

---

① 有学者认为,对于"法律监督"一词,从字面来理解,把它解释为"监督法律"、"用法律来监督"或者"通过法律的监督",都是不准确的。它是一个专门化的术语,是我国检察机关和检察权的性质和定位。参见谢鹏程:《法律监督关系的结构》,载《国家检察官学院学报》2010 年第 3 期。

国家权力,维护法律的统一和尊严。所以,法律监督是法治的要求。它的最终目的是保证法的实现。

二、法律监督的历史概况

(一) 资本主义国家法律监督的历史概况

在法律监督的理论探索和实践效果方面,西方国家的举措,从观念到制度,从内容到形式,经过近代以来几百年的发展,的确有着引人注目、实至名归的成就。西方法学家对以权控权的论证、对制衡体系的构建、对权力腐败的治理、对监督实效的发挥等,也都进行着可谓"尽心竭力"的设计。其目的固然是为了维护资本主义社会的稳定、秩序和效率,但也由此成为法治国家的楷模、人类文明发展的一种趋势和必然。

在西方,随着古希腊和古罗马奴隶制国家的产生,监督制度也随即被建立起来。大约在公元前7世纪左右,希腊已有国民大会、执政官和参议会。国民大会选举执政官和其他重要官员,并可随时予以弹劾和惩罚。公元前508年克利斯提尼政治改革,创设了"贝壳放逐法"。其内容是,国民大会有权决定对由民众以贝壳投票选出来的、对国家有危害的人予以放逐;其具体方法是,任何人都有权随时向国民大会检举应予以放逐的人,国民大会随即举行会议,对是否举行贝壳投票进行表决,如大多数人同意,即在各部落设置投票箱。任何人在投票时可将他认为对国家有危害的人的名字写在贝壳上。如果某人在1万(最低法定人数)以上投票人的投票中被认为应放逐的,他就必须在10天内离开国境,10年内不准回家,但国民大会有权缩短其回家年限。这项监督制度从效果上看,对于民主政体内的野心家、独裁者确实起到了制约作用。也正是由于监督制度在现实生活中的作用,促使人类的一些先哲们对该制度进行了一系列哲学思考,从而形成了以分权制衡为核心内容的监督理论。柏拉图认为,国家的公道在于人人各司一职,各人因其才能决定身份和任职,各个等级各得其所,安分守己,国家才能和谐有序,否则,如一个人身兼为工人、军人与治国者,岂不是走上了灭国之道?① 虽然柏氏在这里没有道出分权理论,但他的这种理想却深深影响了他的学生亚里士多德。亚里士多德认为一切政体都有议事机能、行政职能和审判职能三个要素作为构成的基础。"倘使三个要素(部分)都有良好组织,整个政体也将是一个健全的机构。"②亚氏的政体三要素说没有涉及三个国家职能部门的互相制衡,但是分权引起彼此的监督却是亚氏三要素说在逻辑上的必然结合。后来,以一部40卷的《罗马史》留名于世的波里比阿在师承亚里士多德的分权理论基础上,进而又提出:"各种权力互相帮助,互相牵制的结果,无论在什么危机的时候,都可以成为一种很坚固的固体。"③显然,波里比阿的学说中已经蕴涵了监督理论,但后来却在黑暗的中世纪沉寂了长达12个世纪之久。随着文艺复兴运动和资产阶级革命的兴起,催生了一大批资产阶级的政治理论家。他们在继承古代思想家的思想遗产的同时,也阐发了自己独特的思想体系。有"自由思想的始祖"之称的约翰·洛克在论述分权与制约问题时就明确指出:"如果同一批人同时拥有制定和执行法律的权力,这就给人们的弱点以绝大诱惑,使他们动辄要攫取权力,借以使自己免于服从他们所制定的法律,并且在制定和执行法律时,使法律适合于他们自己私人的利益。"④为此,他提出了应当对拥有权力的人进行监督,"人民有权罢免或更换立法机关"。而孟德斯鸠更是直言:"一切有权力的人都容易滥用权力,这是万古不易的一条经

---

① 在古罗马,公元前443年设置了监察官,它最初的任务只是调查户口。但这项工作很重要,因为通过户口调查,监察官可以有权确定被调查人是贵族或平民,从而决定他们能否从军或担任公职。后来,罗马的监察官有权决定推选元老院的元老。而元老院与执政官、国民大会乃是罗马共和国的三大势力。由此可见,罗马监察官对罗马共和国政体的良好运转起了不可缺少的监督功能。参见〔古希腊〕柏拉图:《理想国》,郭斌和、张竹明译,商务印书馆1986年版,第四章。
② 〔古希腊〕亚里士多德:《政治学》,吴寿彭译,商务印书馆1981年版,第214页。
③ 〔古罗马〕波里比阿:《罗马史》第6卷,转引自《罗马共和国时期》(上),生活·读书·新知三联书店1957年版,第18页。
④ 〔英〕洛克:《政府论》(下篇),叶启芳等译,商务印书馆1981年版,第89页。

验,有权力的人们使用权力一直到遇到界限的地方方休止。"①因此,实行分权,以权力约束权力被作为防止权力滥用的有效方法之一。

(二)社会主义国家法律监督的历史概况

社会主义制度理论的创始人在汲取人类历史上遗留下来的科学文化遗产的基础上,将监督理论的主题定位在如何防止社会公仆变成社会主人,从而提出了"议行合一"政体组织原则。列宁亲自组建和领导的苏维埃国家监察机关的监督实践,丰富了社会主义理论中的监督内涵。

社会主义国家与资本主义国家有着本质的区别,占社会绝大多数的人民应是社会主义国家的权力主体,所有的政府官员应当由他们选举产生,并对他们所选举出的官员进行监督,对不称职的官员随时罢免。这一点早在社会主义理论创始人的经典著作中已有丰富的阐释。马克思在《法兰西内战》中对巴黎公社革命作经验总结时指出:彻底废除了国家等级制,以随时可以罢免的勤务员来代替骑在人民头上作威作福的老爷们,以真正的责任制来代替虚伪的责任制,因为这些勤务员总是在公众监督之下进行工作的。虽然马克思的社会主义监督理论还停留在理论论证上,但它毕竟不同于以往社会的监督理论。后来列宁将马克思的监督理论运用到巩固苏维埃政权的实践,并丰富和发展了马克思主义的监督理论。列宁的监督理论中最突出的是人民监督。列宁认为,人民监督是一种自上而下的监督,这种监督制度是由人民当家做主的国家制度决定的。人民监督是反对国家机构中的官僚主义的最有效的手段。在列宁亲自起草的《罢免权法令草案》中规定:任何由选举产生的机关或代表会议,只有承认和实行选举人对代表的罢免权,方能被认为是真正民主的和确实代表人民意志的机关。真正民主制的这一基本原则,毫无例外地适用于一

---

① 〔法〕孟德斯鸠:《论法的精神》(上册),张雁深译,商务印书馆1982年版,第154页。

切代表会议。① 由此可见,列宁的监督理论的核心内容是罢免权的实现。在实践中,列宁非常重视监督机构的设置。1918年1月,国家监督人民委员部的成立,标志着社会主义监督制的开端,以后的几年里,建立了党中央监督委员会、国家检察院、最高国民经济委员会、国家计委、财经人民委员会等机构,形成了一个由群众监督、宪法监督、司法监督、党纪监督、经济监督、行政监督组成的完整的社会监督网络。

但是,列宁的人民监督理论并没有为他的继承者坚持和发展。斯大林的集权领导改变了列宁人民监督理论的基本原则,苏联的各种监督机构逐步丧失了独立的监督地位,成为斯大林集权、专断的附庸。20世纪90年代初期,苏联及东欧社会主义国家解体,给包括中国在内的社会主义国家的政治生活产生了消极影响,其教训是十分深刻的。一是执政党及其领导人无论在国家社会中的威望有多高,它外部必须接受人民群众的监督,内部必须健全监督机构。执政党及其领导人接受人民群众的监督以及监督的改变可以看成是一个国家监督制度是否健全的标记。二是监督制度必须法律化,以确保监督机构极高的权威、独立的地位,并使监督机关工作人员在行使监督权时无后顾之忧。

中国在20世纪80年代以后,随着改革开放的顺利进行,法制建设逐步恢复和发展起来,同时法律监督制度也开始得到重视。

三、法律监督的构成

法律监督的构成是指为了达到监督的目的所必须具备的因素。一般来说有三个基本因素:法律监督的主体、法律监督的客体和法律监督的内容。换言之,三要素提示和说明了法律监督的三个基本问题:谁监督、监督谁和监督什么。这三个要素缺一不可,共同构成一个完整的法律监督概念和法律监督机制。

---

① 《列宁全集》第33卷,人民出版社1985年版,第102页。

(一)法律监督的主体

法律监督的主体是指所有依法享有法律监督权力、承担监督义务的监督者,主要可以概括为三类:国家机关、政治或社会组织和公民。监督主体的种类和范围,取决于一个国家的政治制度,并在一定程度上反映了一个国家民主和法制建设的基本水平。在我国,监督主体具有广泛性和多元性的特点。国家机关指国家权力机关、国家行政机关和国家司法机关。政治或社会组织指包括政党在内的政治团体、社会团体、群众组织和企事业单位。公民作为现代社会政治活动的主体,当然具有法律监督主体的资格。不同的监督主体在监督的方式、效力和具体内容上存在差异,因而形成了不同的法律监督类别。他们依据法律,按照自己的法定监督权,从各自的角度对法律的实施进行广泛的监督,共同组成我国法律监督的主体。

(二)法律监督的客体

法律监督的客体是指被监督者的社会行为,并且只能是具有社会意义的社会行为,一般应包括一切社会关系主体的行为。但从狭义上理解,则主要以国家机关及其工作人员的行为为内容。换言之,作为监督客体的行为主要指立法行为、行政行为和司法行为,它是监督对象行使国家公权力的行为,又称执行公务的行为。这种行为必须依法产生,并且产生法律效力或后果。众所周知,公权力的行使是以实现社会公共利益、解决社会矛盾与冲突为目的的,但社会发展的历史早已证实,公权力运作过程中的种种不法行为极易给社会及民众带来侵害,而且由于这种权力的强大、实效,其危害具有极大的破坏性、杀伤性。因此,法律监督首先要求监督主体对实权强大的国家机关发挥控制、约束、督促作用,目的在于防止公权力的失度行使。当国家机关违法、渎职、腐败、超越权力或滥用公权力时,监督主体即要通过监督权力的行使,"以权力制约权力"。

(三)法律监督的内容

在内容方面,法律监督主要是针对被监督主体的行为的合法性进行监督,但同时也在一定范围内对其行为的合理性进行监督。由于对监督客体存在着广义与狭义两种不同认识,所以对监督内容的范围也同样有广、狭两义的理解。依狭义观点理解,法律监督在内容上主要是指对行使公权力的国家机关、政治或社会组织及其公职人员的行为的合法性进行监督。其中,对国家机关行使国家立法、行政、司法权力活动合法性的监督,是一种全方位的监督。既包括对其行为内容和结果的监督,也包括对其活动过程和程序的监督;既包括对其制定的规范性文件本身合法性、合宪性的监督,也包括对其立法、行政、司法活动本身合法性的监督。同时我们认为,法律监督的内容是广泛的。在我国,由于共产党依法执政和各民主党派依法参与国家的政治生活和社会生活,往往行使一定的政治领导权或公共权力,在国家政治和社会生活中发挥重要作用,因而,其行使政治领导权或公共权力的行为在内容、权限、程序上的合法性问题,也应成为法律监督的内容。同时,在一定范围内,法律监督在内容上也包括对某些公权力行使的合理性的监督。合理性监督,是以审查行为是否客观、公正、科学、适度为重点,对各组织、各集团、各社会成员的利益分配和调节进行监督,目的在于确保法律行为的正当性。如《行政诉讼法》规定的审判机关对行政机关显失公正的行政处罚决定的审查和变更判决,《行政复议法》规定的行政复议机关通过行政复议对具体行政行为合理性的审查,即属于对行为的合理性的监督审查。

总之,法律监督主体对其监督客体的审查,包括四大方面的内容:立法、执法、司法行为是否拥有法律依据;立法、执法、司法行为是否超越法律授权;立法、执法、司法行为是否违反法律法规;立法、执法、司法行为是否符合法定程序。因此,凡无权行为、越权行为、侵权行为、不当行为等都应该纳入被法律监督控制的范围。

四、法律监督的分类

对法律监督进行分类,有助于多方面了解法律监督的结构、特点,更充分地发挥法律监督的功能。法律监督的分类,是指按照不同的标准,从不同的角度对法律监督的方法或体系所作的划分。

(1)根据监督主体的不同,可分为国家监督和社会监督。国家监督是由国家机关所实施的监督,又可分为权力机关的监督、司法机关的监督和行政机关的监督;社会监督是由国家机关以外的其他社会关系主体所实施的监督,又可分为政治或社会组织的监督、社会舆论的监督和公民的直接监督。

(2)根据客体的不同,可分为对国家机关、政治或社会组织行使公权力行为的监督与对其他社会关系主体行为的监督。

(3)根据内容的不同,可分为合法性监督与合理性监督。合法性监督是以行为是否符合法律为标准所进行的监督。合理性监督是以行为在合法基础上是否公正适当为标准所进行的监督。合法性监督是最基本的监督,合理性监督则仅在特定范围内适用。

(4)根据监督主体与客体所处地位和相互关系的不同,可分为纵向监督和横向监督、内部监督和外部监督。监督主体与客体间存在上下级关系的监督是纵向监督;监督主体与客体处于同一层级的监督是横向监督。监督主体与监督客体共处同一组织系统的监督为内部监督或同体监督;监督主体与客体分处于不同组织系统的监督为外部监督或异体监督。

(5)根据监督所处阶段的不同,可分为事前监督、事中(日常)监督和事后监督。它们在不同的阶段上体现了法律监督的预防、控制、矫治功能。

第二节　法律监督的功能

任何制度的设计或制定,都是为了实现特定的目的,达到其功效。法律监督的功能体现了法律监督制度化和规范化的意义和价值,也是人类为追求法制统一、秩序井然而进行的探索和努力。法律监督最基本的性质和功能是它的制控性,一方面在法的运行过程中起到制控作用,防止、控制和纠正偏差或失误;另一方面在法的运作过程中起到制控权力的作用,防范、控制和矫制权力的扩张、滥用、腐败。由此形成法律监督的法律功能和政治功能。

一、法律监督的法律功能

法律监督是法的运行所必须具有的构成性机制,在法的运行中具有独特性质和功能,与其他机制共生互动、不可分割。法律监督又是保证法的实现的贯穿性机制,它渗透于法的运行的全过程,因而具有预防、控制和纠正功能。同时法律监督还是法的统一、权威和尊严的保障性机制,它通过对立法、执法、司法和守法过程中可能出现的偏差和背离加以预防、控制和纠正,来保证国家立法的统一和法律体系的和谐一致,保证统一的法律在国家主权范围内统一、平等、无偏私地运用,维护法的至高无上的权威和尊严。

(一) 控制功能

控制功能是指通过法律监督机制的外部约束力,使被监督对象的违法行为受到抑制、纠正和制裁的能力和效用。法律监督制度存在的目的和作用本身就是为了对违法行为形成一种制约、威慑的力量,矫正违法,防范违法。通过纪律处分、财产处罚甚至刑法制裁,使违法违纪者受到权力、权利或资格被停止的苦痛,受到金钱和财富的损失,受到失去自由乃至生命的惩罚,以此控制国家机关及其工作人员等公权力的行使者。反之,如果对违法违纪者不予以控制和惩戒,就会使法纪废弛、社会涣散、权力滥用,人民政权建设和经济现代化建设受到严重危害。

(二) 评价功能

评价功能也包括检验功能,即通过法律监督机制,对立法、司法、行政工作进行识别和判定的能力和效用。在这种检验中,监督机关通过重证据、重事实的调查了解和评价纠正,将合法行为与非法行为明示于天下。检验功能在多种法律监督形式中都能得到体现,监察机关查处腐败案件时的专项调查、审计机关进行财务审计时的会计查账、司法机关收到各种案件时的证据鉴定,都是检验的过程和功能的体现。通过这种检验,合法行为得到肯定,非法行为受到指正和评判,对于公权力的正确行使和公职人员队伍的纯洁起到筛选作用。

（三）调节功能

调节功能是指通过法律监督机制,调节法律行为和法律目标之间偏差和距离的能力和效用,也被称为纠正功能。它使社会正义和公正的理念能够成为现实,现实的法律能够成为行动,真正实现法治。这种调节功能首先体现在调节各国家机关权力职责关系方面,它通过对已经划分的立法、行政、司法职能是否被准确把握的判定,协调主要国家机关的相互分工合作关系;体现在权力与权利的协调方面,以及对各利益集团矛盾冲突的协调方面;还体现在纠正被监督者的行为偏差,促使其遵守法纪、依法作出其行为。

（四）救济功能

救济功能是指通过法律监督,使侵权行为的受害人得到补偿的能力和效用。现代社会,由于政治经济社会的日益复杂,国家机关的管理活动范围也不断扩展。一旦国家机关及其工作人员作出违法或不当行为,易于侵犯当事人的合法权利。为此,有必要提供法律监督的救济方式,使受害者用权利救济对抗权利被侵犯的事实,从而维持法律关系的平衡状态,这就是所谓的"权利依赖救济"。特别是在行政管理领域,行政权力的易于扩张的属性,对于相对人的合法权益有着很大的危险,因而有必要通过建立监控机制,确保为公民、法人提供更多、更有效的法律救济,纠正重大违法行为,防止、减少、挽回可能或已经给国家造成的政治、经济损失。

二、法律监督的政治功能

法律监督是权力制约体系的基本构成部分,是防范权力专横、滥用和腐败的独特运作机制。以权力制约权力、以权利制约权力,是通过权力的运作和权利的行使进行的。而在民主宪政条件下,权力的运作和权利的行使都须有规范、制度和程序上的依据或保证,因而,这两种机制最终都表现为法律上的制约,以法律上的监督为基础。同时,法律监督是法治和民主政治的实质内容,没有健全、完善的法律监督,便不可能有现代意义上的法治和民主政治,法治和民主政治就无以实现。它通过预防、控制和矫治机制,保证人民对于权力的控制,保证权力按照体现人民意志的法运作,保证法的普遍之治和良善之治,把法治与民主的实质内涵与具体实现方式集于一身。

（一）预防功能

预防功能是指通过法律监督活动,加强社会预防,提高公民法律意识的能力和效用。与法律的一般教育功能相同,法律监督更具有一般预防和特殊预防的功能。它使违法违纪者认识错误,自我谴责,将功补过,使其从被监督和被处罚的教训中得到警戒;使国家机关、社会团体和全体公民都意识和明确合法行为与不法行为的界限,从而不仅自身守法,而且与不法行为进行斗争。对于社会,法律监督也起着重要作用,通过严明制度、严肃纪律,保证法律政令畅通,推动廉政建设。由于一般预防拥有强大的作用力,监督机关应当注意在惩戒违法违纪者的同时,展开规模化的宣传教育,使所有国家机关、社会团体、企事业单位和公民大众都能树立法治意识。

（二）保障功能

保障功能是指通过法律监督机制,维护法律制度和法律秩序、保护国家利益和人民群众利益的能力和效用。法律监督的主要目的,就是维护国家机关的法定权力和法人、公民的基本权利,进而维护社会正常政治、经济、社会生活秩序,实现民主和法制发展的世界性文明需求。法律监督的保障功能,体现在对国家机关、国家公务人员合法权力、正常活动的保护方面,国家权力的正当行使行为在监督中不仅不应受到限制,而且应当得到支持和表彰。同时法律监督还承担着保护公民、法人和其他组织的合法权益的任务,可以说,这是法律监督的终极目的,也是实行民主宪政的最终目标。

(三) 反馈功能

反馈功能是指即通过法律监督机制,向国家决策部门反映法治发展的动态信息的能力和效用。纠正个别的违法违纪现象仅仅是法律监督的具体目标之一,法律监督的更为重要的目的应该是通过个案的监督,达到宏观观察法制发展动向的要求,实现有效管理控制社会的条件。法律监督机制收集、检验、审查、过滤违法违纪现象的过程,实际是关注社会动态、把握社会重大事项和问题的过程,是通过肯定合法、控制非法,达到调整国家立法、决策和措施到正确的方向和轨道的运行过程。换言之,如果监督主体乃至国家机关都能从法律监督中获得启示、经验、信息,则法律监督就会达到更高的层次。

第三节 法律监督的原则

法律监督制度的建立与完善是基于特定的理论基础,在一定思想、理念、主旨和信仰的支配下进行的。各个国家法律监督原则的建构是法律监督实践的学理源泉和指导思想,为法制现代化进程提供着丰厚的理论指导。当然,法律监督的理论和原则是各国在长期的社会实践中逐渐总结发展起来的,根据我国的法制理论和法律实践,我国法律监督的原则可以概括为以下几项。

一、法治原则

法治原则是法律监督的目的性原则,其基本含义是一切法律监督活动都必须合乎维护宪法尊严和法制统一这一宗旨。该原则的内容可通过宪法至上和法制统一的理论得到体现。

（一）宪法至上

实际上,在法律监督中,最主要的依据莫过于宪法至上的理论,实现法治首先意味着维护宪法至上的地位。因为宪法是万法之源,万法之最,万法之宝,它作为国家根本大法的地位决定了一切法律和法律活动都必须与宪法的原则精神相一致,法律监督的目的也是为了维护宪法的统一和尊严。宪法一经制定就决定了法律体系中的一切法律规范都不得与其相抵触。尤其在当代,宪法作为最高效力的法,已经成为判定其他一切法律和行为是否合宪的标准,同时为抽象法律行为的监督提供着最高依据,又是我国立法监督中判定抽象法律行为是否违宪的重要标准。

与宪法至高无上的地位相适应,在整个法律监督体系中,宪法监督是具有最高权威的监督形式。可以说,法律监督理论是宪政理论的重要组成部分,又是宪政的保障系统。在我国,宪法监督权只能由最高国家权力机关所享有,排除了其他机关的宪法监督权,宪法监督机关的决定或裁决在全国范围内具有普遍的、强制的法律效力,任何国家机关、社会团体、公民个人都无权拒绝执行。伴随着政治民主化、法制化的时代进程,宪法监督将在宪法的实施和政治的协调稳定方面发挥更为显著的作用,宪法监督的制度模式也将不断健全,越来越显示出起维护民主政体、维护人民利益的价值和作用。

（二）法制统一

法治社会是近代民主国家追求的理想治国方略。在人类文明社会,在政治、经济、文化生活的一切领域,法律都是"社会的经络和骨架",具有高于其他任何社会规则的权威地位。就法律监督和法治的关系而言,严格健全的监督体制以法治的存在为前提,法律监督又是法治的保障系统。在法律监督领域,实现合法和有效的监督也有赖于依法治国的法制环境,这种环境完全取决于法制自身的特性和优势。作为一种社会控制的工具,法律具有不同于其他社会控制手段的主要性能,使法律监督活动必须以依法进行为前提。同时,法律监督是通向社会主义法治道路的必要环节或基本途径,加强法治建设意味着必须强化法律监督。从法律监督的特殊作用看,法治意味着法律权威在监督者和被监督者之间建立起一种约束关系,使其犹如一道法治的屏障,既能保障被监督者守法,也能保障监督者的监督目标实现。

二、民主性原则

法律监督中的民主性原则是指国家监督和社会监督都体现着人民性、公正性和公开性。不仅国家机关权力系统的监督要依靠人民大众进行,而且国家机关的各项活动也置身于人民公平正义的价值观念的评判监控之下。其目的是通过国家监督和社会监督、权力监督与非权力监督紧密结合的方式,形成完善的人大监督与人民群众监督相互配合的监督网络体系。

社会主义民主以实现人民的权力为原则,以保障人民当家作主的地位为目的,以人民代表大会制度为组织形式,可以说,民主性越高,法律监督越会产生实效。法律监督制度是民主政治的支柱,也是民主制度不断完善的标志;既是监督主体人民性的要求,也是监督目的控权性的表现;既是人民民主内涵的外在形式,也是实现人民民主权力的法律保障。说到底,人民行使法律监督权已经融入了整个国家、整个社会的民主制度建设之中,并对人民民主权利的享有起主要的保障作用。具体分析,在法律监督领域,民主性原则主要体现在以下两个方面:

(一)立法方面

立法是立法机关创立法律的行为,亦即人民行使主权的重要途径。人民要让自己的意志反映到立法之中,要防范立法权不被滥用,不得侵犯自己的民主权利和利益;如果立法没有代表或者没有完全代表人民的意志,人民有权通过监督权的行使加以纠正。人民监督立法的途径,包括对法案的知情权、建议权、批评权、启动审查权、立法听证权等,从而实现对立法活动的监督。

（二）执法方面

民主原则不仅要通过人民代表大会制度得到体现,而且要通过执法活动及其制约获得体现。目前,在我国,人民也找到了若干行之有效的办法和途径,例如:建立群众举报和来信、来访制度,受理、支持和保护群众的检举、控告、揭发;吸取群众参加执法检查和重大问题的调查,发动群众举报线索,听取群众意见,广泛搜集证据;实行特邀监察员制度,使民主党派人士、专家学者、人民代表直接参加监督工作;利用新闻媒体等各种形式,充分反映群众意见和群众呼声,公开监督措施和监督结果,使监督成为社会控制的全民行为等。

三、程序性原则

法律监督的程序性原则是指实施监督审查的步骤、阶段、管辖、时效、期限、手续等方面的要求或过程,重在解决法律监督过程中的公正、合理、效力、后果、责任等问题。法律监督的程序性原则应当包括以下两方面的内容:

（一）法律监督程序内容的合法性

在监督过程中监督主体必须做到坚持实事求是、客观、公正、及时、合法,做到事实清楚、证据确凿、定性准确、程序合法,要求监督主体对所有监督对象一视同仁,不论其职位高低、权力大小,以法律为准绳,区分合法与非法、违法与违纪,不一味地追求制裁措施,对一般的违法、违纪或不当失误行为,批评教育,督促和教育广大公职人员执法守法、履行职责,即为目的。

（二）法律监督程序运作的合法性

法律监督程序主要涉及监督者与被监督者的权利义务关系,以及调查程序、举证程序、裁决程序、执行程序等。一般而言,为保证监督主体实现监督目的和功能,会规定一些监督主体必须履行的程序性义务,主要有:(1)告知义务,即监督主体须告知监督对象和相关人员已经启动监督程序;(2)公开义务,即除涉及国家机密、个人隐私等外,一般的调查、处理、裁决过程应当公开;

(3)回避义务,即禁止与案件有利害关系的人员参加对特定事件的调查和处理;(4)移送义务,如监督机关接到不属于自己管辖的申请或请求时,必须移送给有管辖权的机关;(5)举行听证的义务,即法律要求举行听证程序的,监督机关必须把举行听证会作为必经的监督程序,给予当事人说明理由和事实的机会;(6)依法决定或裁决的义务,即监督主体作出的监督结论,必须有合法和明确的法律依据,不能有适用法律的错误。

第四节 我国法律监督的体系

法律监督体系是由各种不同的法律监督主体、对象和内容等构成的有机结合的整体。一个国家法律监督体系的完善与否,直接影响到该国的法律实效。受一国国家性质、国家形式、政治体制、历史传统等因素的影响,法律监督体系会呈现出不同的特点。我国目前的法律监督依监督主体的不同可分为国家监督和社会监督两大系统。

一、国家监督

(一)国家监督的概念和特点

所谓国家监督是指由国家机关以国家名义依法定职权和程序进行的具有直接法律效力的监督。国家机关包括权力机关、行政机关和司法机关,因为它们各自具有其特定的职权范围和不同的工作程序,导致其监督的内容和方式也有所不同,但因为同为享有国家权力的机关,因此国家监督具有以下共同特点:

(1)法定性:国家监督的主体、客体、内容、范围、程序等均应有明确、具体的法律规定,监督主体只能在法定权限内依法定程序进行监督,不得超越法定职权,违背法定程序,滥用监督权。

(2)严格程序性:国家机关以国家名义进行的监督是一种制度性设置,有着严格的程序要求。程序越是设计得具体、严谨,监督就越具有可行性和有效性;程序越是设计得开放、合理,监督就越具有民主性和科学性,越有助于监督目标的实现。

(3)直接效力性:国家监督是以国家名义依法定职权和程序进行的活动,具有直接的国家强制性和法律效力,能直接引起法律后果,被监督者必须接受并作出相应的行为。

(二)国家监督的种类

国家监督包括国家权力机关、行政机关、检察机关和审判机关的监督。

1. 国家权力机关的监督

国家权力机关的监督,是指各级人民代表大会及其常委会为全面保证国家法律的有效实施,通过法定程序,对由它产生的国家机关实施法律的监督。其中全国人民代表大会及其常务委员会的监督在整个国家法律监督体系中具有最高法律效力,居于最高地位。

国家权力机关的监督包括两个方面,一是立法监督,二是对宪法和法律实施的监督。

(1)立法监督,是指由国家权力机关对享有立法权的国家机关的立法活动及其结果的合法性进行的监督。这里的所谓立法是指广义的立法,即不仅包括全国人大及其常委会制定规范性法律文件的活动,而且包括其他所有国家机关制定规范性法律文件的活动;同时,在监督对象和范围上,根据宪法和国家组织法的规定,不同层级的人大及其常委会监督的对象和范围各不相同。

全国人大的监督对象和范围:一是全国人大常委会在全国人大闭会期间对基本法律所作的补充和修改,二是全国人大常委会制定和修改的基本法律以外的其他法律,保证它们符合宪法和基本法律。全国人大有权改变或撤销全国人大常委会不适当的决定。

全国人大常委会的监督对象和范围:一是国务院制定的行政法规,二是同外国缔结的条约和重要协定,三是地方性法规,四是自治条例和单行条例,五是授权性立法,六是特别行政区立法机关的立法。

地方人大及其常委会的立法监督主要是指省级人大及其常委会的监督。其监督对象和范围：一是省、自治区政府所在地的市和国务院批准的较大的市的人大及其常委会制定的地方性法规，二是自治州、自治县的人大制定的自治条例和单行条例。

立法监督采用的方式包括：批准、备案、发回、宣布无效、改变或撤销等等。

（2）对宪法和法律实施的监督。根据宪法和组织法的规定，全国人大监督宪法的实施，全国人大常委会监督宪法和法律的实施，有权处理违宪事件，其处理方式包括宣布违宪的法律、法规和其他决定、命令无效，也包括罢免违宪失职的国家领导人。此外，还通过听取和审议最高行政机关与司法机关的工作报告、向有关机关提出质询案、对重大问题组织调查委员会进行调查处理等方式，对宪法和法律的实施进行监督。

根据宪法和有关组织法的规定，地方各级人大监督宪法和法律在本行政区域内的实施，享有广泛而层次有别的对宪法和法律实施的监督权。其监督方式包括：听取和审议同级行政机关与司法机关的工作报告，组织视察和检查，进行质询和询问，进行选举和罢免，受理申诉和意见，改变或撤销不适当的决议、决定和命令等。

2. 行政机关的监督

行政机关的监督，是指以各级国家行政机关为主体所进行的监督。其监督客体和内容包括两个方面：一方面是对行政机关行政行为合法性和合理性的监督，另一方面是对社会组织和公民行为合法性的监督。前者是行政权力系统内部的自我约束和控制，以防范和规制行政违法和行政不当及由此产生的权力腐败，促进依法行政；后者是行政权力系统对社会生活秩序的检查和维护，以保障法律在社会生活中的实现。

对行政机关的监督方法主要有以下两种：一种是一般行政监督，另一种是专门行政监督。一般行政监督是依行政管理权限和行政隶属关系进行的上级行政机关对下级行政机关的监督。其监督方式包括：改变或撤销不适当的规章、决定、命令和指示，以及日常工作检查等。专门行政监督是行政系统内部的专门监督机关以特定的监督形式对国家行政机关及其公职人员违法违纪情况所进行的监督。在我国，专门行政监督包括行政监察监督、行政复议监督和审计监督。行政监察监督是专门的行政监察机关对国家行政机关及其工作人员（包括国家行政机关任命的其他工作人员）执行法律、法规、政策和决定、命令的情况以及违法违纪行为所进行的监督。行政复议监督是行政复议机关依行政相对人的请求对具体行政行为的合法性、合理性所进行的审查监督。审计监督是国家专门审计机关对下级行政机关及财政金融机构和企事业组织的财务收支、经济效益和财经法纪的执行情况所进行的监督。

行政机关对公民和社会组织守法情况的监督，包括税务、工商、环保和教育行政等部门对公民和企事业组织遵守税法、工商管理法、环保法、教育法等情况的监督。

3. 检察机关的监督

检察机关的监督，即通过行使检察权依法履行法律监督职能，其监督称为检察监督。它是对有关国家机关及其公职人员执法、司法活动的合法性和刑事犯罪活动所进行的监督。

法纪监督是检察机关对国家机关工作人员对法律的遵守，即诸如渎职及侵犯公民权利的犯罪行为的监督。如果发现有违法犯罪行为，即对其行使检察权，以追究其相应的刑事责任。

侦查监督是检察机关对公安机关的侦查活动的合法性所进行的法律监督。它主要是通过批捕、决定起诉或不起诉等方面，对公安机关的侦查活动的合法性进行监督。

审判监督是检察机关对审判机关的审判活动的合法性所进行的监督。这种监督是通过检察机关参与审判活动进行的，更多的是通过抗诉进行的，即检察机关对同级人民法院或者下级人民法院已经发生法律效力的判决和裁定，认为其确有错误的，有权依照法定程序提起抗诉。这种抗诉不仅限于刑事案件的判决和裁定,还包括民事及行政案件的判决和裁定。

执行监督是检察机关对刑事案件判决、裁定的执行和监狱、看守所等活动合法性的监督。

4. 审判机关的监督

审判监督即人民法院的监督,人民法院依法对其法院系统和其他国家机关、社会组织、公民执法、司法以及守法活动所进行的监督。可分为对内、对外两种监督形式。

第一,人民法院对内的监督即人民法院系统内的自身监督。人民法院内部自上而下的法律监督主要通过审级监督来实现。这一监督主体是最高人民法院或上级人民法院,其监督通过二审程序、死刑复核程序等来完成。根据宪法和人民法院组织法的规定,最高人民法院监督地方各级人民法院和专门人民法院,上级人民法院监督下级人民法院的审判工作,最高人民法院对各级已经发生法律效力的判决和裁定,上级人民法院对下级人民法院已经发生法律效力的判决和裁定,如果发现确有错误,有权提审或者指令下级人民法院再审。各级人民法院院长对本院已经发生法律效力的判决和裁定,如果发现在认定事实上或者在适用法律上确有错误,必须提交审判委员会处理。

第二,人民法院对外的法律监督。即人民法院通过审判活动,对其他国家机关、社会组织及个人履行的监督职能。具体说来,人民法院通过刑事审判,裁判犯罪嫌疑人的行为是否触犯刑律,是否构成犯罪。通过民事审判,审查民事主体所为的民事行为是否违反法律的规定。对违法行为予以适当制裁,从而对合法行为予以应有的法律保护。通过行政审判,监督国家行政机关及其工作人员的具体行政行为的合法性与执法情形,确保行政机关依法行政,从而保护行政相对人的合法权益。

人民法院对检察机关的监督体现在办理刑事案件的过程中,通过刑事审判职权来实现的。人民法院依刑事诉讼法对人民检察院起诉的案件,在认为主要犯罪事实不清、证据不足或者没有违法情况时,以退回补充侦查或通知纠正的方式进行监督。不过,人民法院对人民检察院的监督是在分工负责、互相配合、互相制约的过程中实现的,因而二者之间形成了双向的监督关系。

二、社会监督

(一)社会监督的概念和特点

社会监督即非国家机关的监督,它以实现民主政治、保障人民民主权利为目的,以广大的政党、团体、社会组织、公民大众为主体,以所有的国家机关及其工作人员为对象,以批评、建议、检查、检举、揭发、申诉、罢免、报道、听证、复议等权利的行使为手段,以具体的法律监督活动为内容,对行使公权力的行为所实施的监督。在我国,社会监督的主体包括各民主党派、各社会团体、各新闻媒体以及人民群众。其特点有以下几个方面:

(1)社会监督具有广泛性和社会性。社会监督的作用力十分广泛,涉及从中央到地方的国民经济和社会发展计划实施情况的监督,以及公职人员工作作风的监督等诸方面。换言之,社会监督的领域或者范畴具有独特性,有些领域为国家监督所不能及,即它更偏重于对国家机关在社会生活领域履行职能活动的监督。因此,社会监督越来越成为实现国家社会管理职能的重要途径。

(2)社会监督具有公开性和民主性。社会监督是民主政治的重要组成部分,是法律监督人民性的突出表现。它能广开言路,培养大众的权利意识、法律意识,同时反映着民心的向背。而且社会监督的民主色彩最为浓厚,实质是人民群众参政意识和能力的一种表现,因此,社会监督被认为是民主监督的典型表现形式。

(3)社会监督具有协商性和调和性。社会监督一般不能采取惩罚性的方式,而是采取了政治协商、民间调解的特别方式,即使侵权行为或矛盾纠纷被诉诸法院,也往往是"不得已"的最后道路选择,监督结果(裁决或判决)由司法机关而不是申诉人自己作出。这一特点使社会监督的优势在于平和地、妥协地化解人民内部矛盾,解决社会实际生活中的大量纠纷。

当然,由于客观原因,社会监督和国家监督相比较还存在着不同程度的缺陷,比如,社会监督的法律依据相对比较概括和笼统,而且其监督不能直接行使处理权、纠正权、惩罚权,因而无法强行被监督者接受约束,监督结果易于失去执行力,这也是社会监督的最大弱点。

(二)社会监督的种类

社会监督首先是一种社会力量,即政党力量、社会舆论、公众力量等都是一个整合的概念,均带有综合的性质,不能分割和对立。实践中,社会监督具有以下形态和方法:

1. 政党和社会组织的监督

现代国家的政治就是一种政党政治,它对于确定国家施政方针、领导和指引国家发展方向起着举足轻重的作用。因此,政党和社会组织的监督十分重要,它虽然属于社会监督的范畴,但却不同于其他的社会监督。其监督主体包括中国共产党的监督、人民政协的监督、民主党派和社会团体的监督。

(1)中国共产党作为执政党,既具有政党团体性质,也具有国家权力性质,所以中国共产党监督的主要对象是各级党政机关和在各级党政机关、企业事业单位、社会团体中担任一定职务的党员干部。监督的内容主要包括:党员言论行为是否符合党章要求;党员干部遵守党的政治纪律情况;对党员干部运用国家权力行为的监督;对党组织和党员贯彻民主集中制原则情况的监督;对党风廉政建设情况的监督。

(2)中国人民政治协商会议是中国人民爱国统一战线组织,是中国共产党领导的多党合作和政治协商的重要机构,是我国政治生活中发扬社会主义民主的重要形式。长期以来,人民政协在政治协商和民主监督方面发挥着重要作用。人民政协的监督包括:监督立法,参与重大决策、重要法律的协商讨论,提出修改意见;监督法律的实施,以视察、考察、调查研究的方式进行。此外,人民政协的监督内容和范围还包括对行使政治领导权的中国共产党和行使某些公共权力的政治或社会组织行为合法性的监督。现在应当总结经验,完善政党立法,实现政治协商、民主监督的法律化、制度化。

(3) 各民主党派是中国共产党作为执政党领导下的参政党,它们参与国家政权的组成,参与国家法律、法规及重大国策的协商,参与国家事务的管理,因而是法律监督的一支重要的社会力量。其实施监督的主要内容是监督宪法、法律的实施,监督执政党的政治路线、领导及决策的情况;监督国家大政方针,经济发展建设;监督国家机关及公务员履行职责、为政清廉的情况;监督国家重大人事安排;监督群众关心的重大问题。

(4) 社会团体是为了实现特定利益而依法经批准、依法登记的组织,它们主要面向一定的阶层和群体而形成,包括工会、共青团、妇女联合会以及城市居民委员会、农村村民委员会、消费者保护协会等形式。其法律监督主要是对涉及各自组织和工作范围的法律的贯彻执行情况进行具体的监督,方式包括批评、建议、申诉、控告、检举和诉诸舆论等。

2. 社会舆论的监督

在社会监督的各种形态中,社会舆论的监督尤其引人注目。社会舆论的监督也即新闻舆论的监督,它借助特定的组织体系和特定的媒体手段来表达公民的意志和要求,控制和纠正国家机关、政党及有关社会组织运用公权力的瑕疵甚至违法行为,从而,信访、会议、报刊、广播、电视、互联网等成为实现舆论监督的多种多样的渠道。

作为一种活动和监督方式,它意指公民或社会组织通过公共论坛批评包括权力腐败在内的不良现象,在公共论坛的言论空间中所抒发的舆论力量对政府机构和政府官员滥用权力等不当行为的监督与制约。

舆论监督的主体为一般公民和包括新闻媒体在内的社会组织。当一个公民认为政府机构或政府官员行为不当时,他可以将之揭露于众,并加以谴责,唤起其他公民对这些行为的注意和反对。新闻媒体在舆论监督中发挥着重要、甚至是主要的作用,但是也不能够忽视其他的表达方式如各种讲坛和会议、通过互联网传播信息以及在一个具体的社区和单位里口口相传的舆论所起的分散和广泛的作用。

舆论监督的对象是各级政府机构和政府官员,舆论监督的内容指一般公民和媒体对政府机构或政府官员的滥用权力等不当行为所作的公开批评。这些批评可能是对于有关不当行为的事实的指控,也可能是对于这种事实进行评论,或者就此提出改进的建议。

当然,我国新闻舆论监督制度还不完善,面临着长期而艰巨的任务,在立法的完善、独立性、真实性等方面差距还很大。舆论监督本身起着上通下达、连接四方的作用,但舆论监督的完善有赖于其相对独立,也有赖于人民群众的信赖和配合。

3. 公民的监督

公民的监督即人民群众对国家机关及其公务员直接进行的法律监督。在我国,人民是国家的主人,人民所享有的法律监督权同样以宪法保障为前提。根据宪法的规定,公民享有参政权、选举权及被选举权,通过各种途径和形式管理国家事务,管理经济、文化及社会事务;公民对于任何国家机关和工作人员,有提出批评和建议的权利;公民有对国家机关及其公务员的违法失职行为提出申诉、控告或检举的权利。显然,公民的法律监督权属于一种法律行为,它可以直接促使监督客体纠正错误、改进工作作风,也可以启动诉讼程序,任何破坏或阻止公民行使监督权的行为,都是违法行为,应当受到法律的追究。当然,随着国家管理的现代化改革趋于深入,更随着民主监督的增强,如何形成具有大众化和平民化的监督,是建立现代法律监督体系应当关注的论题。

【课后阅读文献】

张智辉:《法律监督三辨析》,载《中国法学》2003 年第 5 期。

第十八章 法律监督 ★

【思考题】

一、选择题

近年来,政法机关通过"大接访"、"大走访"、"大下访"等做法,通过开门评警、回访信访当事人等形式,倾听群众呼声,了解群众疾苦,为群众排忧解难。关于这些做法的意义,下列哪一表述是不恰当的?

A. 政法机关既是执法司法机关,也是群众工作机关
B. 政法干警既是执法司法工作者,也是群众工作者
C. 人民群众是执法主体,法治建设要坚持群众运动
D. 司法权必须坚持专门机关工作与群众路线相结合

二、名词解释

法律监督

三、简答题

1. 简述法律监督的功能。
2. 简述国家监督的特点和种类。
3. 简述法律监督的原则。

主要参考文献

1. 张文显:《法理学》,高等教育出版社 2011 年版。
2. 舒国滢:《法理学导论》,北京大学出版社 2012 年版。
3. 朱力宇:《法理学》,科学出版社 2013 年版。
4. 孙国华、朱景文:《法理学》,中国人民大学出版社 2010 年版。
5. 付子堂:《法理学初阶》,法律出版社 2009 年版。
6. 洪逊欣:《法理学》,台湾三民书局 1982 年版。
7. 李达:《法理学大纲》,法律出版社 1983 年版。
8. 沈宗灵:《现代西方法理学》,北京大学出版社 1996 年版。
9. 〔德〕卡尔·拉伦茨:《法学方法论》,陈爱娥译,商务印书馆 2003 年版。
10. 〔德〕魏德士:《法理学》,丁晓春、吴越译,法律出版社 2003 年版。
11. 〔法〕勒内·达维德:《当代主要法律体系》,漆竹生译,上海译文出版社 1984 年版。
12. 〔美〕博登海默:《法理学:法律哲学与法律方法》,邓正来译,中国政法大学出版社 2001 年版。
13. 〔日〕穗积陈重:《法律进化论》,黄尊三等译,中国政法大学出版社 1997 年版。
14. 〔英〕哈特:《法律的概念》,张文显等译,中国大百科全书出版社 1996 年版。
15. 〔英〕韦恩·莫里森:《法理学》,李桂林等译,武汉大学出版社 2003 年版。